全国司法职业教育"十二五"规划教材

罪 犯 教 育（第二版）

全国司法职业教育教学指导委员会　审定

主　编◎赵卫宽
副主编◎刘　斌
撰稿人◎（以撰写学习单元先后为序）
　　　　赵卫宽　冯宇平　张　铭
　　　　马英辉　郭　俊　欧渊华
　　　　牟一零　周　瑞　唐新礼
　　　　张　伟　刘　斌　刘　燕
　　　　赵　兰　张均茂　陈卫军

中国政法大学出版社

2016·北京

声　明　1. 版权所有，侵权必究。

　　　　2. 如有缺页、倒装问题，由出版社负责退换。

图书在版编目（CIP）数据

罪犯教育 / 赵卫宽主编. —2版. —北京：中国政法大学出版社，2016.5
ISBN 978-7-5620-6406-0

Ⅰ. ①罪… Ⅱ. ①赵… Ⅲ. ①犯罪分子—教育学 Ⅳ. ①D916.8

中国版本图书馆CIP数据核字(2016)第096404号

出　版　者	中国政法大学出版社	
地　　　址	北京市海淀区西土城路25号	
邮　　　箱	fadapress@163.com	
网　　　址	http://www.cuplpress.com（网络实名：中国政法大学出版社）	
电　　　话	010-58908435(第一编辑部) 58908334(邮购部)	
承　　　印	保定市中画美凯印刷有限公司	
开　　　本	720mm×960mm　1/16	
印　　　张	17.75	
字　　　数	328千字	
版　　　次	2016年5月第2版	
印　　　次	2020年8月第4次印刷	
印　　　数	11001～15000册	
定　　　价	32.00元	

作者简介

赵卫宽 男,1967年12月出生,湖北仙桃人,西南政法大学毕业,中国监狱学会会员。武汉警官职业学院副教授、司法管理系主任。主编的教材有《罪犯心理测验学》(1997年)、《罪犯教育学》(2003年)、《刑事法律制度》(2006年)、《罪犯心理咨询学》(2008年)等9本,参编12本;参与司法部课题《中国监狱若干重点问题研究》(2002年);发表论文《市场经济体制下的罪犯教育》《关于监狱循证矫正的辩证思考》等23篇,其中《邓小平理论对监狱理论与实践的指导》获中国监狱学会一等奖(1997年)。

刘 斌 男,1966年6月出生,广东始兴人,硕士。广东司法警官职业学院教授、处长,主编教材《监狱人民警察职业道德修养》(2008年)等3本,参编2本;发表论文《论司法警察道德行为选择的自由与责任》等28篇;主持2008年中国监狱学会监狱政治工作学专业委员会重点课题《监狱人民警察职业道德的状况调查分析》,参与2012年度广东省高等学校党的建设一般自筹课题《加强高校领导干部思想政治和品德修养研究》。

赵 兰 女,1957年出生,辽宁丹东人,湖南师范大学毕业,司法伦理学专业研究生。湖南司法警官职业学院副院长、湖南省犯罪学研究会常务理事、湖南省法制心理专业委员会副主任、湖南省心理咨询师协会副会长,国家二级心理咨询师。1988~2009年初在湖南省女子监狱从事教育改造罪犯的工作,任副监狱长,率先将《女性学》引进湖南女子监狱作为女性罪犯的思想教育内容。发表《艺术教育是矫正女性罪犯的又一手段》《试论监禁期女性罪犯的心理障碍与矫治》等多篇论文。

张 伟 男,1961年12月出生,甘肃省人,中央司法警官学院毕业。新疆兵团西山监狱政委、研究员。主编《罪犯管理技术》（2008年）、《社区矫正教育理论与实务》（2007年）等教材、著作；发表论文《对实现执行和解途径的思考》等8篇。

张均茂 男，湖北红安人，1962年7月出生，大学本科。湖北省监狱管理局处长、副研究员。曾参加司法部监狱管理局《监狱政治工作学》《监狱人民警察培训教材》《心理咨询讲义》《罪犯教育改造学》《入监教育》《出监教育》等教材的编写工作。

牟一零 男，1953年12月出生，四川达县人，西南政法大学毕业，四川省法学会会员。四川司法警官职业学院副教授、调研员。主要著作有《公安、司法应用写作》（1999年，副主编）、《宪法学教程》（1999年，副主编）、《罪犯教育学》（2003年，副主编）等7部；发表论文《监狱系统警官学校跨世纪教师队伍建设之我见》等二十余篇。

唐新礼 男，1960年7月出生，重庆市人，北京大学在职研究生。新疆兵团警官高等专科学校副教授、监管系主任。主编、参编《服刑人员个案矫正技术》（1997年）、《司法应用写作训练》（1998年）、《新疆监狱执法文书》（2007年）、《罪犯管理技术》（2008年）、《监区工作实务》（2010年）、《狱政管理》（2011年）等教材、著作；2009年承担国家级课题《新疆兵团罪犯异地改造问题研究》、兵团课题《社区矫正》；发表论文十余篇。

陈卫军 男，1967年10月出生，湖北崇阳人，文学学士，法律硕士，国家二级心理咨询师。湖北省监狱管理局副处长、副研究员。组织主持编写了司法部监狱管理局罪犯教育系列教材之《入监教育》；发表论文十余篇、新闻作品四百余篇；两次获得全国法制好新闻奖，三次获得湖北新闻奖，其中通讯《特殊的团圆》获第十七届湖北新闻奖二等奖。

郭　俊 男，1963年11月出生，河南新县人，武汉大学法学系毕业。湖北省沙洋陈家山监狱副调研员、助理研究员、心理咨询师、监狱学研究专家。参与完成司法部课题《中国监狱若干重点问题研究》《土家族罪犯研究》等；发表论文五十余篇，其中《罪犯矫正与激励的关系研究》获全国罪犯矫正激励研究一等奖，《监狱工作社会化的实践与思考》《监狱环境与罪犯矫正研究》获全国教育改造矫正专业会议三等奖。

欧渊华 女，1965 年 11 月出生，福建师范大学毕业。福建警察学院副教授、学科带头人。从教二十多年来，始终坚持教学一线工作，发表论文十余篇；主讲的"罪犯教育学"课程被评为福建省精品课程，2007 年被福建省教育厅评为优秀教师。

冯宇平 女，1968 年 9 月出生，法学学士，教育学硕士，国家二级心理咨询师。河南司法警官职业学院讲师。主持厅级课题 3 个；发表论文十余篇，被河南省监狱学会评为 2007 年先进理论工作者。

周　瑞 女，1976 年出生，汉族，黑龙江哈尔滨人，法律硕士，国家二级心理咨询师，国家司法鉴定人。黑龙江司法警官职业学院副教授，"罪犯教育实务"精品课负责人，院级青年骨干教师。主持省级课题 2 个；参与国家级课题 3 个；编写教材多部；发表论文十余篇；获省级以上学术奖项 4 次。

马英辉 男，1980 年 3 月出生，河北石家庄人，中央司法警官学院本科，暨南大学在职法律硕士。广东司法警官职业学院讲师、党委办公室副主任，发表论文《简论罪犯教育工作实务课程的系统开发》等 5 篇；参与省级课题 2 个；参加广东省监狱局课题《监狱突发事件应急管理》和《广东省监狱人民警察初任培训基础教材》的编写，主持了广东司法警官职业学院重点科研课题《"5+1+1"教育模式下，广东省罪犯教育工作的现状与发展》。

刘　燕 女，1983 年 9 月出生，河北保定人，中央司法警官学院毕业。河北司法警官职业学院教师。参编中央司法警官学院主持的"十二五"规划教材《罪犯教育学》；发表论文《谈监狱系统法律援助工作》《我国罪犯心理矫治的问题与对策》等。

张　铭 女，1981 年出生，湖北武汉人，中南财经政法大学毕业。武汉警官职业学院教师。先后发表《论司法独立与我国的司法改革》《国有商业银行改革的法律问题研究》《论诚实与信用原则在我国民法中的适用及改进》《无罪推定在中国》等论文。

出版说明

世纪之交，我国高等职业教育进入了一个以内涵发展为主要特征的新的发展时期。1999年1月，随着教育部和国家发展计划委员会《试行按新的管理模式和运行机制举办高等职业技术教育的实施意见》的颁布，各地成人政法院校纷纷开展高等法律职业教育。随后，全国大部分司法警官学校，或单独升格，或与司法学校、政法管理干部学院等院校合并组建法律类高等职业院校，举办高等法律职业教育；一些普通本科院校、非法律类高等职业院校也纷纷开设高职法律类专业，高等法律职业教育蓬勃兴起。2004年10月，教育部颁布《普通高等学校高职高专教育指导性专业目录（试行）》，将法律类专业作为一大独立的专业门类，正式确立了高等法律职业教育在我国高等职业教育中的重要地位。2005年12月，受教育部委托，司法部组建了全国高职高专教育法律类专业教学指导委员会，2012年12月，全国高职高专教育法律类专业教学指导委员会经教育部调整为全国司法职业教育教学指导委员会，积极指导并大力推进高等法律职业教育的发展。

截至2007年11月，全国开设高职高专法律类专业的院校有400多所，2008年全国各类高校共上报目录内法律类专业点数达到700多个。为了进一步推动和深化高等法律职业教育教学的改革，促进我国高等法律职业教育的质量提升和协调发展，原全国高职高专教育法律类专业教学指导委员会（现全国司法职业教育教学指导委员会）于2007年10月启动了高等法律职业教育规划教材编写工作。该批教材积极响应各专业人才培养模式改革要求，紧密联系课程教学模式改革需要，以工作过程为导向，对课程教学内容进行了整合，并重新设计相关学习情景、安排相应教学进程，突出培养学生一线职业岗位所必需的职业能力及相关职业技能，体现高职教育职业性特点。教材的编写力求吸收高职教育课程开发理论研究新成果和一线实务部门工作新经验，邀请相关行业专家和业务骨干参与编写，着力使本规划教材课程真正反映当前我国高职高专教育法律类专业人才培养模式及教学模式改革的新趋势，成为我国高等法律职业教育的精品、示范教材。

全国司法职业教育教学指导委员会
2013 年 6 月

第二版说明

罪犯教育课程是司法职业教育类"刑事执行专业"的核心课程。作为"全国司法职业教育'十二五'规划教材"之一，《罪犯教育》教材编写遵循现代司法职业教育规律，依据监狱管理高素质技术技能型专门人才培养目标和课程标准，紧密联系监狱工作实践，以罪犯教育职业岗位的相关执法工作过程和工作任务分析为基础，以培养职业能力为主线，选取和序化教材内容，设计学习单元，突出教材内容的职业性、教学活动的实践性和教学效果的针对性。与其他类型教材相比，本教材主要特色体现在侧重于罪犯教育工作过程的系统化，按照"校局联盟"的办学模式和"警学结合，教学练战"的人才培养模式要求，将知识与技能的学习紧密结合。本教材适用于高职高专公安司法类相关专业、政法干警招录培养体制改革试点相关专业，同时还适用于监狱在职民警业务的培训。

中国政法大学出版社于2010年9月出版本教材第一版，这次再版按照全国司法职业教育教学指导委员会的要求作了适当修订。教材内容共分13个学习单元，涉及知识储备11个、学习任务5个、学习情境59个、学习思考和讨论1个、训练与操作13个、拓展学习4个、拓展训练39个。其中，学习单元1为理论部分，简要介绍罪犯教育的意义、指导思想、任务、目标、原则、工作模式、实践方式、发展趋向、岗位要求等罪犯教育基本知识，为学习者明确将来的工作性质要求并做好相关实务工作奠定基础。学习单元2至学习单元13为实务部分，围绕罪犯教育工作实务及技巧，提炼具有学习意义的典型工作任务，设计相关学习单元，明确具体教育改造工作的方法和流程，训练相应的教育能力。根据罪犯教育过程、教育内容、教育对象和教育资源的不同情形,本教材实务部分总体上按照4个方面选取12个学习单元:一是分阶段教育。按教育过程的不同分为"入监教育""普通教育"和"出监教育"3个学习单元,体现了普通教育和专门教育相结合。二是分项目教育。按教育内容的不同选取"专题教育"1个学习单元,体现了全面教育与重点教育相结合。三是分类别教育。按教育对象的不同分为"集体讲评""课堂教学""个别谈话""个案矫治"和"分类教育"5个学习单元,体现了共性教育与个性教育相结合。四是分途径教育。按教育资源渠道的不同选取"环境陶冶"和"社会帮教"2个学习单元,体现了主导教育与辅助教育相结合。此外,还设立了1个"教育管理"学习单元,体现罪犯教育组织管理业务工作的特色。

本教材由赵卫宽担任主编,刘斌担任副主编,并由多年从事高职罪犯教育课程教学的教师以及资深罪犯教育专家和基层罪犯教育民警共同编写。全书由主编拟纲,集体定纲,分头撰稿,集中统稿,然后由主编统一修改定稿。浙江警官职业学院副院长金川教授主审。

各学习单元撰稿人分别是(以撰写学习单元先后为序):

赵卫宽(武汉警官职业学院):学习单元1;

冯宇平(河南司法警官职业学院):学习单元2;

张　铭(武汉警官职业学院):学习单元3;

马英辉(广东司法警官职业学院):学习单元4;

郭　俊(湖北省沙洋陈家山监狱):学习单元5;

欧渊华(福建警察学院):学习单元6;

牟一零(四川司法警官职业学院):学习单元7;

周　瑞(黑龙江司法警官职业学院):学习单元8;

唐新礼、张　伟(新疆兵团警官高等专科学校、新疆兵团西山监狱):学习单元9;

刘　斌(广东司法警官职业学院):学习单元10;

刘　燕(河北司法警官职业学院):学习单元11;

赵　兰(湖南司法警官职业学院):学习单元12;

张均茂、陈卫军（湖北省监狱管理局）：学习单元 13。

本书参考、借鉴了罪犯教育方面的有关教材、著作、论文和网络信息资源，并运用了一些监狱教育改造工作的文字、图片等资料，恕不能一一注明，谨向原作者表示衷心的谢意！在成书过程中，定纲会和统稿会分别得到了武汉警官职业学院和湖南司法警官职业学院的大力支持与帮助，在此一并致谢。

书中难免有不妥之处，敬请读者批评指正。

《罪犯教育》编写组
2016 年 4 月 30 日

目录 CONTENTS

学习单元 1 | **罪犯教育工作民警与罪犯教育** ▶ 1
　　学习任务 1　基层罪犯教育工作民警的岗位要求　／1
　　学习任务 2　罪犯教育的指导思想和基本原则　／7
　　学习任务 3　罪犯教育的任务和目标　／10
　　学习任务 4　罪犯教育的工作模式和实践技术　／12
　　学习任务 5　罪犯教育的发展趋向　／16

学习单元 2 | **入监教育** ▶ 25
　　知识储备 1　入监教育的任务和内容　／25
　　学习情境 1　入监评估　／29
　　学习情境 2　入监教育课程　／34
　　学习情境 3　服刑指导　／35
　　学习情境 4　行为养成　／37
　　学习情境 5　考核验收　／38

学习单元 3 | **普通教育** ▶ 45
　　知识储备 2　普通教育概述　／45
　　学习情境 6　思想教育　／47
　　学习情境 7　文化教育　／53
　　学习情境 8　劳动和职业技术教育　／57
　　学习情境 9　心理健康教育　／61

学习情境 10　激励措施　/ 64

学习单元 4　**出监教育** ▶ 72

知识储备 3　出监教育的任务和内容　/ 72

学习情境 11　出监教育课程　/ 75

学习情境 12　出监谈话　/ 76

学习情境 13　回归宣誓　/ 77

学习情境 14　出监评估　/ 79

学习情境 15　出监考核　/ 83

学习情境 16　教育衔接　/ 84

学习单元 5　**专题教育** ▶ 91

知识储备 4　专题教育的特点和内容　/ 91

学习情境 17　问题调查　/ 95

学习情境 18　制定方案　/ 97

学习情境 19　组织实施　/ 98

学习情境 20　考核评价　/ 100

学习情境 21　总结报告　/ 101

学习单元 6　**集体讲评** ▶ 107

知识储备 5　集体讲评的类型　/ 107

学习情境 22　确定主题　/ 109

学习情境 23　撰写提纲和讲话稿　/ 110

学习情境 24　技巧运用　/ 111

学习情境 25　组织实施　/ 115

学习单元 7　**课堂教学** ▶ 123

知识储备 6　课堂教学概述　/ 124

学习情境 26　备课　/ 125

　　　　　　　　　学习情境27　授课　/ 128

　　　　　　　　　学习情境28　作业　/ 133

　　　　　　　　　学习情境29　辅导　/ 134

　　　　　　　　　学习情境30　考评　/ 135

学习单元8 | **个别谈话** ▶ 144

　　　　　　　　　知识储备7　个别谈话类型和制度　/ 144

　　　　　　　　　学习情境31　谈前准备　/ 147

　　　　　　　　　学习情境32　谈话时机　/ 151

　　　　　　　　　学习情境33　方法技巧　/ 154

　　　　　　　　　学习情境34　处置措施　/ 160

　　　　　　　　　学习情境35　谈话记录　/ 160

学习单元9 | **个案矫治** ▶ 166

　　　　　　　　　知识储备8　个案矫治的特点和内容　/ 166

　　　　　　　　　学习情境36　犯情分析　/ 168

　　　　　　　　　学习情境37　矫治方案　/ 169

　　　　　　　　　学习情境38　矫治实施　/ 170

　　　　　　　　　学习情境39　个案矫治报告　/ 171

学习单元10 | **环境陶冶** ▶ 183

　　　　　　　　　知识储备9　环境陶冶的概念和任务　/ 183

　　　　　　　　　学习情境40　组织开展监区文化宣传活动　/ 185

　　　　　　　　　学习情境41　组织开展监区文艺体育活动　/ 188

　　　　　　　　　学习情境42　组织开展罪犯美育活动　/ 191

　　　　　　　　　学习情境43　参与布置监区改造环境　/ 194

学习单元11 | **社会帮教** ▶ 202

　　　　　　　　　知识储备10　社会帮教的特点和任务　/ 202

罪犯教育

　　　　　　　　学习情境 44　签订帮教协议　/ 204
　　　　　　　　学习情境 45　规劝教育　/ 206
　　　　　　　　学习情境 46　罪犯参观汇报　/ 207
　　　　　　　　学习情境 47　社会救助服务　/ 209

学习单元 12　**分类教育**　▶ 218
　　　　　　　　知识储备 11　分类教育概述　/ 218
　　　　　　　　学习情境 48　盗窃犯的教育　/ 219
　　　　　　　　学习情境 49　顽危犯的教育　/ 221
　　　　　　　　学习情境 50　邪教犯的教育　/ 225
　　　　　　　　学习情境 51　未成年犯的教育　/ 227
　　　　　　　　学习情境 52　女犯的教育　/ 228
　　　　　　　　学习情境 53　老病残犯的教育　/ 231
　　　　　　　　学习情境 54　少数民族犯的教育　/ 233
　　　　　　　　学习情境 55　外籍犯的教育　/ 236

学习单元 13　**教育管理**　▶ 244
　　　　　　　　学习情境 56　罪犯教育工作计划方案　/ 244
　　　　　　　　学习情境 57　罪犯教育工作督查考核　/ 247
　　　　　　　　学习情境 58　罪犯教育工作台账管理　/ 253
　　　　　　　　学习情境 59　罪犯教育工作调查研究　/ 256

学习单元1　罪犯教育工作民警与罪犯教育

> **学习目标**
>
> 　　了解掌握基层罪犯教育工作民警的岗位要求，教育改造罪犯的重要意义、指导思想、任务目标、基本原则、工作模式、实践方式、发展趋向等。根据罪犯教育的基本知识和民警岗位职责要求，解析罪犯教育实际工作中的相关问题，并作出一定的扩展思考。

罪犯的刑期也是学期

学习任务

学习任务1　基层罪犯教育工作民警的岗位要求

　　罪犯教育是指我国监狱在刑罚执行过程中对罪犯强制实施的以转变罪犯思想、矫正罪犯恶习为核心内容，结合文化、技术、心理健康教育进行的有目的、有计划、有组织的系统的影响活动。做好罪犯教育工作必须大力培养正规化、专业化、职业化人才。要充实基层力量，每一个监区都要设置专人负责本监区罪犯

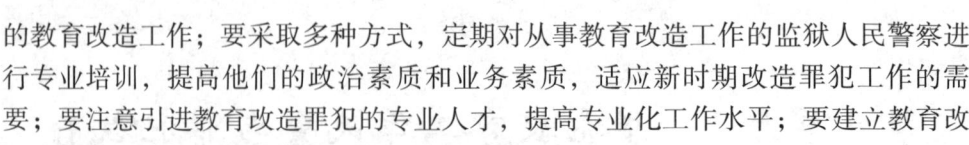

的教育改造工作；要采取多种方式，定期对从事教育改造工作的监狱人民警察进行专业培训，提高他们的政治素质和业务素质，适应新时期改造罪犯工作的需要；要注意引进教育改造罪犯的专业人才，提高专业化工作水平；要建立教育改造专家库，发挥这部分专家对罪犯的改造作用。

一、罪犯教育的意义

罪犯教育工作是刑罚执行活动的重要组成部分，是改造罪犯的基本手段之一，是监狱工作法制化、科学化、社会化的重要体现，贯穿于监狱工作的全过程，具有重要意义。

（一）罪犯教育是监狱工作的中心任务

惩罚与改造罪犯，把罪犯改造成为守法公民，是法律赋予监狱的重要职责。监狱通过大力开展对罪犯的法制、道德、文化和职业技术等教育，针对不同类型的罪犯，实施有针对性的教育改造工作，对于罪犯在服刑期间增强法律意识和道德观念，掌握文化知识和劳动技能，从而顺利地回归社会，发挥着重要作用。罪犯教育体现了监狱行刑的目的，是监狱执行刑罚的一项基本内容。我国刑罚的目的是预防犯罪，监狱不仅通过依法剥夺或者停止行使罪犯的一些权利，限制罪犯的自由，实行严格监管，强迫其履行特定义务，使罪犯感受到一定的痛苦和损失，逐渐认识到自己犯罪的根源和危害性，反省自己过去的思想和行为，感受到刑罚的威慑力，减少重新犯罪的可能，而且通过对罪犯的思想、文化、技术等方面的教育，把他们改造成为守法公民。罪犯教育是监狱执行刑罚的一项基本内容，体现了监狱行刑的要求。我国《刑法》第46条规定："被判处有期徒刑、无期徒刑的犯罪分子，在监狱或者其他执行场所执行；凡有劳动能力的，都应当参加劳动，接受教育和改造。"对罪犯的改造，并不是简单的"行刑"、单纯的惩罚，而是教育改造罪犯，预防和减少犯罪。要确立劳动、监管等各项工作为教育改造服务的理念，坚持把教育改造罪犯作为监狱工作的中心任务。

（二）罪犯教育是监狱改造罪犯的一个关键手段

我国监狱是惩罚和改造罪犯的刑罚执行机关，改造罪犯的各项工作，都是为了一个共同的目的，即把罪犯改造成为社会的守法公民。《监狱法》第4条规定，监狱对罪犯应当依法监管，根据改造罪犯的需要，组织罪犯从事生产劳动，对罪犯进行思想教育、文化教育、技术教育。这就明确了监狱对罪犯实施惩罚改造有监管改造、教育改造、劳动改造三个基本手段，三者从不同的方面起着不同的作用。其中，依法监管是改造罪犯的前提和保证，生产劳动是改造罪犯的基础，它们不仅具有维护正常改造秩序、保障监狱安全、保证各项改造措施正确施行的功能，而且还对罪犯思想转化、行为矫正有着潜移默化的影响。罪犯教育与前两者相比较，其改造作用更为明显、突出，是监狱改造罪犯的一个关键手段，因为世界观的转变，归根到底要靠教育，突出教育改造是我国监狱工作的基本特色和传统优势。罪犯犯罪心理的形成、犯罪行为的发生，除了犯罪者周边不良环境的影响之外，往往是由于剥削阶级的腐朽思想意识及堕落的人生观、道德观、法纪观的作用和支配的结果。而这些属于意识形态领域内的问题，是不能靠强迫命令、不能靠压服来解决的，只能依靠系统的、经常的思想教育工作才能解决。罪犯教育在整个改造工作中是最活跃、最积极、最灵活的关键手段，并在转化罪犯思想和转变罪犯世界观中起着关键作用。

（三）提高教育改造质量是维护社会和谐稳定的客观要求

构建社会主义和谐社会是我国现代化建设的重大目标任务，要加强和谐社会的司法保障，完善刑罚执行制度。监狱是国家机器的重要组成部分，是维护国家安全和社会稳定的重要战线。在贯彻国家总体安全观，维护社会大局的稳定中肩负着重要职责。把罪犯改造成为守法公民，使他们顺利回归社会，减少重新违法犯罪，是最大限度地减少不和谐因素、增加和谐因素的重要工作，是维护社会和谐稳定的客观要求。要积极探索、切实把握新形势下罪犯改造工作的规律，创新改造理念，完善改造手段，充分发挥教育改造在矫治罪犯思想、传授知识等方面的作用，充分发挥生产劳动在矫正罪犯恶习、培养劳动习惯、培训劳动技能等方面的作用，充分发挥心理咨询、心理矫治在罪犯改造工作中的重要作用，切实提高罪犯改造质量，减少重新违法犯罪。2005~2015年，全国监狱累计完成159万余名罪犯扫盲和义务教育任务，15.8万余名罪犯获得国家承认的大专及以上毕业证书，238万余名罪犯获得职业资格证书，大多数罪犯被改造成为守法公民。实践证明，成功教育好一名服刑人员，不仅挽救了他本人，挽救了他的家庭，还使服刑人员刑满释放后更好地融入社会，对整个社会的和谐稳定都具有重要意义。

二、基层罪犯教育工作民警的岗位职责

基层罪犯教育工作民警主要包括：基层罪犯教育工作分管领导、监区教育干事、分监区管教干事（员）、小组（队）民警。他们主要从事教育资源管理、教育活动组织实施和教育教学工作。教育资源管理是通过信息化等管理手段，使罪犯教育过程中的人力、物力、财力以及信息资源等能得到合理的配置和应用；教育活动组织实施是对罪犯教育活动进行计划、组织、协调和控制，使教育工作目标得以落实，主要是制定罪犯教育计划方案、组织实施入监教育、日常教育、出监教育、分类教育、辅助教育，并督查考核；教育教学工作是指基层罪犯教育工作民警直接承担集体的或个别的教育教学工作，主要是进行课堂教学、集体讲评、个别谈话、个案矫治。

基层罪犯教育工作民警的主要任务是依法教育改造罪犯，严格对罪犯进行法制、道德、形势、政策、前途等内容的形势教育，切实保证"三课"教学时间及效果，按规定加强对顽危犯的管理教育，抓好对罪犯的个别教育，开展专项教育活动，搞好罪犯职业技术培训，严格执行教学楼、图书室、阅览室、娱乐活动室、电化教育演播室的管理制度，严格按规定加强对教育改造经费的管理与使用，切实加强对罪犯的心理矫治工作，加强监区文化建设，开展社会帮教工作，落实对罪犯的评估检测和考核奖惩。基层民警的罪犯教育工作职责分别是：

（一）基层罪犯教育工作分管领导

分管罪犯教育工作副监区长在监区长的领导下，主管罪犯的思想、文化、技术教育，心理矫治，监区文化建设，社会帮教工作，法律援助工作，教育改造质量评估和年终评审工作等。

（二）监区教育干事

1. 组织罪犯开展思想教育、文化教育、技术教育及其他辅助教育，根据实际情况编班，维护课堂纪律和教学秩序，保证教育效果。

2. 管理图书室、阅览室等教育场地。

3. 定期召开罪犯通讯员会议，调动罪犯通讯员投稿的积极性。

4. 按要求对墙报、黑板报、阅报栏等教育宣传设施的内容进行定期更新。

5. 分析研究罪犯的思想状况、行为特点和改造表现，做好对罪犯的个别谈话教育工作，制定个别教育对策，有针对性地做好顽危犯的教育转化工作。

6. 对罪犯开展心理辅导工作，落实心理矫治各项内容。

7. 建立和完善罪犯教育改造工作台账，提供相关业务数据，及时填报各类相关工作报表。

8. 搞好监区文化建设，组织和指导罪犯开展文体活动，做好重大节日活动安排，丰富监区文化生活。

9. 负责与罪犯原单位、居委会、村委会及家属签订帮教协议书，共同抓好罪犯的思想转化，落实帮教工作。

10. 按规定保管使用教育设施、设备，严格执行音像制品播放审批制度。

11. 按要求做好罪犯教育改造工作相关会议记录。

（三）分监区管教干事（员）

1. 对所管辖的监室实行"五包"，即包管理、包教育、包卫生、包生产、包安全。

2. 抓好罪犯政治学习和军事化训练，管好监室内务和罪犯劳动纪律及生质量。

3. 对分管的罪犯做到"四知道",即知道基本情况、主要案情、诉讼进程和思想动态,有针对性地做好思想教育工作。

4. 坚持对罪犯进行政策、法制、道德、形势、前途和文化知识等教育,促使在押人员服管服教。对新入监的罪犯要在24小时内进行第一次谈话。

(四) 小组 (队) 民警

1. 负责本小组罪犯的直接管理教育。

2. 掌握本小组罪犯的基本情况、思想动态等。

3. 抓好对本小组罪犯的日常行为养成。

4. 主动、深入地了解、收集犯情,及时发现问题,加强请示报告,对顽危犯进行包夹控制,制订转化措施,进行个别教育和矫治改造。

5. 直接对本小组犯人进行日常考核、管理、教育。

6. 建立罪犯管理教育工作档案,做到资料齐全。

7. 有关教育工作台账、报表、审批材料的填写、审核。

三、基层罪犯教育工作民警的职业要求

(一) 知识要求

1. 科学文化知识。包括人文社会科学知识和自然科学知识。应主要掌握有关人文社会科学知识,具备一定的语言学、文学、逻辑学、史学、伦理学、美学、行为学、信息学、宗教学以及有关工学与农学知识,并及时了解国内外政治、经济、科技、文教以及军事方面的最新动态,引导罪犯予以正确认识和评价。语言学、文学和逻辑学,有助于提高思维和表达能力;史学有助于丰富施教内容;伦理学、美学有助于引导罪犯树立正确的道德观念和审美观念;行为学有助于把握罪犯改造的行为规律;宗教学知识有助于指导罪犯摆脱各种邪教恶魔的缠扰;工学和农学知识有助于指导罪犯职业技术的学习;信息学则有助于掌握先进的教育手段;等等。

2. 专业知识。包括犯罪学、监狱学、法学、教育学、心理学等方面的知识,特别是罪犯教育学、犯罪心理学、罪犯改造心理学等教育学、心理学的分支学科的知识,以更有效的手段和方法,有针对性地对罪犯进行教育和矫正。犯罪学是研究犯罪现象及其规律的科学,监狱学是研究对罪犯进行惩罚和改造的原则、规律和方法的科学,法学是研究用法即以强制的手段来调整、规范有关社会关系的科学。这几方面的知识有助于把握罪犯教育工作的原则和方向。教育学主要研究对教育对象施行教育的原则、规律和方法、手段问题,心理学主要研究人的心理结构、心理变化规律等问题。对教育学、心理学等知识的掌握,有助于解决罪犯

教育工作中的方法性、技术性问题。

(二) 能力要求

主要是专业能力。即指观察、认识、分析和处理问题的能力以及语言表达能力，做到"提笔能写、开口能说、遇事能办"。

观察能力，即指对罪犯行为举止、神情姿态等细微之处的注意力和觉察力，特别应注意从细微之处觉察出变化和问题，从而及时予以了解、核实，并予以解决。认识能力，即指透过某些现象认识其本质或规律的能力，主要是能够透过罪犯某些貌似悔改的假象认识其背后所隐藏的消极改造的、欺骗性的真实意图。分析能力，即指对某一现象所进行的有理有据的逻辑严密的剖析能力，主要表现为一种对罪犯说服教育的能力。处理问题的能力，即要求对罪犯在改造中的消极表现和突发问题能够及时予以解决或拿出较妥善的解决方案。语言表达能力，主要指面对罪犯的谈话能力、讲话能力、授课能力以及对某些公文、应用文书如计划、总结、报告和执法文书的写作能力。在罪犯教育实践中，民警的组织协调能力、防范处理突发事件的能力、舆论引导能力、个别教育能力、课堂讲授能力、队列讲话能力、执法文书制作能力、信息化实战应用能力等都是专业能力的具体体现。

(三) 素质要求

在监区一线工作，需要具备良好的岗位职业素质，做到"品德优良、爱岗敬业、进取奉献、公正廉洁"。

1. 品德优良。面对具有各种不正确、不健康甚至腐朽的世界观、人生观、价值观的形形色色的罪犯，必须具有坚定的立场、信念和理想。应当坚持不懈地学习中国特色社会主义理论体系，认清社会发展的规律，增强理论自信、道路自信和制度自信，以社会主义核心价值体系和核心价值观为指导，始终坚守"忠诚、为民、公正、廉洁"的政法干警核心价值观，抵御各种不正确的思想观念的冲击。必须牢固树立忠诚、干净、有担当、敬业的政治品格，严守政治纪律和政治规矩，坚决在思想上、政治上、行动上同党中央保持高度一致，切实履行惩罚和改造罪犯的使命。

2. 爱岗敬业。罪犯教育工作使命神圣，责任重大。空谈误国、实干兴邦，要有艰苦奋斗、默默奉献的敬业精神，强烈的社会责任感和事业心，积极工作而不敷衍塞责，研究工作而不得过且过，具有尽职尽责的决心和毅力，并在爱岗敬业的基础上有所贡献，有所创新。不能满足于"苦劳"，要有"功劳"，有成就。

3. 进取奉献。一是要学习。把学习当作迅速提高自己工作能力的重要途径。不及时学习"充电"，水平和能力就会跟不上工作发展的需要，特别是青年民警,如果出现"与文化犯人谈不上去,与重点犯人谈不下去,与问题犯人谈不进去,与老油条犯人谈话给顶了回去"等现象,就不利于提高罪犯改造质量。二是要勤奋。勤能补拙,勤能出巧,勤奋能出经验、出成果,优秀民警的成长都是勤奋进取的过程。要深入罪犯改造三大现场,在改造工作中做到"嘴勤、腿勤、手勤"。特别是年轻民警要树立亲力亲为的勤政意识,在工作中不嫌麻烦,不回避问题。三是要奉献。由于学习,牺牲了休息;由于勤政,放弃了娱乐,但辛勤的奉献付出却能换来心理上的成熟,才干上的提高,工作上的成绩。

4. 公正廉洁。罪犯教育工作民警既是教育者,又是执法者,在对罪犯的奖惩、减刑、假释等方面都握有一定的权力。能否严格、公正执法,既关系着民警的形象、社会主义国家监狱的形象,也关系到教育改造的效果。在执法施教方面应严格要求自己,做到公正廉洁、不徇私情、不谋私利、防止腐败。善于运用法治思维和法治方式推动工作,凡是涉及罪犯的权利、待遇和奖惩方面的问题,都应依法依规公平、公开、公正处理,以公正无私的执法者形象影响罪犯,增强教育力度,提高教育改造效果。

学习任务2 罪犯教育的指导思想和基本原则

一、罪犯教育的指导思想

罪犯教育的指导思想是:以邓小平理论、"三个代表"重要思想、科学发展观为指导,深入贯彻落实习近平总书记关于监狱工作的重要指示精神和监狱工作方针,按照全面依法治国的要求,紧紧围绕提高罪犯改造质量,坚持以人为本,统筹推进监管改造、教育改造、劳动改造,发挥心理矫治的重要作用,推进教育改造工作的科学化、专业化、社会化,把罪犯改造成为守法公民。

(一) 以邓小平理论、"三个代表"重要思想、科学发展观为指导

毛泽东思想、邓小平理论、"三个代表"重要思想、科学发展观是党和国家各项工作的根本指导思想。其中关于教育人、改造人的问题,有许多著名的论断,如:关于无产阶级改造社会、改造人的思想;关于发挥社会主义刑罚教育作用的思想;关于人是可以改造的思想;社会主义社会人人都要改造的观点;马克思主义的认识论和劳动学说;关于教育的思想;关于社会主义初级阶段阶级斗争和人民民主专政的理论;关于构建社会主义和谐社会的理论;关于树立社会主义法治理念;等等,这些论断奠定了罪犯教育坚实的理论基础。习近平总书记关于

监狱工作的重要指示，强调要强化监狱内部管理，严格执行各项规章制度，深刻阐述了事关监狱工作根本性、全局性、方向性的重大问题，为罪犯教育工作指明了方向。

（二）贯彻党的监狱工作方针

"惩罚与改造相结合，以改造人为宗旨"体现了党的监狱工作方针。坚持惩罚与改造相结合，依法监禁罪犯，强制其矫正恶习，消除再犯罪思想；依法严格管控，强制罪犯遵守监规纪律，规范行为养成。大力加强教育改造，全面推进思想教育、文化教育和职业技术教育，帮助罪犯顺利回归社会。科学准确把握罪犯改造工作规律，创新工作理念，创新改造方式方法和改造手段，统筹推进监管改造、教育改造、劳动改造，不断提高罪犯改造质量。坚持把教育人、改造人、挽救人放在第一位，以人为本，充分发挥狱内外各种教育资源的作用。在监狱的整体工作中，始终突出罪犯教育工作的主导性地位，但在具体实施罪犯教育时，不能由罪犯教育部门唱独角戏。刑罚执行、狱政管理、生产劳动等业务部门都应积极配合，同时还要争得罪犯家属、社会有关部门和人员的支持、协调和配合，积极利用社会资源开展帮教工作，提高教育改造工作实效。

（三）推进罪犯教育工作的科学化、专业化、社会化

尊重罪犯教育工作规律，运用科学的理论、观念、方法和手段，对服刑人员进行科学、文明、有效的教育改造，使罪犯教育工作适应罪犯心理健康发展及其回归社会的需要，推进罪犯教育工作的科学化、专业化、社会化，提高罪犯教育的质量与效能，对促进社会主义司法文明进步、维护社会和谐稳定、促进国家长治久安具有重要作用。要不断提升罪犯教育工作水平，把普遍教育与个别化教育结合起来，把传统教育改造手段和现代教育矫治技术结合起来，有针对性地做好分类教育、个别化矫治工作，推进罪犯教育工作科学化；进一步创新罪犯教育的内容、方法，从道德、文化、法律等方面综合采取措施，加大心理、行为矫治力度，推进罪犯教育工作专业化；加大罪犯教育工作的开放力度，多层次、多渠道、多种形式向社会延伸，把罪犯教育纳入全社会教育的大系统，共享教育资源，形成全社会关注、参与、服务罪犯教育改造的格局，构建多样化罪犯教育实施方案和综合治理的运行机制，在服刑人员出狱前做好与社会对接工作，出狱后做好社会适应性帮扶工作，开展岗位技术培训和职业技能培训，提高他们回归社会后自食其力的本领，推进罪犯教育工作社会化。

二、罪犯教育的基本原则

罪犯教育基本原则，是指在对罪犯实施教育改造的过程中应当遵循的基本法则或标准。主要有：

（一）以人为本，重在改造

教育改造罪犯，要充分了解和掌握罪犯的思想动态，充分考虑罪犯的自身情况，着眼于罪犯顺利回归社会，采取有针对性的改造措施。要尊重罪犯人格，遵循罪犯个体身心发展规律，科学制定教育内容。认真研究罪犯的思想动态和身心特点，在依法的前提下，突出和侧重与罪犯正常需要及回归社会相适应的内容，以增强教育内容的针对性，便于科学施教。在政治教育方面，除开展必要的法制教育外，还要适当增加时事教育，如公民道德建设纲要、市场经济知识、国企改革等知识，使罪犯虽身在高墙但思想观念能跟上社会的潮流；在知识技能教育方面，要加强针对性、务实性，适应罪犯就业的需要，增强刑释后的竞争力，大力开展学历教育，提高罪犯的文化素质，广泛开展技术培训，让罪犯掌握一技之长；在心理健康教育方面，要帮助罪犯克服心理障碍，指导罪犯如何尽快融入社会。

（二）标本兼治，注重实效

教育改造罪犯，要把规范罪犯行为与矫正罪犯犯罪意识有机地结合起来，增强各种改造手段和措施的实际效果。人的思想和行为是相互联系、相互影响的，思想支配行为，行为反映思想。应紧密联系罪犯的实际情况，制定严密的教育改造罪犯制度，既矫正思想，又规范行为，防止教育改造流于形式。要提高教育方法的科学性，大力引进先进的社会科学知识和理论，如心理测验、心理咨询、心理矫治等科学方法；要增强教育的吸引力，经常开展行为规范达标竞赛、劳动竞赛等活动，让罪犯在各种形式的活动竞赛中受到教育；要经常开展社会帮教活动，充分利用社会力量来加强罪犯的思想认识，转变罪犯的思想观念，增强罪犯改造的信心；要运用各种手段，提高教育效果，围绕监管改造工作和罪犯关心热点、焦点问题，直观形象地教育罪犯，充分发挥影视媒体等电化教育设备的作用。

（三）因人施教，突出重点

教育改造罪犯，要根据不同类型、不同罪犯的实际情况，实施分类教育和个别教育，尤其对重点类型、重点罪犯，要重点采取教育改造措施，实现教育改造效果的最大化。要做到：加强调查研究，掌握罪犯情况；针对不同对象，进行不同教育；分别情况，妥善处理；一般教育与重点教育相结合。

（四）循序渐进，以理服人

教育改造罪犯，应当按照罪犯的思想转化规律，制订工作计划，分阶段、有步骤地实施；要坚持摆事实、讲道理，对罪犯开展耐心细致的说服教育工作。要做到：按照教育计划，有步骤、有系统地进行教育，坚持不懈，逐步提高；摆事实，讲道理；疏通引导，耐心说服，以情感人，情理结合。

学习任务3　罪犯教育的任务和目标

一、罪犯教育的任务

（一）转化思想，矫正恶习

人的思想和行为是相互联系、相互影响的，思想支配行为，行为反映思想，一个人走上犯罪道路，主要原因是其思想观念出现了偏差，导致其行为偏离了社会规范的要求。因此，转变罪犯的思想，矫正罪犯的恶习，是罪犯教育活动所要解决的核心任务。通过社会主义法制教育，使罪犯明确我国的法律制度是按照无产阶级和广大人民的意志和利益制定的，是维护人民的民主权利和合法利益的，弄清法律保护什么，允许什么，禁止什么，反对什么，了解合法、违法的界线，从而树立法制观念，养成遵纪守法的良好习惯。通过认罪教育，使罪犯承认犯罪事实，找出犯罪的根源，认清犯罪的危害，从而服从法律判决，遵守监规纪律，接受改造。通过形势政策和前途教育，使罪犯认清形势，了解和相信党的政策，澄清模糊认识，消除顾虑，坚定信心，积极改造，争取光明的前途。

（二）传授知识，培养技能

从罪犯构成来看，罪犯的总体文化程度相对低于社会平均水平，知识欠缺是一个人犯罪的重要因素。通过文化知识的学习，可以增长知识，提高辨别是非的能力。有了文化，才能学习政治、科学和技术。所以我国监狱把开展文化教育，提高罪犯的文化知识素质，作为教育改造的一项重要任务。通过文化教育，改善罪犯的知识结构，使其摆脱愚昧状态，为他们转变思想、学习科学知识和劳动技能创造条件，同时也传承社会文化，促进社会文明进步。好逸恶劳，缺乏劳动技能是多数罪犯的犯罪原因之一，培养罪犯的劳动技能，是监狱教育改造工作的法定任务。《监狱法》第70条规定："监狱根据罪犯的个人情况，合理组织劳动，使其矫正恶习，养成劳动习惯，学会生产技能，并为释放后就业创造条件。"罪犯只有在学习劳动技能的过程中，才能理解劳动的艰辛，懂得劳动成果的来之不易，才能逐渐转变好逸恶劳的思想，树立正确的人生观、价值观。同时，学到一技之长，掌握谋生的本领，才能立足社会，服务社会，做一个守法公民和有用的人。

（三）促进身心健康发展

人的行为总是受其心理支配的，是其心理的外部表现。犯罪行为也不例外，它必然要受到犯罪心理的支配。应当对罪犯进行针对性心理健康教育，完善人格,提高心理调控能力,增强社会适应能力,消除其犯罪内因。罪犯在改造过程中,普遍存在抑郁焦虑、人际关系敏感、恐怖烦躁等心理状态,在改造中表现出不愿参加集体活动、逃避劳动、厌学、不服管理和混刑期等情绪,甚至出现自杀、行凶等严重问题。这些不健康的心理,严重影响罪犯接受惩罚和改造的效果。所以开展心理健康教育,让罪犯认识到消极心理行为产生的原因,并寻求改变方法,学会用积极、平衡的正常心态去适应当前和发展的社会环境,不断完善自己的人格,以健康的行为方式适应社会,为罪犯接受改造提供良好的心理基础,是罪犯教育的一个重要任务。

二、罪犯教育的目标

我国监狱工作的方针是"惩罚与改造相结合,以改造人为宗旨"。罪犯教育必须贯彻这一方针,其主要目标是:在罪犯服刑期间,通过各种教育改造手段和方法,使其成为守法守规的服刑人员。教育改造成年罪犯的教学时间,每年不少于500课时。罪犯刑满释放时,符合守法守规服刑人员条件的,要逐步达到当年释放人数的90%以上。认罪悔罪、遵守规范、认真学习、积极劳动是守法守规服刑人员的基本条件。

(一)认罪悔罪

承认犯罪事实,认清犯罪危害,对自己的犯罪行为表示悔恨,服从法院判决,不无理缠诉。

(二)遵守规范

遵守法律、法规,遵守服刑人员基本规范、生活规范、学习规范、劳动规范、文明礼貌规范。

(三)认真学习

积极接受思想、文化、职业技术等教育,遵守学习纪律,学习成绩达到要求。

(四)积极劳动

积极参加劳动,遵守劳动纪律,服从生产管理和技术指导,掌握基本劳动技能,严格遵守操作规程,保证劳动质量,完成劳动任务。

学习任务4　罪犯教育的工作模式和实践技术

一、罪犯教育的工作模式

（一）罪犯教育工作模式的演进

新中国改造罪犯模式和教育工作模式的发展可分为三个阶段：

第一个阶段是以1954年新中国成立初期的《劳动改造条例》的颁布为标志，确立了劳动改造为主的改造罪犯模式。条例规定：罪犯每日实际劳动时间一般为9～10小时，学习时间平均每天不少于1小时。罪犯一般每半月休息1天。这可以说是一种"15＋1"的罪犯教育工作模式。

第二个阶段是以1994年《监狱法》的出台为标志，确立了狱政管理、教育改造、劳动改造相结合的改造罪犯模式。1995年6月，司法部下发了《关于罪犯劳动工时的规定》，规定：罪犯每日劳动8小时，平均每周劳动不超过48小时，生产任务不满的监狱，经批准（省级监狱管理局）可以实行每周劳动5天，集中学习1天。罪犯每周至少休息1天。据此，我国监狱开始实行"6＋1"的教育工作模式，若生产任务不足，经批准可实施"5＋1＋1"的罪犯教育工作模式。

第三个阶段是以2007年司法部印发的《教育改造罪犯纲要》为标志，确立了教育改造为中心的改造罪犯模式。2009年11月17日，司法部下发了《关于加强监狱安全管理工作的若干规定》，规定：监狱应当坚持每周5天劳动教育、1天课堂教育、1天休息。罪犯每天劳动时间不得超过8小时，每周劳动时间不超过40小时。至此，"5＋1＋1"的罪犯教育工作模式得以确立。

从"15＋1"、"6＋1"到"5＋1＋1"，并不是简单的数字改变，而是涉及整个刑罚执行理念和行刑模式创新的大问题，对践行"惩罚与改造相结合，以改造人为宗旨"的监狱工作方针，提高教育改造质量，全面贯彻落实"首要标准"和确保监狱安全稳定必然起到积极的作用。劳动时间缩短，教育时间增加，可有效地缓解罪犯劳动的紧张心理，加大罪犯思想教育的力度，有力地维护监所改造秩序的持续安全稳定。学习时间增多，可加大技术教育的力度，提升罪犯的劳动熟练程度，提高劳动效率，在促进监狱经济发展的同时，为罪犯刑释后就业谋生打下良好基础。教育时间增加，使教育改造工作的进步性明显增强，罪犯学习的主动性大大提高。"5＋1＋1"教育工作模式有利于凝聚监狱主要精力、整合监狱主要资源、凸显监狱主要职能，有利于推进监狱以人为本，建设执法、管理、教育、劳动等各种手段相结合的大教育格局，更加科学地统筹罪犯的劳动、学习和休息，使三者充分发挥各自的改造特色和功能，同时相互促进、相互补充，提高罪犯教育改造质量。

（二）"5+1+1"罪犯教育工作模式的内容

1. 5天劳动教育。劳动教育的目的是使罪犯树立正确的人生观和价值观，养成自食其力的习惯，学会劳动的本领，为释放后就业谋生成为自食其力的守法公民打下基础。当前，我国罪犯的劳动内容以劳动密集型的来料加工业为主，生产模式以流水线作业为主，可以划分为很多生产环节和不同工序，相互间需要通力协作来完成整个产品。在劳动中，罪犯受劳动纪律和规章制度约束，能有效地矫治罪犯的思想和行为，增强团队合作精神。劳动教育中，要科学下达经济指标，优化生产项目，严格定额管理，从根本上解决罪犯劳动超时问题，不断提高罪犯改造积极性。在多样化基础上选择附加值较高的项目进行优化，使更多的罪犯有适合自己特长的效益较高的生产项目，最大限度地发挥自己的潜能，提高生产效能。

2. 1天课堂教育。课堂教育包括思想、文化和技术教育，其目的在于将罪犯改造成自食其力的守法公民，避免或减少重新违法犯罪。课堂教育中，要合理安排"三课"课堂教育日及"三课"课时比例，一般把每周1天的学习日定在周三或周四，这样一方面与周日的休息日形成呼应，另一方面能确保警力。课堂教育日"三课"课时适宜安排在8个课时，具体可安排为：上午文化教育3个课时，下午技术教育3个课时，晚上思想教育2个课时。在罪犯每周学习1天的基础上，每月还应安排适当的专题教育。

3. 1天休息。休闲对生活质量的意义与健康和教育同等重要。在监狱的指导下，开设培训班、俱乐部、工作坊、兴趣小组等，组织罪犯参加体育活动、游戏、业余爱好、文学、艺术活动、表演艺术等不同类型的休闲活动。休闲活动以罪犯自愿为主，监狱积极引导，保证效果，让罪犯真正放松，心灵得到慰藉。在休息日通过广播、电视等有效媒介使罪犯了解外面的世界，进一步巩固课堂教育和劳动改造的成果。通过丰富多彩的文体和亲情帮教活动，加强监狱对罪犯的人文关怀和心理疏导，促进罪犯形成积极向上的人生态度。

（三）"5+1+1"罪犯教育工作模式的实施

1. 创新教育工作。一是优化师资队伍。深入挖掘监狱内部教育资源，聘请有法律、教育、心理矫正等教学特长、热爱教育工作的民警担任专兼职教师，组建民警讲师团，有针对性地开展教育；加强民警队伍专业化培训教育，积极开展"优秀教学团队"和"名师"工程建设；积极外聘社会专家学者担任兼职教师，或将文化、技术教育整体外包给高等院校、培训机构，建立开放的文化技术教育网络体系。二是完善教学内容。编写修订教学大纲和教材，完善教学计划，细化教学内容；根据罪犯个性化需要，开设选修课、兴趣班。三是拓展教育层次。以课堂化教育为主，开展电化教学、网络教学等灵活多样的教育活动；推进监狱、监区两级办学，突出教育内容的层次性；积极联系有关部门，将罪犯职业技术教育纳入当地培训规划，未成年犯九年义务教育和成人学历教育纳入国民教育。

2. 落实保障措施。一是组织保障。监狱要成立以监狱长为组长的领导小组、以分管领导为组长的教育督导委员会，下设办公室，并明确各机构及有关人员的职责。二是制度保障。监狱制定规范、具体、可行的教育教学制度。明确规定课堂教育日的教育内容、教育时间、现场管理等具体要求，建立健全教育例会、教学管理、日常教育、民警督学、评学考核、激励约束等管理制度，对教学、教务、流程、管理等方面进行全面规范，加强正规化、精细化、科学化管理。三是经费物质保障。建立监狱教育经费财政动态保障机制，保障"5+1+1"教育模式稳定运行；监狱进一步加大教育经费投入，加快教育改造工作软、硬件和基础设施建设，提高信息化、多媒体教学水平。

二、罪犯教育的实践技术

社会科学的"科学化"进程分为三个阶段：运用实证研究方法，实现基础研究领域的科学化；形成社会技术，实现应用研究领域的科学化；推进循证实践，实现实践领域的科学化。监狱对罪犯的矫正改造工作是社会管理领域中实践性、实效性都很强的专门工作，理应实现实践领域的科学化。因此，循证矫正成为国外矫正机构普遍应用的实践技术方法。循证矫正是指矫正工作者在矫正罪犯时，针对罪犯的具体问题，寻找并按照现有的最佳证据（方法、措施等），结合罪犯的特点和意愿来实施矫正活动的总称。包括对罪犯的循证管理、循证教育、循证矫治等。其中，循证教育是罪犯教育的重要实践技术。2012年7月10日在长沙召开的全国司法厅局长座谈会上，决定在我国监狱工作中大力试点推广"循证矫正""个案管理"等先进矫治实践技术方法。在9月17日的"循证矫正方法及实践与我国罪犯矫正工作"研讨班上，司法部领导强调，在总结我国传统经验和吸收借鉴国外犯罪矫正成功经验基础上，司法部将在一些经济条件好、矫正经验丰富、研究基础好的监狱单位和社区矫正机构进行循证矫正试点工作，为最终形成一套符合中国实际的循证矫正体系奠定坚实基础。

（一）循证教育的框架结构

循证教育将罪犯教育研究者、罪犯教育工作者、罪犯、罪犯教育管理者纳入同一团队合作体系，形成了一个知识可持续积累、实践可持续改进的框架结构。

1. 罪犯教育研究者提供高级别证据。常见的证据主要有论文、著作、个案、实验数据、问题解决方案或模型等。罪犯教育工作民警在自己的教育改造实践中认真总结好的经验和方法，罪犯教育理论研究者及时收集和研究这些经验方法，积极进行各种调查研究，提炼出高级别的证据。

2. 罪犯教育工作者基于证据进行教育。特别是罪犯教育工作民警要寻找最佳证据，根据自己的工作经验，结合罪犯实际需要，制定最优教育方案，利用最好的教育改造方法进行实践。

3. 罪犯积极参与教育实践。在循证教育中，罪犯参与教育方案及实践活动，他们的文化、兴趣、价值观等因素均会得到考虑，充分调动其接受教育改造的主动性、积极性。

4. 罪犯教育工作管理者协调整个教育过程。教育改造职能部门要循证进行管理。制定相应的政策措施规范研究者、推广应用；制定从教育问题诊断、干预到评估的实践指南、原则、标准或手册，提供可供遵循的最佳证据；建立功能完善的证据数据库，为开展循证矫正提供方便高效的证据检索和查询服务；规范教育秩序，保证循证教育体系得以顺利运转。

（二）循证教育的实施步骤

1. 提出问题。常见的主要有原因、评估、预防、教育、矫治等方面的问题。通过观察、问卷、量表、访谈等技术手段尽可能全面地收集信息，追寻问题的根源，认清问题的本质。确定在罪犯教育过程中所需要解决的问题，并将此问题结构化，以适合通过检索的方式呈现出来。

2. 获取证据。根据提出的罪犯教育问题构成检索策略，查看是否已经有解决该问题的罪犯教育指南、标准或手册，如果没有，则查询相关的期刊、因特网和资料数据库，利用问题的关键词检索寻找可以回答上述问题的所有证据。

3. 批判评价。评价检索到的所有罪犯教育证据的有效性和实用性，如科研设计的严密性、结论的有效性、科研受到的限制等，找出最佳证据。

4. 应用证据。将所获得的罪犯教育证据与自己的工作经验知识、罪犯实际需要相结合，作出罪犯教育计划，实施最佳方案。

5. 总结评估。在运用罪犯教育证据的过程中需要严密地观察和科学地评价使用效果，反思罪犯教育实践中所采取的一切步骤与干预措施，对所做的教育工作进行评价，不断总结经验。还可以将自己的教育实践个案以研究的形式发表，供其他人参考。

学习任务5　罪犯教育的发展趋向

20世纪50年代以来，世界各国在监狱行刑教育思想理论上不断地出现新的观点主张，导致监狱教育制度发生了一些重大变化。概括地说，主要突出地表现在四个方面，即罪犯教育的社会化、个别化、技术化和国际化发展趋向。

一、罪犯教育的社会化发展趋向

当今许多国家不再把监狱看作是单纯的国家机关，仅仅具有国家物质附属物性质，而是视为社会事业的一种，是解决犯罪这一社会问题的场所。因此，强调社会应予以协助，加强对罪犯的帮助教育及出狱后的保护救助。对出狱人的保护教育早在18世纪就引起资产阶级的注意，最早渊源是1776年美国费城成立的出狱人保护协会。1885年罗马国际监狱会议，1935年柏林会议曾就此讨论并作出决议。出狱人保护一般分为收容保护、观察保护和暂时保护几种形式。现代西方国家的重返社会训练场所、团体之家、归途之家等社会团体机构都是出狱人的保护教育场所。由于社会力量的广泛参与，使监狱罪犯教育职能延伸于社会，日趋社会化发展。

我国《监狱法》第68条规定："国家机关、社会团体、部队、企业事业单位和社会各界人士以及罪犯的家属，应当协助监狱做好对罪犯的教育改造工作。"以此为法律依据，始终把监狱工作置于社会治理的整体架构中，推进罪犯教育社会化。一是向前延伸。对接侦查、起诉、审判等司法机关，科学开展改造罪犯评估。二是向外延伸。使罪犯服刑期间的社会帮扶有机融入监狱教育改造工作。监狱实行亲情教育制、归假制、外出学习制等开放式处遇，建立专业的教育改造信息系统，发展罪犯教育软件和远程教育，利用互联网信息资源，适应不同层次罪犯接受教育改造的需要。运用社会资源，紧紧依靠家庭、基层组织、社会力量，聘请法律专家、心理理疗师、爱国宗教人士、社会志愿者等专业力量，发挥专业性、公益性的罪犯教育社团基金作用，共同做好罪犯教育工作。三是向后延伸。为罪犯刑满释放顺利过渡、回归融入创造良好社会环境。深化社会帮教制度，重点定位于解决服刑罪犯的思想教育、技能培训和刑满释放人员的帮扶、接纳工作。政府建立社会帮教中心，统一指挥协调该项工作；监狱部门和有关部门、人士相联系，建立经常化、制度化的社会帮教模式；建立社会关怀帮扶体系，搞好政策扶持和社会帮扶，解决好生活困难的刑满释放人员最低生活保障等实际问题。

二、罪犯教育的个别化发展趋向

由于罪犯的年龄、经历、思想、性格、罪行轻重和人身危险性程度等各不相同，要实现罪犯教育目的，单纯靠共性理论和普遍性制度，对罪犯个人的感化教育是有失偏颇的，必须针对罪犯个人的具体情况进行具体分析研究，实行分类处遇和个别处遇教育方案，罪犯教育必须个别化。一是横向分类。从心理学、精神病学、犯罪学、教育学和人类学等角度，在对罪犯生理、心理、宗教信仰及改造教育的可能性进行细致调查的基础上，实行分类教育，有的放矢，使分类教育科学化。现在西方国家分类教育制度正向分类细密化及教育专门化发展，并与教育技术化密切相联。二是纵向分级。广泛使用累进制和不定期刑制，依行刑的教育改善目的，罪犯刑期应随其恶性的消长而伸缩，根据对罪犯教育的效果，对刑期予以灵活变动，是行刑人道化的体现。三是个别处遇教育。在对罪犯执行刑罚中，将行刑处遇重点放在对罪犯的个案设计上，关注每一个罪犯的改造。以罪犯个体为基础，形成一整套理念、程序、方法与技术，实施评估、分类、管理和教育矫正。20世纪90年代前后，个案工作方法在美国、加拿大等发达国家的监狱矫正工作中已经有了比较广泛的应用和较好的实践效果，形成了个案矫治模式。

因人施教、分类教育和以理服人是罪犯教育的重要原则。以人为本，制定罪犯教育个性化方案，实行有针对性的分类教育和个别化教育，是贯彻罪犯教育原则的必要措施。随着我国监狱推行"三分"、罪犯素质教育、罪犯心理矫治等，罪犯教育发展日益趋向个别化。

三、罪犯教育的技术化发展趋向

罪犯教育的技术化，是指罪犯教育制度的科学化和在罪犯教育过程中广泛运用现代科学技术。这是监狱行刑合理化、人道化和个别化的必然要求。很多国家不但运用生物学、遗传学、心理学、社会学、教育学以及统计学知识，查明犯罪原因和罪犯的品行、性格、教育改善的难易程度，综合运用种种矫治手段，制定各种狱内治疗方案，建立科学的、符合罪犯教育改善规律的监狱罪犯教育制度体系，从而矫正改造罪犯，而且还在罪犯教育工作中广泛运用现代科技成果，如美国监狱制定了教育、文娱、宗教和犯人自助等各种矫治方案，并形成了心理疗法、交往分析法、现实疗法、行为疗法、环境疗法、情感成熟指导法、生理的行为控制法、暗示疗法等具体治疗方法，还制定了罪犯分类方案及重返社会教育方案，从而形成较"科学"的罪犯教育制度体系。在罪犯教育工作中，有的监狱使用《程序控制逻辑自动教育矫正计划》，有23个程序控制逻辑自动教育计算机终端为犯人们提供大约400节精心编排的各种课程，供其选择使用，并在教育过程中使用闭路电视、计算机网络等技术成果授课。美国监狱还利用电子计算机详

罪犯教育

细报道医务工作、建筑工业、机械工业、服务行业和农业的有关情况，监管机关根据计算机提供的材料、数据，按照行业人员的需要、职业特点、技术水平、行业发展趋势等编制职业培训计划，应用于罪犯职业教育训练中。

建设执法严明、管理规范、保障有力、安全文明的社会主义现代化监狱，要求罪犯教育改造手段与方法科学化、教育设施现代化。我国在罪犯教育过程中，广泛运用信息网络技术、社会科学技术、心理学专门技术等现代科学技术成果，推进罪犯教育的技术化发展，是建设中国特色现代监狱制度的必然要求。

四、罪犯教育的国际化发展趋向

犯罪是阶级社会的共有现象，随着人类文明进步事业的发展，世界各国共同面临的预防犯罪、罪犯待遇等刑事法律难题，必然导致监狱行刑教育制度的国际交流与合作，进而促进国际性监狱罪犯教育规则的制定和实施，从而使罪犯教育趋向国际化发展。从1846年至1950年，先后召开了14次"国际监狱会议"，1955年以后，先后召开了多次"联合国预防犯罪与罪犯待遇大会"。其中，许多会议都广泛讨论了罪犯的道德、宗教教诲、文化教育、职业培训、社会教育、出狱人保护教育、少年犯教育、犯人教育方法、分类累进处遇教育等监狱行刑教育的重大问题，并逐渐把对犯人实施感化教育、使其复归社会作为监狱制度的宗旨，在各国得到广泛响应。国际监狱会议发布的文件、决议对各国监狱罪犯教育制度的发展产生了重大影响。

我国加入了联合国《囚犯待遇最低限度标准规则》《少年司法最低限度标准规则》等国际性监狱规则。《囚犯待遇最低限度标准规则》规定，"监所应该利用适当可用的改造、教育、道德、精神和其他方面的力量及各种协助，并设法按照囚犯所需的个别化待遇来运用这些力量和协助"，"应设法对可以从中受益的一切囚犯继续进行教育，包括在可以进行的国家进行宗教教育。文盲及青少年囚犯应受强迫教育"，"在可行范围内，囚犯教育应同本国教育制度结合，以使其出狱后得以继续接受教育而无困难"，"一切监所均应提供文娱活动，以利于囚犯身心健康"。通过以上规定，使罪犯教育的有关制度在国际范围内得到广泛的认可和实施。罪犯教育的国际交流与合作，有力地推动了罪犯教育事业的发展，是人类社会文明进步历程中的重要内容。

学习思考和讨论

如何给监区罪犯作"监狱教育改造工作基本知识"的专题教育?

思考和讨论目的：通过思考和讨论，深化对罪犯教育基本知识的掌握和运用。

罪犯教育的基本知识不仅能指导和规范基层罪犯教育工作民警的工作，而且还能直接运用于具体的改造罪犯实践。以给监区罪犯作"监狱教育改造工作基本知识"的专题教育为例，民警经常要讲解以下内容：

1. 教育罪犯充分认识接受教育改造的法定性，端正改造态度。让罪犯懂得，根据《中华人民共和国监狱法》《监狱教育改造工作规定》和《教育改造罪犯纲要》等法律、规章，罪犯教育工作是刑罚执行活动的重要组成部分，是监狱工作的重要任务，是监狱改造罪犯的一个关键手段，提高教育改造质量是构建社会主义和谐社会的客观要求。自觉接受教育改造，是罪犯服刑期间必须履行的一项法律义务，是其改造成为守法公民的主要途径。

2. 教育罪犯了解罪犯教育的指导思想，认清美好前途。让罪犯懂得以邓小平理论、"三个代表"重要思想、科学发展观为指导，深入贯彻落实习近平总书记关于监狱工作的重要指示精神和监狱工作方针，按照全面依法治国的要求，紧紧围绕提高罪犯改造质量，坚持以人为本，统筹推进惩罚改造、教育改造、劳动改造，发挥心理矫治的重要作用，创新教育改造方式方法，推进教育改造工作的科学化、专业化、社会化，把罪犯改造成为守法公民，是罪犯教育的指导思想。这一指导思想贯彻了挽救人、改造人、造就人的罪犯教育工作理念，体现了依法施教、公正执法，是罪犯改造成为守法公民的根本保障。服刑人员自觉接受教育改造，就会有回归社会的美好前途。

3. 教育罪犯了解罪犯教育的基本原则，积极投入改造。让罪犯懂得，以人为本、重在改造、标本兼治、注重实效、因人施教、突出重点、循序渐进、以理服人是罪犯教育的基本原则。这些原则是罪犯教育法则和标准，体现了罪犯教育的规范性和科学性。监狱按这些原则办事，才能确保罪犯教育活动坚持工作准则，在正确轨道上运行。在这些原则的指导下改造服刑人员，才能确保服刑改造活动遵循客观规律，在科学理性中获得新生。

4. 教育罪犯了解罪犯教育的任务和目标，明确努力方向。让罪犯懂得，罪犯教育的任务是转化思想，矫正恶习，传授知识，培养技能，促进身心健康发展；罪犯教育的工作目标是通过各种教育改造手段和方法，使其成为认罪悔罪、遵守规范、认真学习、积极劳动、守法守规的服刑人员。罪犯教育的任务和目标，既是监狱的工作指南，又与服刑人员改过自新的努力方向一致。服刑人员只有彻底地改造思想行为，增进知识技能，坚决守法守规，才能改造成为新人。

拓展学习1　　　　　　　　**范例习作**

　　孙某某，男，22岁，某市某区人，初中文化程度。2005年3月因伙同他人实施抢劫被判处有期徒刑5年，2006年1月9日投入湖北省A监狱服刑，2008年2月26日，孙某某因改造期间表现优异，减刑10个月，2009年4月29日，经湖北省高级人民法院裁定再减余刑释放回家。2009年5月6日在前往户籍地司法局办理安置帮教登记的路上，他全然不顾自己不会游泳的危险，飞身跳进河中，救起一落水女子，并运用在服刑期间学过的急救知识，抢救了该女子的生命。这一事件通过多家新闻媒体报道后，在社会上引起了强烈反响。湖北省监狱管理局下发了《在全省服刑人员中开展"学习孙某某，做社会好公民"的专题教育活动的通知》。一场由"孙某某现象"聚焦服刑人员教育改造的"A监狱模式"，引发了整个社会对我国监狱管理事业的新思考。

　　A监狱领导认为："新时期，评价一个监狱整体工作的好坏，主要是看这个监狱对服刑人员的教育工作开展得好不好，工作抓得实不实，服刑人员的转化质量高不高。"监狱党委非常重视罪犯教育工作，建立了罪犯教育工作领导责任机制，坚持监狱党委一把手对罪犯教育工作负第一责任，由分管政工的领导分管罪犯教育工作，凡是涉及罪犯教育工作的重大问题，都采取党委集中讨论议定的形式，确保罪犯教育工作的各项措施能够落到实处。A监狱在实践中总结出了"入监教育固基础，日常教育促改造，个别教育保稳定，技能教育有特色，出监教育求发展"的罪犯教育工作模式。

　　1. 入监教育固基础。为促使每名新投入监狱服刑的服刑人员能尽快适应环境，端正态度，转变错误认识，摆正心态，做到认罪悔罪，自觉接受教育改造，该监狱首先注重对服刑人员在入监期间的学习教育活动，把好收押登记、规范教育、行为养成、个别教育和考核验收"五关"。孙某某就是在这种环境下通过了两个多月的入监教育，也正是在这一时期，他克服了悲观失望的不良情绪，成功地调整心态，重新树立了人生目标。

　　2. 日常教育促改造。呈现出耐心细致的动态教育、实用必备的普法教育、主题鲜明的情感教育、丰富多彩的监区文化和形式多样的科教手段五大"亮点"。A监狱开创性地在全监范围内设立了服刑人员心情晴雨表,通过"太阳""阴天""雨天"的图案形式来表明每名服刑人员每天的心情,进行耐心细致的动态教育;通过对服刑人员进行法律常识和认罪悔罪教育,提供实用必备的普法教育,使其知法、懂法、认罪悔罪,树立遵纪守法观念,重新做人;通过开展感恩祖国、感恩亲人、感恩社会等主题鲜明的情感教育系列专题教育活动,达到感化罪犯的目的;通过开展棋类、球类、书画、音乐、读书等多种丰富多彩的监区文化活动,来丰富服刑人员的日常文化生活;通过网络、多媒体和远程教育等形式多样的科教手段,不断提高教育改造工作科学化水平。孙某某在几年的服刑生活中,思想上也曾不平静过。2007年6月,接连几天,孙某某在属于自己的晴雨表中贴上了"阴天"的标记。针对此情况,监区民警及时找其谈话,了解其思想状况,在民警的关心和不断开导下,孙某某最终走出了误区,以更加坚定的信念踏踏实实地接受改造。2008年"5·12"汶川特大地震发生后,该监狱及时在服刑人员中开展题为"情系灾区,爱我中华"的专题教育活动,孙某某将自己在监狱内几年节省下来的零用钱和劳动报酬全部捐给了灾区。

3. 个别教育保稳定。对每名新入监服刑人员都进行心理测试,分类制定个别矫治方案。通过开展心理矫治、亲情帮教、联合帮教等多种形式,促使服刑人员健全心理人格,健康成长。在个案制定、实施和修订等诸多工作环节上,都明确规定民警要认真开展个别谈话,深入思想沟通,尽可能地使服刑人员对拟定的改造目标、措施和方法等个案内容认同、接受,以便调动其主观能动性和改造自觉性,确保个案内容的针对性和科学性。

4. 技能教育有特色。保证每名服刑人员在服刑期间都能掌握一项谋生技能。A监狱在开展职业技能培训的同时,根据服刑人员的劳动等级状况和劳动效能情况,评定服刑人员劳动等级,并主动和社会劳动保障部门联系,邀请他们对服刑人员的劳动技能状况进行考核,对符合要求的,颁发相应的劳动技能证书。该监狱经常开展安全生产知识宣传教育活动,通过集中授课、办专题黑板报等形式提高服刑人员安全保护意识和紧急救援能力,定期组织开展防火、防电击、遇危施救演练活动。孙某某正是在这些演练活动中学到了急救的本领,懂得了生命的可贵,也让他在演习救助别人的过程中,心灵得到升华,人性得以回归。

5. 出监教育求发展。建立集中开展出监教育工作的机制,规定出监教育时间要保证在3个月以上,认真完成出监教育的评估和相关内容。在犯人刑满出狱时,由监狱教育科和刑罚执行科联合举行一次恳谈会和一次欢送会。组织出监犯人座谈,相互交流,畅谈在监狱接受教育改造的体会,听取犯人对监狱的工作意罪犯教育

见，对罪犯提出新的要求，帮助他们重返社会，开始新生活。由监狱长亲自发送寄语卡，对罪犯在服刑期间的表现进行评价，并寄予希望。

孙某某现象是我国刑事司法政策及方针的优化所致，是监狱对罪犯教育改造成果的一次展示。它不仅诠释了A监狱教育改造工作模式的成功之举，更为监狱教育改造工作探索出了切实可行的有效途径。湖北省监狱管理局围绕提高服刑人员改造质量的目标，提出了着手建立"教育改造工作领导责任制、教育改造齐抓共管的工作机制、教育改造社会化工作机制、监狱集中开展入出监教育工作机制、正规化的教学机制、教育改造工作考核评价机制、教育改造工作奖励机制、专家型矫治工作机制、监狱与社区矫正部门'无缝对接'联动机制和监狱教育改造工作保障机制"等"十项工作机制"。2010年2月9日，A监狱服刑人员孙志勇获得减刑被提前释放，在独自返家途中，勇擒一偷窃手机的壮汉；2008年5月，A监狱服刑人员刘某对汽车后视功能进行的改造设计，被国家知识产权局批准为外观设计专利；同年，A监狱服刑人员杨某、汪某合作编著《天道与人德》一书，被湖北教育出版社定为"思想道德建设重点丛书"。孙志勇等人的事迹进一步延展了人们对孙某某现象的思考。

问题： 运用所学的罪犯教育基本知识原理，解析范例中某监狱的罪犯教育工作。

思路： 学习目的是领会罪犯教育的基本知识原理，分析思路可从教育改造罪犯的重要意义、罪犯教育的指导思想、任务目标、基本原则、发展趋向等方面着手。

拓展学习2　　　　　　范例习作

蒋春，女，1974年出生，法学研究生。"人生最大的快乐莫过于使青春在拯救迷途灵魂、维护社会安全稳定的过程中，在监狱事业发展的进程里不断升华。"这是她的座右铭。在武汉女子监狱工作的十多年里，她始终把教育、转化、挽救服刑人员直至引导其重获新生视为自己神圣的使命，年纪轻轻就获得了"全国五一劳动奖章""全国十大杰出青年卫士""全国司法行政系统二级英模""全国监狱系统个别教育能手"等荣誉。

蒋春出生于一个监狱警察的家庭，父亲对工作的挚爱，使她感受到了作为一名监狱人民警察的神圣。在高考那一年，她毅然放弃上大学的机会，转入当时还是中专的武汉警官职业学院，毕业后分配到武汉女子监狱。一天夜里，蒋春在巡监时发现服刑人员沈某有自杀迹象，查阅案卷认为是因为缺乏亲人的关心所致，她便加紧对沈某进行情感、法制教育和心理疏导，还先后给她的丈夫写了3封信。终于，沈某的丈夫带着孩子出现在了接见室，沈某尘封的心被感动，从此"像换了一个人"，主动学习、积极改造，并获得减刑。沈某的教育转化，让蒋春认识到监狱人民警察不单纯是刑罚的执行者、法律的捍卫者，更是那些迷途灵魂的拯救者、重获新生的指引者。蒋春也意识到，要想当一名合格的监狱警察，只有警校两年的书本知识、干好工作的信心和决心还远远不够。从此，她自己定下了学习计划和目标，不断向书本、向工作实践、向周围同志们学习。蒋春利用业余时间，相继完成了法律本科和法学研究生的学业，并获得高级心理咨询师的资格，先后写出十余万字改造工作心得体会，发表论文十多篇，归纳、总结教育改造工作经验。

蒋春说得最多的一句话是："我的成长得益于女子监狱这个好群体"，从她们身上，学到了如何做好各类服刑人员耐心细致的教育工作方法，学到了如何用爱心、细心、诚心真诚帮助服刑人员，学到了如何应对突发事件，形成了沉着冷静、处变不惊的工作态度。蒋春先后与服刑人员个别教育谈话2000多次，使100余人放下思想包袱，10人打消自杀念头，40余名危险犯和顽固犯得到了转化，成功教育转化多名在全国有较大影响的特殊类服刑人员，她对服刑人员的个别教育经验在全省监狱系统得到广泛推广。

蒋春也得罪过一些人，有些服刑人员家属试图通过她为自己的亲人争取减刑，其中也不乏蒋春的亲戚和朋友。"我不能为了那点钱置国家法律于不顾。"对于别人送给她的钱，她能送回去的都送回去，实在不行的，就上交给纪委。

问题：试结合蒋春的成长及工作成绩，谈谈如何当好一名基层罪犯教育工作民警。

思路：学习目的是领会基层罪犯教育工作民警的岗位要求，分析思路可从基层罪犯教育工作民警的岗位职责和职业要求着手。

拓展学习3　　　　　　　　思考与练习题

1. 解释词语：罪犯教育、"5＋1＋1"罪犯教育工作模式、循证矫正、罪犯教育的技术化。

2. 什么是罪犯教育的科学化、专业化、社会化？

3. 罪犯教育的任务、目标和基本原则是什么？

4. 循证教育的框架结构和实施步骤是什么？

5. 监区教育干事的职责是什么？

6. 基层罪犯教育工作民警需要哪些专业能力才能做到"提笔能写、开口能说、遇事能办"？

拓展学习 4　　　　　　　拓展阅读书目

1. 王祖清、赵卫宽主编：《罪犯教育学》，金城出版社 2003 年版。
2. 夏宗素：《罪犯矫正与康复》，中国人民公安大学出版社 2005 年版。
3. 高莹主编：《矫正教育学》，教育科学出版社 2007 年版。
4. 王秉中主编：《罪犯教育学》，群众出版社 2007 年版。
5. 魏荣艳主编：《罪犯教育学》，中国民主法制出版社 2008 年版。
6. 贾洛川主编：《罪犯教育学》，广西师范大学出版社 2008 年版。
7. 周雨臣：《罪犯教育专论》，群众出版社 2010 年版。

学习单元2　入监教育

学习目标

了解入监教育的任务和内容、入监评估、服刑指导、习艺劳动、行为养成、考核验收等内容与操作要求。能够根据入监教育知识和要求，较为熟练地开展入监教育工作，处理好相关问题。

入监教育结业考试

知识储备

知识储备1　入监教育的任务和内容

从教育过程看，监狱在罪犯服刑期间不同阶段的教育活动，体现了普通教育和专门教育的结合。罪犯服刑初期的入监教育和服刑后期的出监教育，这两个阶段的教育是一种环境适应性的专门教育活动，服刑中期阶段的教育则是一种普通教育活动。入监教育是指对新收监的罪犯进行以监狱常识、服刑指导为中心的，使罪犯逐步熟悉、适应监狱环境和改造生活的过渡性专门集中教育活动。新入监的罪犯，应当将其安排在负责新收分流罪犯的监狱或者监区，集中进行为期2个月的入监教育。入监教育是监狱改造罪犯的一项基础性工作，是罪犯了解监狱、认识监狱，树立正确改造态度和改造目标的关键环节，入监教育质量关系到监狱的安全和稳定。入监教育工作是使罪犯完成从公民到罪犯的角色转变，顺利地进入和适应日常教育阶段的重要环节。

一、入监教育的任务

罪犯入监，首先要对其进行收监，再对其进行管理训练和教育安排，入监教育结束前进行改造难度评估分类，提出分类建议和制定改造方案，最后进行入监教育的验收，将验收后合格的罪犯分流到各监区。罪犯入监教育时间不得少于2个月，如果本次入监教育没有通过，可以延长1个月。要教育引导罪犯认罪悔罪，明确改造目标，适应服刑生活。入监教育的任务主要是：

（一）全面了解罪犯的基本情况及特点，为确保安全有效地改造罪犯打下基础

通过观察、调查、测验、分析，全面了解罪犯的社会经历、家庭情况、社会关系、兴趣特长、文化水平、行为特征、心理特点、恶习程度、对犯罪和改造的态度等情况，为教育、挽救、疏导罪犯提供科学依据；为监狱按照"三分"工作的要求，把罪犯合理地调配到相应的监狱或监区、劳动岗位进行服刑改造，提供必要的依据；并为做好日常教育阶段的安全控制工作，有效地维护改造秩序，推动监狱生产的发展，打下良好的基础，创造有利的条件。

（二）消除罪犯的入监适应障碍心理，使其尽快适应监狱生活和顺利投入服刑改造

罪犯刚进入监狱时，由于不了解监狱，不适应环境，思想情绪波动很大。他们往往都很怀念过去的自由生活，担心被亲友及家庭、社会抛弃，不知道能否度过或如何度过艰苦漫长的服刑生活，因而常常苦恼烦躁，顾虑重重，思想包袱沉重，对前途悲观失望，很难安下心来改造。通过入监教育，使他们了解我国刑罚制度的先进性，明确服从监管和改造的必要性，对今后的改造生活有所了解并做好充分的思想准备；进一步认清政策，打消顾虑，逐步消除悲观、紧张、焦虑和惶恐不安的情绪，树立改造的信心和勇气，接受惩罚和改造。

（三）使罪犯练好投入改造的"基本功"，为日常教育打下基础

这里的基本功是指罪犯在入监教育期间要过"三关"。一是"认识关"。通过教育认识到监狱是人民民主专政的国家机器，监狱人民警察代表国家行使刑罚执行职能，民警与罪犯是执法与服刑、惩罚改造与被惩罚改造的关系，罪犯之间

是相互监督、相互帮助的竞争改造关系。过了这样的"认识关",罪犯在投入改造后就能够正确认识自己的角色,妥善处理自己与民警、与他犯之间的关系。二是"规范关"。《监狱服刑人员行为规范》是每个罪犯必须遵守的行为准则。通过行为规范的学习和训练,使罪犯熟知或熟背规范内容,比较准确地进行队列操练,一言一行严格按照规范执行。三是"岗前培训关"。民警结合监狱生产劳动特点对罪犯进行生产知识、安全知识的培训,对考试合格者还发放合格证,使罪犯能够较快地适应生产劳动岗位、顺利地接受劳动改造。

二、入监教育的组织形式与民警工作职责

(一)入监教育可以选择运用不同的组织形式

1. "统一集中式"。省(市、自治区)监狱管理局建立罪犯入监教育中心(或基地),将全省的新入监罪犯统一集中到中心实施入监教育,教育结束后再移送到各监狱。

2. "片式"。即将全省的新入监罪犯分区、划片设立几个入监教育点,每个入监教育点将入监教育结束的罪犯移送到附近的几个监狱服刑改造。

3. "分散式"。即每个监狱都设立入监教育监区(或分监区),入监教育结束后再分到其他监区。

(二)入监教育的工作过程

入监教育主要包括基本信息收集、入监评估、建立心理档案、编班、编制实施教学计划、考核验收等工作环节。分为三个阶段:

1. 入监适应阶段。收集基本信息,进行入监评估,根据犯罪的性质、文化层次、社会危害程度、社会阅历等对新入监罪犯进行初步评估归类,建立心理档案。通过监狱常识教育、监区环境熟悉、改造正反面典型、先进人物事迹等,促使罪犯树立改造信心,自觉远离违规违纪行为。

2. 集中训练阶段。编班、编制并实施教学计划。重点课目为个别谈话教育、防脱逃教育、认罪服法教育、身份意识教育、劳动意识教育、行为规范教育、行为养成教育、改造前途与方向教育等。

3. 考核鉴定阶段。针对罪犯的集中教育培训情况,考核鉴定,验收分流。

(三)入监教育工作民警的职责

1. 负责对新收监的罪犯集中进行入监教育,要及时做好新收监罪犯的教育安置安排工作,把罪犯合理地编到各教育单位,确定教育地点,准备好教育的教材、设施、设备及统筹安排工作。

2. 熟悉入监教育计划,结合罪犯的实际按计划开展教育活动;认真总结开展入监教育的经验教训,研究入监教育的规律,不断提高自己的政治、业务水平。

3. 组织罪犯学习监规纪律、罪犯守则和进行认罪服法教育。

4. 组织开展罪犯行为规范应知应会训练和进行服刑指导。

5. 发动罪犯开展交待漏罪和检举揭发活动。

6. 组织入监教育考核。建立和充实包括入监教育鉴定表、罪犯改造分类册、罪犯基本情况登记册、考试考核成绩和罪犯入监教育总结等在内的罪犯服刑改造专档，并做好新收监罪犯的分流关押移交工作。

三、入监教育的内容

入监教育的重点是开展法律常识教育和认罪悔罪教育，使罪犯了解在服刑期间享有的权利和应当履行的义务，了解和掌握服刑人员的行为规范。

1. 监狱知识教育。目的是让罪犯正确认识监狱，正确处理与监狱民警和他犯的关系，树立接受惩罚与改造的罪犯角色意识。要以《监狱法》为蓝本，对罪犯进行监狱知识教育，让他们认识到我国监狱是人民民主专政的工具，是刑罚执行机关；监狱的任务是惩罚与改造罪犯，工作方针是"惩罚与改造相结合，以改造人为宗旨"；主要有监管改造、教育改造、劳动改造三大手段。同时，还要阐明监狱人民警察的职责和纪律，罪犯的法定权利与义务等。

2. 认罪服法教育。认罪服法教育一般分为三个阶段。第一阶段是正面灌输阶段，指出认罪服法对改造思想的重要性，让罪犯了解与自己有关的刑事法律知识，针对新收罪犯中存在的不认罪观点进行分析批驳。第二阶段是清算危害阶段，通过组织罪犯算危害账、开展"假如我是受害者"系列活动，使罪犯看到犯罪造成的严重后果和恶劣影响。在组织清算犯罪危害时，可以采取自查自报、小组帮助、民警指点等方法。第三阶段是"交、揭、查"阶段，即交待自己的余罪、检举揭发他人的违法犯罪线索、查找自己的犯罪原因。

3. 行为规范教育。根据《监狱服刑人员行为规范》，结合罪犯改造生活实际，逐章宣讲基本规范、生活规范、学习规范、劳动规范、文明礼貌规范的具体涵义。在讲解的基础上，要求每个罪犯达到"三会"。一是会背诵，要会背诵《监狱服刑人员行为规范》条文或者简化的"顺口溜"；二是会遵守，在改造生活中全方位地按照规范内容做；三是会操练，能够根据民警的口令熟练地进行队列操练。

4. 岗前知识培训。这项教育要把入监教育民警和生产技术部门的民警结合起来，根据本监狱生产项目的具体情况进行。一是要让罪犯了解监狱生产的两重性，这种生产既要有利于劳动改造思想，又要讲究科学生产和劳动效率，遵循客观经济规律。二是要结合监狱具体生产项目，组织罪犯参加习艺劳动，讲授生产技术基本知识、生产安全注意事项。三是要教育罪犯服从劳动岗位分配，积极接受劳动改造。

5. 改造前途教育。教育罪犯放下思想包袱，正确处理与家庭亲友的关系，变刑期为学期，以积极的姿态投入改造；结合刑满释放人员安置帮教的法律、法规，讲清政策，消除顾虑；结合市场经济的特点和做出突出贡献的刑满释放人员实例，鼓励罪犯在希望中改造自己。

由于入监的罪犯是不定时的，随时有进来要开始接受入监教育的，也有即将结束入监教育的，这就需要循环式教育内容流程，让后来的罪犯及时跟上学习进度，保证罪犯教育的及时性与完整性。

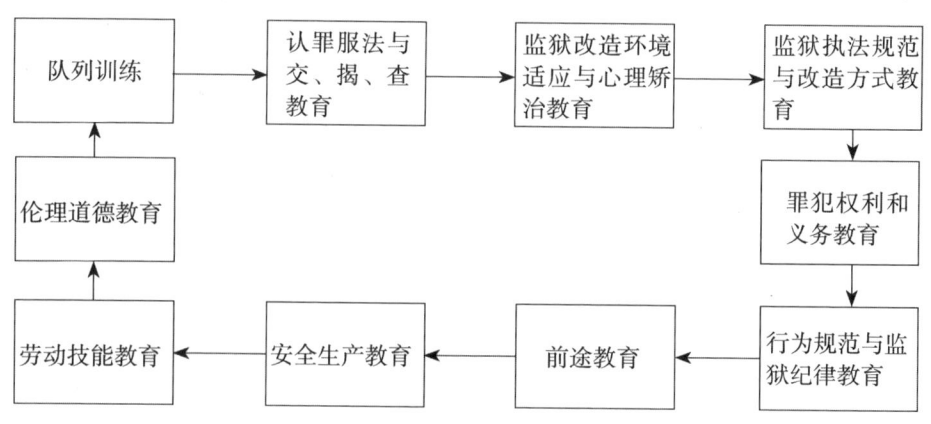

循环式教育内容流程图

学习情境1　入监评估

入监评估是罪犯评估工作的起点，其工作质量的高低决定着罪犯入监后改造目标的实现、关押等级的确定、处遇计划的落实。监狱要用科学的手段和方法，了解掌握新入监罪犯的基本情况、认罪态度和思想动态，对其危险程度、恶性程度、改造难度进行评估，提出关押和改造建议。从罪犯入监开始，综合分析罪犯的心理机能、文化程度、犯罪原因、社会阅历、犯罪危害、恶习程度等因素,建立罪犯个别化改造方案和分阶段的具体教育改造目标,进而对具体改造目标和个别化改造方案的实施情况进行全过程、全方位的跟踪考评。

一、入监评估内容

（一）犯罪前生活状况评估

这是对罪犯基本情况的调查,包括犯罪状况、生活经历、工作经历、家庭状况和社会关系等生活状况评估。

1. 家庭及家庭关系、家庭气氛、家庭教养方式评估。通过他们在陈述过程中的情绪变化了解他们对特定的人或事件的感受。

2. 当时生活水平与经济状况评估。评估罪犯犯罪前的生活水平与经济状况,目的在于区分是由于生活所迫（过度贫穷）还是由于贪图享乐导致犯罪,抑或是职业犯罪。

3. 生活中重要他人的评估。有些罪犯的犯罪是受各种外部环境因素的影响,使其将某些黑恶人物形象内化为自己的榜样,从而走上犯罪道路。

4. 同辈群体状况评估。了解罪犯入监前曾经交往的同辈群体行为、习气、学业状况、该罪犯以前在群体中充当的角色等,分析罪犯的人际交往的范围和接受外界影响的特点。

5. 生活史采集。包括教育成长过程、家庭与近邻的历史情况、经济情况、人际关系情况、恋爱婚姻情况、学业职业情况、兴趣娱乐爱好、违纪违法犯罪及各种处分记录等。

（二）入监后生活环境评估

1. 监狱环境。监狱环境是罪犯生活中不可回避的问题,对罪犯心态的调整有重要影响。监狱环境包括监狱的文化环境、劳动环境、生活环境、监狱管理者塑造的监狱气氛等。

2. 罪犯人际关系评估。罪犯人际关系包括罪犯与罪犯之间、罪犯与民警之间关系。评估罪犯的人际关系,适时予以指导,对预防重新犯罪有重大意义。

3. 服刑后认罪态度和思想状况评估。

（三）心理健康状况评估

1. 心理困扰评估。对罪犯心理困扰要及时给予评估和疏导,并有专人记录和管理。

2. 行为异常评估。对行为上出现反常的罪犯,应综合评定,排除为躲避劳动、寻求保外就医、逃避惩罚等原因后,请医生和心理治疗师甚至是精神治疗人士共同诊断。

3. 精神异常评估。对精神失常罪犯的心理评估，包括诊断精神疾病诈病和真正的精神病，并及时采取控制措施，能有效避免这些失常者带来的监狱秩序混乱。

4. 认知能力与认知偏差评估。认知上的偏差常常是导致罪犯走上犯罪道路的重要原因。常见的认知偏差有：对社会不公正现象的放大，对社会比较结果的过度体验，对自尊与"面子"的夸大，对自我的极端认识——自卑或自大，对人生价值的简单化，对人生发展的悲观信念，对社会规则的蔑视，对英雄的理解偏差等。

5. 人格发展评估。通过人格评估分析罪犯人格的缺陷和不完善方面。鼓励罪犯寻求人格发展，追求人生价值的真正实现，是人格发展评估的终极目标。

（四）罪犯危险性评估

1. 暴力危险性评估。一般采用《中国罪犯心理分析测试量表》测评，分析人格因素得分剖面图，着重从内外向、情绪稳定性、同众性、冲动性、攻击性、报复性、信任感、同情心、自信心、焦虑感、聪慧性、心理变态、犯罪思维模式等13项内容分析，确定罪犯是否具有暴力危险性人格。

2. 自杀危险性评估。包括对罪犯自杀危险因素的评估、自杀意念和采取自杀行为的可能性大小评估，以及对准自杀和自杀态度的评估等。

3. 动态刺激因素危险性评估。动态刺激因素是指能引起罪犯情绪波动的刺激因素，如家庭来信中的有关刺激、犯罪之前的朋友的各种信息、同案犯信息、监狱民警对罪犯的态度、违反监狱纪律后的处理、罪犯之间的人际冲突等。评估这些信息，必要时能采取控制措施，避免监狱事故的发生。

（五）改造难度评估

在入监教育即将结束之前，要对罪犯进行改造难度评估，主要通过心理测验的方式进行。包括罪犯个体改造难度评估内容，对罪犯改造难度预测评估并进行等级划分、结果分析，提出下一步的管理教育建议，制作预测汇总，制定教育改造方案。

1. 改造难度评估的内容。主要有以下十项：身体健康状况，家庭关系，犯罪情况，对定罪量刑的认识，悔罪程度，心理健康状况，对监狱的认识，服刑态度及身份意识，对人生目的及前途的认识，入监教育期间的表现。

2. 改造难度评估的结果。要对每一名罪犯进行个体改造难度评估。评估分值一般为：易改造级（20~30分）；较易改造级（31~50分）；一般改造级（51~70分）；较难改造级（71~90分）；难改造级（91~100分）。

3. 改造难度评估的实施。要在监区管教办公室，由监区个体改造难度评估工作小组对罪犯进行个体改造难度评估,包括个体改造难度评估等级评估、个体改造难度评估结果分析和个体改造管理教育建议。罪犯个体改造难度评估结果分析表应由监区领导签字、分监区领导签字和制表人签字。罪犯入监教育结束后分流到各个监区,还要对罪犯进行改造难度预测评估的随访,检验评估的正确性,及时调整教育改造方案。

二、入监评估工作流程

(一) 全面收集罪犯个体资料,了解罪犯情况

通过查阅档案、访问、面谈、观察等手段,掌握罪犯个体的详细资料。主要项目有:姓名、性别、年龄、文化程度、出生地、犯罪类型、原判刑期、有无重大疾病和精神病史、大脑是否受过损伤等,必要时可将罪犯的"副档"调出以了解其犯罪经历,判断其是否受过强烈的精神刺激或相对强烈的精神刺激。面谈是了解罪犯情况的主要方式,在入监阶段需要持续 1~2 周的时间,面谈的内容包括:罪犯的外观特征和行为表现、心理健康状况、教育和工作背景、社会成长史、家庭状况、犯罪的动机与过程、罪犯入监后的需求以及面谈后的总体分析评价等。了解新收监罪犯情况工作程序是:

1. 了解罪犯基本情况,并进行填表归档。民警通过阅读罪犯法律文书、发函调查、与罪犯谈话和心理测试等手段,比较全面地了解罪犯的成长过程、犯罪过程、犯罪原因、家庭和社会关系、行为特征、思想心理特点和改造态度等基本情况,对其入监后的改造态度可以作出大致的预测,并将这些情况逐一详细填入罪犯入监教育鉴定和罪犯综合情况分析表中,为"三分"工作奠定基础。

2. 将需要防范的特殊罪犯列为重点对象进行有针对性的严格管理。对那些属于暴力犯罪、团伙犯罪、流窜作案、二次以上判刑、有脱逃史、有危险的个性及心理倾向的罪犯列为重点对象进行有针对性的严格管理。

3. 了解罪犯的兴趣爱好、特长、优势和个性特点,为罪犯劳动生产和岗位安排提供必要的依据。通过对罪犯情况调查分析、心理测试,了解罪犯的兴趣爱好、特长与优势。对那些文化较高、有技术特长的可以分配到文化技术教员岗位或生产技术骨干岗位;对那些受过部队训练、原是公务员或企业管理人员的罪犯,可以培养教育他们在民警的直接管理下协助民警做好罪犯的自我管理和自我教育工作。另外,根据罪犯个性特征安排不同的岗位,比如,有暴力倾向或抑郁的罪犯不适合接触刀具等危险工具,不适合做伙房炊事员的工作。对一些重要的生产劳动岗位和危险性大的工种,还要考虑罪犯的心理因素。

(二) 组织心理测评

1. 心理测量。监狱对罪犯进行心理测量,通常采用团体测验和个体测验两

种形式，而且多采用问卷测量法，即让受试罪犯根据自己的情况，回答一些问题，以推测其心理品质。在我国的监狱系统中使用较多的是 SCL—90、MMPI、16PF、EPQ、EPPS、智力测验等，目前我国自行研制的专门适用我国监狱的专用量表《罪犯个性分测验》COPA—PI 也在监狱中推广。对于自诉有精神症状的罪犯、同组罪犯反映有精神症状或有异常行为的罪犯以及民警通过观察发现有异常行为表现的罪犯，应做细致的、全面的检查，如通过投射测验、焦虑测验、抑郁测验、应付能力测验等，了解罪犯在需要上的倾向，从而了解其人格特质。对罪犯是否有自杀企图、是否诈病、是否有暴力倾向等作出预测。根据不同的评估目的，选取合适的心理测验项目进行测验，将实验结果进行汇总，发现并记录被评估罪犯的心理问题。

2. 心理诊断与分类。评估小组对罪犯进行综合评估，并对罪犯的个性特征、行为方式、心理现状等，按照量表的要求和分析方法对测验的数据及相关因素进行综合分析评价，诊断出罪犯的心理特征、类型及存在的心理问题。根据心理测试和调查的结果，对罪犯的心理状况进行综合评定。上述各方面的材料由评估小组进行专门的分析，根据罪犯改造的需要，对罪犯作出整体性的结论，主要包括罪犯的危险等级、心理、认知和行为特征、建议分押等级、分管类型等。将诊断的结果进行详细记录，建立心理档案，为临床心理治疗和制定改造方案提供科学依据。

（三）进行入监教育计分考核

对入监教育质量的考核，必须坚持从实际出发的原则，通过观察罪犯的日常行为表现、审阅书信、思想汇报材料及个别谈话等手段，及时掌握罪犯的思想变化情况及认罪态度；通过对罪犯口试考试、操练情况考核等，了解罪犯行为养成与认罪服法表现。然后由主管民警进行计分考核，将罪犯成绩填入《罪犯入监教育鉴定表》。

（四）综合分析，写出评估报告

建立以罪犯心理、行为为主要结构的评估模式。民警根据评估结论指导和帮助罪犯设计服刑目标方案和改造规划，并在改造进程中不断改进和修订。入监评估小组进行分析汇总，编写综合性的评估报告并记录在案。

（五）提出分类建议，制定矫治改造方案

根据心理诊断结论和考核成绩，提出分类建议、心理咨询与治疗方案和相应的管理教育措施。矫治方案包括团体矫治方案和个体矫治方案。将罪犯测验诊断结论作为罪犯岗位安排、调配工种的重要依据。

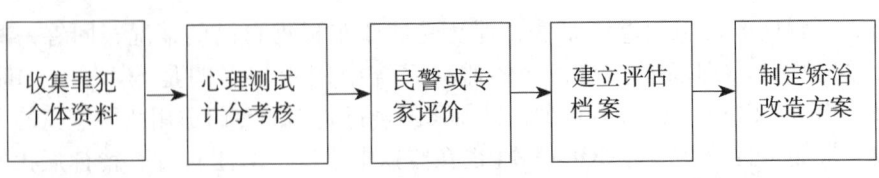

入监评估流程图

学习情境 2　入监教育课程

一、课程与课时安排

入监教育采取课堂授课与训练相结合，专项教育与辅助教育相结合，集体教育与个别教育相结合，狱内教育与社会教育相结合，培养劳动意识与解决生产技能相结合的方式。罪犯入监教育授课、训练不得少于 300 课时。每期有详细的教育训练计划，每周有具体的课程安排，授课民警每天填写教学日志。入监教育的课程内容有：认罪服法教育、服刑意识教育、遵规守纪教育、罪犯权利与义务教育、交、揭、查教育、劳动改造教育、前途教育、岗前培训及安全教育、队列训练等。可以按照每个课目内容进行细分，如认罪服法教育课程可分为法制教育、坦白与检举等。课时的安排可根据教学的内容进行编排。每项任务完成后要进行考试（文盲、半文盲要进行口试），将罪犯成绩填入《罪犯入监教育鉴定表》。

某监狱入监教育的课时安排

入监教育内容	课时	入监教育内容	课时
入监教育动员	6	道德教育	10
监狱概述	26	坦白与检举	8
法制教育	20	逃脱无出路	18
监狱对罪犯的管理	12	遵守规范	20
罪犯的教育改造	12	接受教育改造、注重心理矫治	10
罪犯的劳动改造	18	接受劳动改造	8
考核与奖惩	30	适应环境、树立改造信心	6

续表

入监教育内容	课时	入监教育内容	课时
狱务公开	12	习艺教育	72
明确身份、端正态度	18	队列训练	40
认罪服判	22	合计	368

二、教材选编

根据课程选择或编写适合入监教育的教材，是实施入监教育的必备条件和重要前提。入监教育的教材一般由司法部或省级监狱管理局提供。监狱也可根据本监狱的实际情况，组织编写一些必要的辅助教材或辅助教育资料。如摄制反映本监狱内各类教育改造、狱政管理、劳动改造活动、各种设施和各种教育改造罪犯方案的录像带、幻灯片，以便罪犯尽快了解监狱，熟悉监狱生活。在选编辅助教材或辅助教育资料时，应注意以罪犯的文化程度普遍较低的现状为基础，以强化罪犯的角色意识为目的，在通俗易懂、理论联系实际的前提下，突出思想性，着重培养罪犯的改造意识、服从意识和适应整个改造过程的能力。

学习情境3　服刑指导

服刑指导主要是对罪犯在劳动、学习和生活中遇到的问题和困难进行指导和帮助。罪犯判刑投入监狱服刑至刑满释放，他们会面临许多人生的新课题，而且这些问题凭他们以往的经验解决不了，也无法从浩如烟海的各种人生指南书籍中寻找到答案。他们需要指点，需要引领，需要导航，需要在服刑的各个阶段及时得到正确的指导。服刑指导主要包括服刑初期指导、服刑中期指导和出监指导。罪犯入监初期，由于角色的转换，原有社会地位的丧失，生活环境的急剧变化，心理落差加大，在认知、情感、意志、行为上一时难以适应监狱生活，情绪不稳定；又由于罪犯不熟悉监狱环境，不了解监狱生活，不知道如何度过刑期，在心理、行为、生活等方面都不适应，因此，需要进行服刑指导。

一、服刑指导的内容

入监教育时的服刑指导属服刑初期指导。这一阶段主要是让罪犯了解监狱的制度和规则，掌握监狱基本知识，了解简单的法律常识，熟记主要的监规纪律，明确认罪服法的必要性，明确自己的权利与义务，树立改造信心和目标，了解在今后的服刑过程中需要注意的事项，可能遇到的问题，解决问题的途径和方法。主要包括五个方面的内容：

（一）监狱的基本常识指导

告诉罪犯监狱的性质、监狱工作方针政策、监狱教育罪犯的手段；矫正教育工作者的权限、法律地位、工作纪律；罪犯的权利和义务等。

（二）监规纪律指导

让罪犯了解监规纪律的内容、遵守监规纪律的重要性、违反监规纪律的后果。

（三）认罪服法指导

教育罪犯认清犯罪对国家、社会、家庭和个人造成的危害，剖析犯罪原因，从而服从法院判决，自觉接受教育。

（四）心理调适指导

针对罪犯入监初期心理上存在的后悔、痛苦、彷徨、焦虑、失望等心理特点，有针对性地做好心理疏导，缓解罪犯心理压力，使其放下包袱，积极改造。

（五）安全生产知识指导

对罪犯进行安全生产常识指导，使罪犯了解监狱生产的项目、流程、安全生产的重要性，为分流到监区从事生产奠定基础。

二、服刑指导的要求

（一）时间有保证

罪犯投入监狱从不熟悉环境到熟悉有一个过程，对监狱的了解、对服刑前途的设计、对自己要矫正什么都需要深入的思考，这一阶段是罪犯困惑最多的时期，因此入监教育两个月的时间必须要保证。

（二）内容要全面

《入监教育教材》中规定的内容必须让罪犯了解和掌握，民警还须对罪犯进行身份甄别，了解罪犯的犯罪史、成长史、家庭史，全面掌握罪犯的基本情况，对罪犯做好针对性的指导。

（三）指导要规范

对罪犯提出的问题进行咨询、指导的时候必须有政策法律依据和科学依据；心理测量和心理调适的内容，必须由具有心理咨询师职业资格的矫正工作者进行测试和解答，必要的时候可以邀请相关的专家给予指导。监狱可以将罪犯需要了解的教育事项编印成《罪犯服刑指导》，在罪犯入监时发给罪犯，使其了解服刑期间的有关要求，享有的权利，应尽的义务，获得救济的途径等。同时着重指导罪犯增强自己的角色意识、身份意识，为下一步的矫正奠定基础。

学习情境 4　行为养成

　　罪犯良好行为的养成不是单纯依靠一般教育机制就能完成的，它与对罪犯的刑罚执行同步，带有一定的强制性，是在严格的监督、管制下实现的。监狱通过对罪犯开展队列训练、生活常规训练，强化罪犯的纪律意识、服从意识、集体观念。《监狱服刑人员行为规范》是罪犯在监狱这一特定环境条件下进行行为养成应该遵守的准则和应该达到的标准。

　　行为训练是罪犯良好行为养成最为关键的途径，具体要求是：行动军事化、行为规范化、生活制度化、学习正规化、劳动集体化和语言文明化。加强罪犯行为训练要做到以下几点：

　　1. 严格。对罪犯的日常管理，从严格落实监狱服刑人员行为规范，从早到晚的"一日行为准则"，从上下班队列到"三大现场"，从一言一行到一举一动，从规范意识到行为养成，都要以"严"字当头，让罪犯在监规纪律的严格约束下，增强规范意识，养成良好的行为习惯。对于屡犯监规、屡教不改的罪犯，监区要加强其规范化训练，加大对这部分罪犯严格管理的力度。

　　2. 细致。要对罪犯着囚服、佩胸牌是否规范作严格要求，对罪犯文明礼貌、个人卫生等方面进行检查，对检查中存在的问题在监区内给予通报，并限期改正。对表现较好的罪犯进行表扬，给予奖励，发挥典型示范作用。

　　3. 扎实。民警要深入罪犯小组，对行为养成不好的罪犯，掌握其基本情况、思想状况、改造表现，等等，以便及时发现问题和解决问题，做更细致、更有针对性的个别教育工作。

　　4. 认真。罪犯行为养成不是一朝一夕就能完成的事，民警在履职时要增强自己的工作责任心，对工作要肯下功夫、肯花心思。特别是在教育转化抗改罪犯过程中做到细心、诚心、热心和耐心，经得住罪犯的语言冲撞和态度蛮横的刺激，坚持以柔克刚、以静制动、以理服人、以情感人。

　　队列训练是行为训练的重要方式，队列训练以集体训练为主，达到动作熟练规范、整齐划一，或者说对罪犯进行队列训练就是一种纪律训练，使罪犯养成令行禁止的纪律作风，树立严格的组织纪律观念。监狱每年还要组织罪犯进行队列比赛及这方面的其他活动。

学习情境 5　考核验收

加强对罪犯接受入监教育的考核和管理,既可以为顺利开展入监教育工作创造良好的条件,又有助于提高入监教育的质量;既可以促使罪犯端正认罪态度,明确改造的方向,又可以使监狱的各级领导了解本单位入监教育工作的情况,及时改进工作。

一、入监教育考核

（一）考核的组织领导

入监教育结束后,监狱应当对新收罪犯进行考核验收。监狱成立考核验收小组,考核验收工作由分管领导组织,多个职能部门共同参与,监狱教育科（处）牵头负责实施。考核一般实行百分制量化考核,要遵循严肃认真、实事求是的原则,准确、及时、客观地反映新犯改造表现和本质。

（二）考核的内容和标准

入监教育考核的主要依据是《监狱教育改造工作规定》《监狱服刑人员行为规范》等有关规定。主要内容为:

1. 认罪服法,服从管理。认识犯罪危害,承认犯罪事实,服从法院判决,坦白交待余罪,服从管教。无不认罪言行和无理申诉、缠诉现象,按要求如实书写个人情况和认罪服法保证书。

2. 消除疑虑,放下包袱。能正确认识犯罪和刑罚,信任监狱人民警察,正确处理家庭和个人问题,精神振奋,思想稳定,态度良好,积极接受改造。

3. 法律常识,时事政治。掌握监狱的性质、任务和工作方针,熟悉罪犯改造的基本原则和基本手段,懂得罪犯的权利和义务,了解社会政治经济等方面时事。

4. 遵规守纪,矫正恶习。能遵守《监狱服刑人员行为规范》和监规纪律,规范改造言行,逐步养成良好生活习惯,积极维护监管秩序。掌握《罪犯百分考核实施细则》《罪犯分级处遇管理规定》等规章制度。能背诵《监狱服刑人员行为规范》等。

5. 积极劳动,安全生产。能积极参加适应性劳动,服从分配,不怕苦、不怕脏,保质保量,安全低耗完成生产任务。

6. 队列训练,内务卫生。熟练掌握各种队列要领,做到动作准确,整齐划一,报告规范。内务卫生统一、整洁,个人卫生好。

（三）考核办法及流程

采取观察、谈话、笔试、现场演练等方式，定期和不定期相结合，进行综合考核。建立考核台账，最后量化计分。考核的流程是：

1. 在罪犯接受入监教育的过程中进行考核。通过观察罪犯的日常行为表现、审阅书信、思想汇报材料及个别谈话等手段，及时掌握罪犯的思想变化情况，并根据变化了的情况及时修改教育的内容和方法。这类考核主要由入监监区组织进行。

2. 在入监教育结束时进行验收考核。通过检查罪犯入监教育档案、对罪犯口试、看罪犯操练等方法，了解教育时间安排与内容实施情况、罪犯行为养成与认罪服法表现，以及罪犯在接受入监教育过程中违规的情况等，来评定罪犯是否达到接受入监教育所应达到的要求。对于达不到要求的罪犯，应找出原因，及时进行补课教育，并限期达标。此类考核一般由监狱组织实施。

3. 进行分流后跟踪考察。通过运用信函、直接谈话等手段，与监区或分监区、罪犯本人接触，对分流到各监区改造半年内的罪犯进行认真考察，了解他们的思想表现、劳动表现，以及对日常教育阶段的适应情况，以便检验入监教育的质量，改进入监教育工作。此类考核一般由监狱组织实施。

二、验收分流

入监教育最后一个流程是对学习结束的入监教育罪犯进行验收。对验收达标的罪犯向各监区分配，刑罚执行委员会签分配意见，狱政管理科开具调犯令，向接受监区移交达标罪犯。对验收未达标罪犯，使其重新进行入监教育，可以延长1个月。分流罪犯因入监教育质量问题，在一月内发生脱逃、监内重大事故的，要追究入监教育监区主要领导和管理民警的责任。验收分流流程是：

1. 对罪犯进行综合考核。包括入监教育期间的表现、考试成绩、认罪悔罪程度、遵规守纪情况、参加学习和参加活动情况等。

2. 根据最后的综合情况填写《罪犯分配意见表》，提出分配意见。

3. 罪犯分流验收会操。参加验收的人员包括主管教育的监狱领导、教育改造科、生活卫生科、狱内侦查科、刑罚执行科、狱政管理科。

4. 根据验收结果由监狱领导及职能科室领导签字，确定验收合格罪犯，分流人数及分流方向。

5. 刑罚执行委员会确定分配意见，狱政管理科开具调犯令，向接受监区移交罪犯及个人物品和副档，并办理交接手续。

6. 对有下列情形的不得分流，继续集训学习：一是入监教育期限不满的；二是学习内容未完成的；三是考核不合格，验收不过关的；四是"四假"罪犯，在没有查清楚真实情况前不得分流；另外，狱外劳动监区（点）新犯不准分流；对老、弱、病、残、痴和外籍罪犯，应根据其特点，各监狱制定相应的考核标准；对重点犯和累犯应从严考核验收。

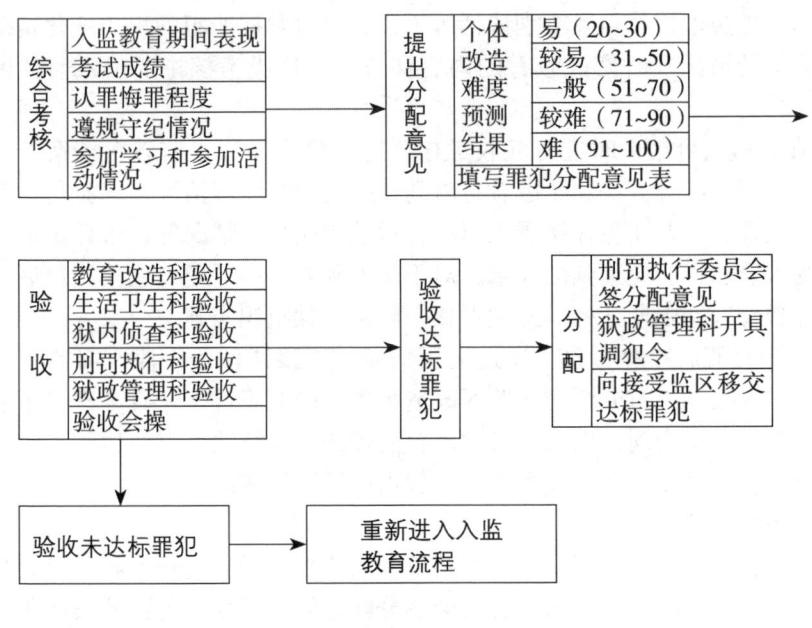

验收分流流程图

三、建立副档

入监教育部门向接受监区移交罪犯时，需要将罪犯的思想状态、改造表现向接受监区介绍清楚。所以要建立罪犯副档，建立健全副档是罪犯分流到监区后，掌握其情况的重要材料，副档随罪犯一并移交接受监区。副档主要包括：

1. 生效的法律文书。包括刑事判决书，执行通知书，结案登记表，起诉书副本。

2. 新入监罪犯建档材料。包括入监登记表，罪犯情况综合分析建议表，罪犯入监教育鉴定表，罪犯认罪悔罪书，罪犯自传，罪犯改造规划，罪犯个体改造难度预测结果表，交、揭、查登记表。

3. 其他需要归档的配套材料。包括罪犯被服表，罪犯计分考核表，个别教育谈话记录。

训练与操作

训练与操作1　　对行为异常的罪犯赵某的入监教育

一、基本情况与入监表现

罪犯赵某，男，汉族，1968年出生，河南省人，小学文化，已婚，有一子一女。2006年9月因抢劫罪被广州市中级人民法院判处无期徒刑，2008年1月被送到河南省第一监狱服刑改造。

该犯入监以来，行为较异常，主要表现为：

1. 易激怒。如入监当晚，因他犯放饭碗时把他的饭碗碰歪，即与他犯发生争吵，动手打架。第三天在生产场地，因他犯不小心将成品放在他的原料上，又与他人发生争吵。

2. 敌意强。看什么都不顺眼，敏感、多疑。入监第四天，正赶上安全检查。检查完毕，该犯即向干部报告，某犯有危险品没查出来，经复查，是该犯故意捏造事实。同时，对生产组长安排的生产任务以及组长安排的值班，该犯认为不公平，认为是为难自己，不认真完成和履行。

3. 易冲动，好管闲事。该犯好管闲事，看到他犯发生口角，他也要插手，忍不住要管一管；看到别人干活慢，忍不住要骂别人一番；用他的话说就是"总忍不住要与别人争吵，总想找个机会揍别人一顿才舒服，觉得争吵之后自己好像轻松一些"。

二、诊断与分析

根据赵犯表现和他犯的反映，主管民警认为该犯心理上可能存在一定的障碍，决定首先对其进行相应的心理测试。贝克抑郁自评问卷心理测试结果表明，该犯属重度抑郁。特别是在"不满意感""易激惹"和"心情"方面，该犯得分较高，测试答卷表明该犯易激惹，有强烈的不满感。气质60题测试结果表明该犯气质偏胆汁质，脾气急躁，情绪兴奋性高，容易冲动，心境变化剧烈，具有较明显的外倾性，易爆发剧烈的情绪冲动和攻击行为。卡特尔16PF测试结果为，H、L、O、Q4分值呈偏高特征，表明该犯通常易于激动暴躁、怀疑刚愎，对自己的境遇常感觉不满意，紧张性、忧虑性比较高，相对缺乏自控能力，易于冒险，较少考虑后果，少有顾忌，想干就干。民警对该犯的测试结果建立了档案。根据心理测试结果，把该犯列为危险犯，告知负责该犯的民警严加防范，并根据其个性特征不要安排危险的岗位，比如：该犯有暴力倾向或抑郁的特点，不适合接触刀具等危险工具，不适合做伙房炊事员的工作。对一些重要的生产劳动岗位和危险性大的工种，也必须要考虑该罪犯的心理因素。根据对该犯档案查阅、谈话、心理测试，最后由负责民警将该犯情况填写入《罪犯情况综合分析建议表》。

在咨询面谈和心理测量的基础上，结合其平日表现，对其进行了分析，认为该犯存在比较明显的易怒易躁心理。其形成原因主要有以下几个方面：

1. 不良的个性，脾气急躁、易冲动、易激惹、偏执型人格等。
2. 由于长期受压抑的结果，以及该犯为第一次服刑，环境适应性差。
3. 不良的人际关系，对别人和自己都缺少宽容。

三、教育措施

1. 该犯进入入监监区后即进入循环式教育内容流程。入监教育的课程内容有：认罪服法教育、服刑意识教育、遵规守纪教育、罪犯权利与义务教育、交、揭、查教育、劳动改造教育、前途教育、岗前培训及安全教育、队列训练等。根据该犯的情况，比如，该犯的心理状况和该犯认为对其判刑过重的情况，着重对其进行法制教育、认罪悔罪教育、行为规范教育以及心理健康教育等。经过两个星期的入监教育，该犯主动提出要进行心理咨询。

2. 对该犯进行循序渐进的心理咨询矫治。首先，通过心理辅导，消除其对咨询和矫治的阻抗，使其对咨询和矫治有比较正确的看法。其次，逐渐深入地开展工作，消除认知障碍。再次，运用系统脱敏技术克服其冲动和愤怒心理。在提高其自我心理调适能力方面，主要是引导该犯学会如何适当地宣泄自己心中的郁积和忧愤。通过宣泄，使其内心平衡，减少内心的矛盾和冲突。

3. 对该犯进行服刑指导。帮助该犯认识监狱，适应监狱环境，顺利度过服刑生活，让该犯知道只要积极改造就可以得到减刑早日出狱，要把刑期当学期，学会职业技术，为出狱谋生打基础。帮助和鼓励该犯制订自己的服刑计划。

4. 坚持习艺劳动与心理矫治相结合。帮助该犯制定自己的生产任务和指标，让该犯在劳动中转移不良情绪的注意力，在完成劳动任务时，体验成就感，从而缓解其心理压力，为心理矫治创造条件。

5. 加强对该犯的行为养成训练。让该犯通过学习《罪犯行为规范》和参加行为训练，使其养成遵守监规纪律和养成良好行为习惯，使其了解在监狱这一特定环境条件下进行改造应该遵守的行为准则和应该达到的行为规范标准。

四、心理咨询与矫治效果评估

在入监教育结束之前，又用贝克抑郁自评问卷和16PF对赵犯进行了测试。贝克抑郁自评问卷测试确定该犯属于轻度抑郁，在相应的"不满意""易激惹"和"心情紧张"方面，该犯得分明显降低，表明该犯虽有不耐烦的感觉，但可以控制自己的情绪，而认识方法的提高，也已经能够比较客观地看待周围不顺眼的事情，心情也好了很多。16PF测试表明，H、L、O、Q4分值显著降低，基本接近标准分，表明经过系统脱敏，已能比较平静地看待自己的境遇。心理状况向积极方向转化，心智机能明显提高，情绪也较以前有较大的稳定性。该犯的人际关系明显得到改善。比如，他主动向监舍组长提出，愿意每天早晚帮全监舍罪犯晒收衣物，并愿意承担就餐时维持秩序的工作。有时早上时间紧，他整理完自己的内务后，还会帮助他犯打扫监舍内的卫生，等等。这些都得到了他犯的好评。他本人也通过不断扩大与他人的交往面，体会到交往中的愉快。

五、改造难度评估与分类

运用《罪犯个体改造难度评估结果分析表》对该犯进行改造难度评估，该犯得分45分，属于较易改造级（31~50分）。

六、考核验收与分流

首先进行综合考试，根据考试结果和个体改造难度评估结果提出分配意见，填写罪犯分配意见表，然后又接受五大科室（教育改造科、生活卫生科、狱内侦查科、刑罚执行科、狱政管理科）的验收，结果该犯验收达标，刑罚执行委员会签分配意见，狱政管理科开具调犯令，该犯圆满完成了入监教育，被分配到普通监区，开始进入日常的服刑教育改造期。

赵犯专门向中队领导和心理咨询室写来了感谢信。在信中说："我作为一名罪犯，刚进入到入监分监区时，烦恼一直缠绕着我，使我不能用心去面对改造中遇到的各种问题，经过入监分监区领导和心理咨询室人员的关心和帮助，我心中的烦闷渐渐解除了……在今后的改造中，我一定积极改造，发挥自己的特长，靠拢政府……写得好不如做得好，我要用行动代表一切。"这封信证实了该犯的16PF测量分数指数降低的事实。该犯分配到普通监区后，针对该犯的情况，与该犯所在监区的民警取得联系，对其进行密切关注和帮助，继续进行跟踪随访。

拓展训练1　　　　　　　　**范例习作**

项某，1971年5月28日出生，福建省福清市高山镇人，汉族，高中文化，因犯抢劫罪于2003年1月8日被福建省高级人民法院终审判处死刑缓期二年执行。2003年3月24日入监，由于刚到监狱，对改造环境的不了解，加上刑期长，改造没有方向，看不到前途，导致焦虑、烦躁、紧张，睡眠和饮食受到一定影响，而且不敢与人沟通，持续时间已经有一个多月了，自己也感觉到很痛苦。

问题： 阅读此案例，写出对该犯进行入监教育的操作流程。

思路： 训练目的是掌握入监教育工作操作流程，思路可从入监评估、入监教育课程、服刑指导、习艺劳动、行为养成、考核验收等环节着手，并针对项某特点有所侧重。

拓展训练2　　　　　　　思考与练习题

1. 入监教育的任务和内容是什么？
2. 请画出入监教育"循环式教育内容流程图"。
3. 试述入监评估的内容及流程。
4. 在罪犯入监教育期，对罪犯进行服刑指导的内容有什么？如何操作？

拓展训练3　　　　　　　拓展阅读书目

1. 王祖清、赵卫宽主编：《罪犯教育学》，金城出版社2003年版。
2. 夏宗素：《罪犯矫正与康复》，中国人民公安大学出版社2005年版。
3. 高莹主编：《矫正教育学》，教育科学出版社2007年版。
4. 王秉中主编：《罪犯教育学》，群众出版社2007年版。
5. 魏荣艳主编：《罪犯教育学》，中国民主法制出版社2008年版。
6. 贾洛川主编：《罪犯教育学》，广西师范大学出版社2008年版。
7. 周雨臣：《罪犯教育专论》，群众出版社2010年版。
8. 于爱荣主编：《罪犯改造质量评估》，法律出版社2004年版。

学习单元3　普通教育

学习目标

了解和掌握思想教育、文化教育、劳动和职业技术教育、心理健康教育、激励措施等普通教育工作的内容与实施。根据罪犯普通教育的知识和要求，较为熟练地开展普通教育工作。

普通教育活动场景

知识储备 2　普通教育概述

一、普通教育的内容

如前所述，罪犯服刑中期阶段的教育是一种普通教育活动。普通教育是罪犯教育的主要阶段。普通教育的内容包括思想教育、文化教育、劳动和职业技术教育、心理健康教育、激励措施等。

1. 思想教育。主要内容包括认罪悔罪教育、法制道德教育、前途形势教育、时事政策教育、劳动常识教育等。

2. 文化教育。根据不同文化程度编入扫盲、小学、初中三个层次教学班，主要开设语文、数学课程。

3. 劳动和职业技术教育。根据生产和罪犯释放后就业的需要，对罪犯进行岗位技能、职业技能教育，经考核合格的，由劳动部门发给相应的技术等级证书。

4. 心理健康教育。主要是向罪犯传播心理健康知识，转变罪犯的健康观念，提高罪犯对心理健康的认知，增进罪犯的心理健康水平和社会适应能力，从而使罪犯学会运用心理健康知识，对监狱中常见的心理问题和情绪进行自我调节和自我控制。

5. 激励措施。主要有奖惩激励和评价激励。奖惩激励包括刑事激励、行政激励和物质激励；评价激励包括日常队前讲评、定期评议、专题讲评、单项评比和综合评审。

二、普通教育工作职责

（一）三课教育工作职责

1. 监区的职责。监区的职责主要包括：配备文化、技术教员；配备教学用具、安排授课地点；于每月初将具体教学计划报教育科；安排上课时间、组织学员上课；课堂管理；布置、指导学员作业。

2. 教员的职责。教员的职责主要包括：端正教学思想，严肃教学态度，既教书又育人。认真按照教学计划、进度实施教学，保证上课时间，不迟到、不早退、不无故缺课；上课着装整齐，仪表端正，对学员要严格要求；加强专业进修，积极参加教研和教学观摩活动，交流教学经验和体会，钻深吃透教材，探索教学规律，不断改进和提高教学水平；认真上课，做到授课内容准确、条理清楚、重点突出，没有知识性错误；认真写好教案，按时填写教学日志、学员点名册，认真批改作业；做好成绩考查，考前要认真组织复习，考中要严格监考，考后要认真评阅试卷，做好试卷分析工作，并把考试成绩填入成绩单。

3. 班主任的职责。班主任是为加强三课教育和各班级的具体管理而设置的。班主任工作职责主要包括：负责本班学员的管理教育，督促学员完成学习任务；经常了解并掌握本班学员出勤、学习纪律等情况，并及时给予教育、指导，解决具体问题；经常与学员的包组民警联系，互通情况，共同做好学员教育工作；认真完善本班各项规章制度，做好本班卫生及财务保管工作。

（二）心理健康教育工作职责

1. 组织制定罪犯心理矫治规章制度，开设罪犯心理咨询门诊，治疗心理疾病。尤其是对重点罪犯、心理障碍严重的罪犯、顽固危险罪犯及时介入心理矫治，形成有针对性的心理咨询报告和教育转化方案。

2. 组织开展罪犯心理测验活动，建立罪犯心理档案。

3. 通过课堂教育、电化教育、专题讲座等形式，向罪犯传授心理卫生及心理健康知识，矫正原有的和入监后形成的不良心理问题，针对罪犯群体中的共性心理问题进行心理卫生普及宣传活动。建立监（分）区心理健康辅导站，在罪犯中成立心理健康协会，为罪犯提供一个心理交流平台。

4. 开展多种形式的心理咨询活动。通过电话、书信、门诊咨询等方式开展各种心理咨询活动，使罪犯在心理上感受到来自监狱的关爱，解决罪犯的心理困惑和现实改造问题，打开心理症结，增强改造信心。

5. 指导开展心理辅导工作，总结交流心理矫治的典型事例。注重利用监狱网络、电视、广播、报刊、板报等载体播放心理电影和广播剧、开辟心理专栏、进行案例分析。

 学习情境6　思想教育

一、思想教育的任务和要求

（一）思想教育的任务

1. 消除罪犯的消极思想。通过思想教育，剔除罪犯消极落后思想，以健康、进步的思想武装罪犯。

2. 促进罪犯认罪悔罪，接受改造。很多罪犯表面上服从监狱的管理，但思想上并没有真正地转化过来。通过思想教育可以让罪犯认识到自己的罪过，认识到犯罪行为给社会、给他人带来的危害，促使罪犯自愿认罪，真心悔罪，接受改造。

3. 帮助罪犯树立正确的世界观、人生观和价值观。只有当罪犯抛弃落后的、扭曲的人生价值观，才能认识到自己思想深处的困惑和偏颇，明白做人的道理，对自己过去的行为产生悔意,激发内心深处的进取心,真正摆正人生态度,重新选择人生道路。

(二)思想教育的要求

1. 定向主导与平等交流相结合。必须坚持以马克思主义指导思想、中国特色社会主义共同理想、以爱国主义为核心的民族精神和以改革创新为核心的时代精神、以"八荣八耻"为主要内容的社会主义荣辱观等四个方面为基本内容的社会主义核心价值体系主导思想教育。同时,对罪犯晓之以理、动之以情、启之以思、导之以行。只有民警以平等信任的态度,真心接纳罪犯,愿意帮助罪犯,以真诚换真心,罪犯才会袒露心声,从内心深处信任民警,自觉接受教育。

2. 严格要求与尊重关心相结合。教育改造罪犯,要严格要求、严格管理,坚持刑罚执行的基本原则,体现执法的严肃性。同时,必须依法保护罪犯的合法权益,尊重罪犯的人格,关心罪犯的成长进步,关注罪犯的实际困难。民警要以诚待人、以情动人、以理服人、以实感人,调节心理,激发热情,挖掘潜能,调动罪犯改造积极性。

3. 理论教育与生活实际相结合。现实生活中所产生的思想问题,很多情况下都是由罪犯面临的实际生活问题引起的。很多罪犯本身就有很多不幸的经历,罪犯的家庭在他们入狱后遭受了生活的巨大变故,还面临很多的困难,罪犯往往因为对亲人的牵挂而无心改造。民警要注意理论教育与生活实际相结合,为罪犯办实事,力所能及地帮助罪犯解决一些实际的困难,把党的温暖送到罪犯的心坎上,让罪犯从关乎切身利益的小事中、实事中领悟到某些大道理,增进对集体、对党、对社会主义的亲切感,认识到自己所犯罪行给他人、给家庭、给社会造成的危害,自觉接受改造。

4. 言教与身教相结合。思想教育要真正说服人,一靠真理的力量,二靠人格的力量。真理的力量,就是讲的东西必须合乎实际,反映事物的本质和社会进步的趋势;人格的力量,即教育者必须言行一致,以身作则,率先垂范自己提倡的道德标准和价值观念,要求别人做的,自己首先做到,禁止别人做的,自己坚决不做,必须把言教同身教结合起来。民警要加强自身政治思想修养,做到言行一致,严于律己,以身作则,模范执行法规政策,提高威信和影响力,使罪犯敬佩、信服。正如孔子所言:"其身正,不令而行。其身不正,虽令而不从。"

二、法律常识教育

针对罪犯中存在的不懂法、不守法、法律意识淡薄等问题,开展法律常识教育,使罪犯了解基本的法律知识,树立尊重法律权威、遵守法律规定的意识和观念。罪犯刑满释放时,法律常识教育合格率应当达到95%以上。

（一）宪法和刑事法律教育

组织罪犯学习宪法、刑法、刑事诉讼法、监狱法等法律知识，使罪犯掌握基本法律常识，了解公民所享有的权利和应当履行的义务，理解违法犯罪的含义及其法律责任，认识自己的犯罪行为给社会带来的危害，增强他们的法律意识，引导他们自觉守法。

1. 宪法教育。宪法是国家的根本大法，它规定了国家性质、政权组织形式、公民的权利与义务、国家机关等国家政治生活、民主生活最基本的内容，具有最高的法律效力，是其他一切法律制定的根据。通过《宪法》教育，使罪犯对我国的社会主义制度、人民民主专政以及人民代表大会制度、公民权利与义务等内容有一定的了解。要向罪犯讲清《宪法》在我国社会主义法律体系中的重要地位；讲清《宪法》规定的基本原则、公民的基本权利与义务及两者之间的关系等内容。

2. 刑事法律教育。主要是刑法、刑事诉讼法、监狱法的知识教育。刑法是规定犯罪和刑罚的法律。刑法教育要联系犯罪构成的要素，运用刑罚的原则，启发罪犯自我剖析，提高对所犯罪行性质及其社会危害的认识；通过关于减刑、假释以及有关保障罪犯权利的教育，调动罪犯改造的积极性；要紧密结合罪犯犯罪的实际和思想认识实际，帮助他们正确认识和划清罪与非罪、违法与守法的界限，深挖犯罪根源；指导他们正确认识和划清既遂与未遂的界限，分析从重、从轻、加重、减轻和免除的条件，纠正某些罪犯自认为量刑不当、量刑不准、刑罚过重的错误认识。刑事诉讼法是系统规定办理刑事案件程序的法律，以保证准确及时查明犯罪事实，正确运用法律，惩罚犯罪分子。教育的重点是刑事诉讼的原则，侦查、起诉、审判的具体程序，刑事案件执行的具体规定等。监狱法是改造罪犯的重要法律，与罪犯密切相关。要使罪犯通过学习监狱法，认识自己在服刑期间的义务和权利，弄清哪些是应该做的，怎样去做好；哪些是不能做的，做了要负什么责任；等等。

（二）民事和经济法律教育

组织罪犯学习民法通则、物权法、继承法、婚姻法、合同法、劳动法等法律知识，使罪犯了解依法解决民事纠纷的途径，懂得利用法律维护国家、集体利益和个人的合法权益。重点讲清公民和法人的地位、权利和责任，债权、知识产权和人身权的法律规定，民事诉讼法的程序规定，婚姻家庭制度的基本原则和结婚、离婚的具体标准，以及如何正确处理罪犯婚姻家庭问题、劳动合同及劳动权益维护问题等。

三、认罪悔罪教育

要在法律常识教育的基础上,深入开展对罪犯的认罪悔罪教育。教育罪犯运用所学法律知识,联系自己犯罪实际,明白什么是犯罪,认清罪与非罪的界限,承认犯罪事实;要指导罪犯正确对待法院判决,正确处理申诉与服刑改造的关系,使罪犯认罪服判。认罪悔罪教育主要从如下几个方面入手:

(一)承认犯罪事实的教育

罪犯能否承认犯罪事实,是罪犯能否服法,接受管教的前提和基础。部分罪犯在犯罪事实的问题上认识不清,甚至存在误区。因此,认罪服法教育的首要任务是促进罪犯承认判决认定的犯罪事实,自觉接受改造。

(二)服从判决裁定的教育

要对罪犯开展法律常识教育,联系罪犯的实际情况,组织罪犯开展讨论和评议,重新审视自己的行为,了解定罪量刑的法律依据,尽早认罪服判。

(三)分析犯罪原因的教育

许多罪犯往往将自己犯罪的原因归结于客观外界因素,不承认主观过错。因此,应引导罪犯认识犯罪原因是内因外因共同作用的结果,引导罪犯深入剖析自身的思想问题,寻找致罪的主观原因,改变错误观念。

(四)认识犯罪危害的教育

罪犯对所犯罪行的社会危害往往认识不足,局限于个人犯罪造成的直接后果或经济损失。因此,应运用查找、对比和算细账的办法,使其从物质上、精神上认识到犯罪所造成的有形的和无形的危害、直接和间接的危害,对国家、社会和他人,尤其是对被害人及其家庭、对自己的家庭造成的严重危害。促进罪犯对自己的行为产生悔恨,自愿和罪恶的过去彻底决裂,洗心革面,重新做人。

四、公民道德教育

罪犯之所以走上犯罪道路,绝大多数是从道德败坏开始的,犯罪行为首先是不道德的行为。开展公民道德教育,使罪犯明确社会主义道德的基本原则和要求,认识正确处理个人、集体、他人的关系在社会生活中的重要意义,提高道德认识水平,培养遵守社会主义道德的自觉性。罪犯刑满释放时,道德常识教育合格率应当达到95%以上。

(一)道德基本知识教育

让罪犯知道道德的本质、特点及作用;讲清道德的阶级性和社会主义道德的本质、特点、作用和基本要求;让罪犯了解"爱祖国、爱人民、爱劳动、爱科学、爱社会主义"是社会主义道德的基本要求,"爱国守法、明礼诚信、团结友善、勤俭自强、敬业奉献"是社会主义道德的基本规范;教育罪犯树立社会主义道德风尚。

(二)中华传统美德教育

要使罪犯了解中华民族优秀的民族品质、优良的民族精神、崇高的民族气节、高尚的民族情感和良好的民族礼仪,陶冶罪犯的道德情操,增强罪犯的公德意识。传统美德教育主要从以下两个方面开展:

1. 诚信教育。诚信是中华民族的传统美德,也是做人的基本道德要求。诚信教育的基本内涵包括"诚""信"两方面,"诚"主要指忠实诚恳;"信"主要指诚实守信,取信于人。

2. 感恩教育。感恩教育对罪犯的思想转化具有很强的针对性。通过对家人、对师长、对社会、对国家的感恩,唤起罪犯内心的良知,逐步培养其对社会的责任感,促进思想改造。

(三)社会主义荣辱观教育

以"八荣八耻"为主要内容的社会主义荣辱观是马克思主义道德观的精辟概括,是科学发展观的重要组成部分,是新形势下社会主义思想道德建设的重要指导方针。要把社会主义荣辱观教育作为道德教育的重要内容,在罪犯中开展以"社会主义荣辱观"为主题的思想教育活动,使罪犯牢记"八荣八耻"的主要内容,以正确的荣辱观规范自己的言行,养成良好的行为习惯,在改造的过程中践行社会主义荣辱观。

(四)世界观、人生观、价值观教育

通过教育,帮助罪犯科学认识世界,明确人生目的,反思人生教训,端正人生态度,引导罪犯树立正确的世界观、人生观、价值观,正确对待人生道路上的失败与挫折。在罪犯中倡导富强、民主、文明、和谐,倡导自由、平等、公正、法治,倡导爱国、敬业、诚信、友善,积极培育社会主义核心价值观。

1. 世界观、人生观、价值观基本知识教育。要向罪犯讲明世界观、人生观、价值观的形成及对个体思想和行为的影响等。世界观是人们对于整个世界的总的基本看法。世界观不同,观察处理问题的立场、观点、方法也不同,从而在认识世界和改造世界的实践中所起的作用也不同。罪犯之所以犯罪,固然有复杂的客观原因,但从根本上讲是受罪犯世界观支配的结果。人生观是人们对人生问题的根本看法和态度,是个体关于人生价值、人生目的、人生意义等问题的观点的总和。人生观在一定程度上决定着人生的方向和道路,罪犯的犯罪行为,从主观上分析,往往与消极的、反社会的人生观有根本的内在联系。价值观是人们基于物质和精神需要,通过对客观事物及现象的价值评价而形成的基本的、较稳定的看法。罪犯的犯罪行为,反映出扭曲的价值观念。

2. 联系实际,批判罪犯错误的世界观、人生观、价值观。罪犯世界观、人生观、价值观上的问题主要表现为:一是封建迷信思想,如求神拜佛、看相测命、迷信邪教等;二是看问题简单、片面、静止、孤立;三是人生观上的拜金主义、享乐主义、个人主义、哥们义气、帮派思想等;四是价值观上的重实惠、讲利益、见利忘义、损人利己、投机取巧、急功近利、讲权利不谈义务、讲享受不讲奉献等。通过密切联系罪犯思想观念实际,摆事实,讲道理,使他们更直观、更具体地认识和反省。

(五)道德修养教育

道德修养是指人们依据社会生活和社会道德要求,对自身道德素质的自我改造和自我完善。道德修养是个体道德形成和提高的内在因素,对个体道德品质的形成至关重要。要对罪犯进行道德修养教育,教育罪犯掌握道德修养的正确方法,从小事做起,敢于自我解剖,严格要求自己,养成良好的道德品质。

五、时事政治教育

对罪犯开展时事政治教育,应该对罪犯深入开展以科学发展观、构建社会主义和谐社会等重大战略思想为重点的思想政治教育,以国家改革开放和现代化建设取得的巨大成就为重点的形势教育,以近期国际、国内发生的重大事件,特别是与罪犯关系密切的事件为主要内容的时事教育。教育引导罪犯充分认识国家经济社会发展、社会和谐稳定的大好形势,消除思想疑虑,增强改造的信心。

(一)形势教育

形势教育主要是对罪犯开展国内外时事教育,学会用辩证发展的眼光看待和分析形势,认清主流,谨防错估形势而再犯罪错。要以国内形势为主,结合国内当前发生的重大事件以及监狱的改造形势,根据罪犯的改造需要进行。主要包括:改革开放以来我国在政治、经济、社会、文化、科技发展方面取得的丰硕成果,在改善民生方面取得的显著成绩,广大人民群众在生活面貌方面发生的巨大变化。要教育引导罪犯认清前途,增强对未来生活的信心。

(二)政策教育

主要进行以党和国家的大政方针政策、刑事政策、监狱工作政策为主要内容的教育活动。通过系统的政策教育,罪犯可以正确认识社会,认识监狱以及改造,进一步分清是非,认准前途,从而选择正确的人生道路。主要包括:了解党和国家的全局性、根本性政策,坚持党的"一个中心,两个基本点"的基本路线;了解国家的工农业政策、就业政策、教育政策、人口政策等各项具体政策;了解宽严相济政策、区别对待政策、"给出路"政策等国家的各项刑事政策;了解监狱工作政策以及罪犯刑满释放后的有关政策。

(三) 前途教育

前途教育是指监狱根据党对罪犯的改造政策，依照国家的有关法律法规，帮助罪犯坚定改造信心，为罪犯指明改造前途的教育活动。主要包括：个人的前途离不开国家的发展，要把自己的未来前途和国家的前途命运紧密相连；只要认罪思悔、诚实改造、放弃犯罪立场、观点，就会有光明前途；前途的光明与否完全掌握在自己手中，尽管在重新回归社会的过程中可能会遇到各种各样的困难，但只要下定决心，彻底改造，使思想意识根本转化，恶习得以全面矫正，科学文化知识得到增长，劳动生产技能得到提高，真正使自己脱胎换骨，就一定会被社会接受，拥有美好的前途。

学习情境 7　文化教育

在罪犯中开展文化教育应该针对罪犯的不同文化程度，分别开展扫盲教育、小学教育、初中教育，有条件的可以开展高中阶段教育。尚未完成义务教育、不满 45 周岁、能够坚持正常学习的罪犯，应当接受义务教育。对罪犯的文化教育，以扫盲和小学教育为重点，文盲罪犯应当在入监两年内脱盲，脱盲比例达到应脱盲人数的 95% 以上。罪犯刑满释放时，小学文化程度以上的应当逐步达到应入学人数的 90% 以上。对已完成义务教育的罪犯，鼓励其参加电大、函大、高等教育自学考试或者其他类型的学习。

一、文化教育的任务和要求

(一) 文化教育的任务

1. 提高罪犯接受思想教育的能力。文化水平低下是犯罪的重要原因之一。从我国监狱押犯实际情况看，文化水平低的占大多数。因为缺乏文化知识，他们中的很多人不了解人类的发展和进步，不了解我国的历史和文化，不了解党和国家的方针、政策，不了解国家的法律和法规。罪犯的文化知识水平提高了，认识力、理解力才能相应提高，政治思想教育的成效才能充分发挥出来。

2. 提高罪犯掌握职业技术的能力。文化教育的成败直接影响罪犯劳动和职业技术教育的效果。技能的形成是以对知识的领会为前提的，文化水平的高低直接影响着对知识的理解和领会程度。只有具有了一定的文化知识，才能看懂图纸，计算数据，了解机器构造，知道材料性能，等等。只有使罪犯有了一定的文化基础，把他们改造成有一技之长的有用之才才能成为现实。

3. 提高罪犯的文明程度。罪犯文化素质提高，自我约束能力就会增强，自我修养的要求就越高，尤其是暴力犯罪的罪犯或性格暴躁的罪犯，文化提高了，书读多了，"蛮""暴"的性情就会得到改善。文化教育是提高罪犯素质的重要途径，是监狱加强社会主义精神文明建设的有力措施，也是罪犯适应社会发展与进步的客观要求。

（二）文化教育的要求

1. 知识性和思想性相结合。文化教育教材的编选一般是以理论性知识作为主体的，它要准确反映经过反复实践验证过的事实和理论，体现现代科学中比较稳定的主要的基本原理、基本观点和基本方法。文化教育是发展受教育者智力、能力和技能的主要手段。但是，一般来说，文化教育也含有一定的政治观点和思想倾向，尤其是对罪犯的文化教育，其教材和教学过程更不能忽视思想观点和政治倾向的问题。教材的思想性就是要求教材能够体现辩证唯物主义和历史唯物主义的世界观与方法论，提供培养受教育者热爱祖国、热爱人民、热爱社会主义和伦理教育等内容。教材的思想性要贯穿和渗透于教材的知识体系之中。每门学科的教材，都要使罪犯掌握比较充分的知识性材料，同时使其从具体、生动的材料中引出并掌握正确的思想观点，既得到科学知识，又促进思想改造。

2. 系统性与层次性相结合。对罪犯进行文化教育既要考虑它的系统性，又要兼顾它的层次性。必须注意到每门学科都有其自身特殊的内容结构，在选编教材和教学过程中既要根据需要有所取舍，又不能随意打乱、割裂它本身的系统结构。由于罪犯在刑期、年龄、文化基础方面有所不同，所以就需要经过普查和入学考试，区别不同情况，编入不同层次的班级，分别进行不同程度和不同要求的文化教育。同时，编选出相应的、不同层次的教材，以供教学使用。

3. 普及性与速成性相结合。罪犯教育实质上是国家普及义务教育的一部分，而且是情况特殊、难度很大的一部分。在我国服刑的罪犯中，有一部分青少年犯，尚属应普及九年义务教育之列，还有为数更多的罪犯，虽已超过义务教育的适龄期，但实际文化程度并没有达到义务教育相应的规定，因此他们都有继续接受教育的义务，监狱有对罪犯继续进行教育的义务。罪犯文化教育中的扫盲班、小学班、初中班等，都属于义务教育。除未成年犯外，对绝大多数罪犯的教育都是一种特殊的成人性质教育，由于考虑到罪犯在文化基础、实践经验、年龄、职业等方面的特点，所以在教学中应特别注意实用性教育，以联系实际、因材施教、速成为主、学以致用等为原则。速成为主一般就是注意精简、集中、浓缩教学内容，尽量缩短学习时间，争取在短时间内快速完成学习任务。在学制上贯彻速成的原则，使他们在较短时间内获得对其继续学习和刑满就业最为实用的知识与技能。

二、扫盲教育

扫盲班主要开设识字课、算术课、常识课，学习认字和简单的算术和常识，进行读写算教育，吸收罪犯中缺乏读写算能力的文盲、半文盲参加，要求两年内脱盲。有条件的监狱可进行计算机文化基础教育，扫除信息文盲。识字课本可由省监狱管理局统一编写，算术和常识课本可采用一般小学三年级以上课本。要求参加扫盲班学习的罪犯必须学会2000个以上常用汉字，达到会读、会用、会写一般性的简单书信、文章，阅读报刊，学会整数和小学四则运算。

三、小学教育

小学班主要开设语文、数学、计算机文化基础、品德与生活、自然等课程，吸收有一定文化基础的罪犯和扫盲班结业的罪犯参加，要求两年达到小学毕业程度。通过语文课的学习，要求罪犯能阅读通俗书刊，能正确熟练地书写汉字，能写简单的记叙文和简单的应用文。通过数学课的学习，要求罪犯能正确熟练地运用简单几何图形的周长、面积、体积的计算公式；掌握百分比、比例的要领和比例运算的基本知识和基本技能。品德与生活课教材，最好由省监狱管理局统一组织编写，其他教材可参照小学五、六年级教材。

四、初中教育

初中班主要开设语文、数学、计算机文化基础、历史与社会、科学等课程，有条件的可开设外语，吸收初入监且具有小学毕业文化程度或原为初中生并不具备相应水平的罪犯，以及在监内经过小学班学习结业的罪犯参加学习，学制三年。通过语文课的学习，培养罪犯能准确、鲜明、生动、正确地运用语言文字能力，具有现代文的阅读、写作能力和阅读浅显的文言文的能力。通过数学课教学，提高罪犯的数学知识水平，培养其逻辑思维和正确理解基本概念、掌握并熟练运用定理、公式进行证明推理、运算和分析问题、解决问题的能力。通过科学课的学习，使他们了解物理、化学、生物等科学知识及实际应用，培养他们的科学观念、实验技能，使其能具有科学态度和科学方法。政治和法律常识教材，最好由省监狱管理局统一组织编写，其他教材可参考初级中学教材。

五、提高型教育

提高班的罪犯分为高中班和成人自学函授班，主要吸收初中以上文化水平的罪犯参加，根据缺什么补什么的要求，进行重点补习或专业提高，并要与技术教育和生产中的一些关键难题结合进行学习。高中班可按照普通高中有关课程设置进行教学，但政治、法律课教材最好由省监狱管理局统一组织编写。成人自学函授班，应根据专业需要，配备监内辅导教师，确定专人做好教学管理工作，积极为他们订购教材、参考书籍，按时到当地有关部门办理报考手续，积极为他们创造良好的学习条件。编班要从罪犯的实际出发，需要什么班，就设什么班，对不同层次和不同年级的课程，均采用班级授课制的教学形式，由任课教师按固定的时间分学科进行教学，要特别注意处理好学习和劳动的关系，不得随意挤占学习时间。

六、学籍管理

对罪犯进行的文化教育，是基础教育的一个特殊组成部分，已被列入国民教育计划之中，必须按照国家教育行政部门的规定认真做好学籍管理工作。

（一）入学注册

罪犯入学后，要建立学籍管理档案，对参加学习的罪犯的基本情况进行详细登记，并认真做好入学教育工作。每学期开学时，要求罪犯在规定的日期内办理注册手续，学期末对罪犯学习情况作出鉴定，存入档案。

（二）成绩考查与升留级

对罪犯的学业成绩，可分为平时成绩和闭卷考试成绩两部分，分别占一定的比例。对学科成绩进行闭卷测试时，要按教育部门要求拟定试题，不得随意降低标准；采用密封卷的办法，严防试卷泄密事故发生；抓好考前的全面复习，不许划定重点；严肃考场纪律，以流水作业办法批阅试卷。学期结束课程中的成绩不及格者可在下一学期的前两周内进行补考。凡属跨学期进行的课程，两次成绩考查均不及格，按两门不及格处理。每学年学完教学计划规定的课程，经考试成绩合格者，准予升级。经学期和学年补考，仍有两门以上（含两门）不及格者，予以留级。

（三）毕业与发证

罪犯在学完教学计划规定的课程后，经考试合格的，发给教育部门统一印制的毕业证书。对成绩不合格者，可补考一次。经补考，仍有两门以上（含两门）不及格者，发给结业证书，并准许其在一年内申请补考，及格者，补发毕业证书。凡组织不同层次学历的罪犯参加毕业考试，必须在当地教育部门的指导下进行，既可采用同学历社会学校结业测试卷，也可由省监狱管理局统一拟定试卷，并经教育部门认可。

学习情境 8 劳动和职业技术教育

监狱应结合罪犯实际，教育罪犯认识劳动的重要意义，引导罪犯树立正确的劳动意识，并根据罪犯在狱内劳动的岗位技能要求和刑满释放后就业的需要，组织罪犯开展岗位技术培训和职业技能教育。年龄不满 50 周岁、没有一技之长、能够坚持正常学习的罪犯，都应当参加技术教育。有一技之长的，可以按照监狱的安排，选择学习其他技能。对罪犯的岗位技术培训，要按照岗位要求进行"应知""应会"培训和必需的安全教育培训；对罪犯的职业技能教育应当按照劳动和社会保障部门的标准进行。罪犯刑满释放前，取得职业技能证书的应当逐步达到应参加培训人数的 90% 以上。

一、劳动和职业技术教育的任务和要求

（一）劳动和职业技术教育的任务

1. 教育罪犯认识劳动的意义，端正劳动态度，遵守劳动纪律，促进思想改造。很多罪犯，尤其是盗窃犯、诈骗犯、贪污犯等物欲型罪犯，有一个共同特征是好逸恶劳、贪图享受。而生产劳动能够帮助罪犯认识到劳动创造人及改造人类的重大意义，消除不劳而获、贪婪懒惰的腐朽思想，促进罪犯的改造与转化。

2. 培养罪犯掌握一技之长，提高回归社会的适应能力。要根据罪犯刑满释放后的就业需要帮助罪犯掌握一技之长，具备一定的职业技能，使罪犯能够在回归社会后具备最基本的谋生能力。对罪犯开展劳动和职业技术教育，使得罪犯在重返社会后能够自食其力，有信心、有能力凭借正当手段立足于社会，从根本上降低重新犯罪率，巩固改造成果。

（二）劳动和职业技术教育的要求

1. 立足改造和突出技能相结合。一方面，改造是前提，劳动和职业技术教育是建立在改造基础之上并为改造服务的，必须以促进罪犯的改造为出发点和归宿。课程设置、教学实施、考核、发证等各个环节上要充分体现改造的要求；另一方面，要根据罪犯再社会化的实际需要，使罪犯掌握一定的技能，具备谋生的手段，既能适应监狱的生产改造的要求，又能满足罪犯刑满释放后的就业需要。要引导罪犯刻苦学习，勤于钻研，使罪犯在得到改造的同时也获得职业技能。

2. 面向生产与着眼就业相结合。劳动和职业技术教育应着眼于满足监狱生产和保障罪犯刑满释放后的就业两个方面来开展，两者不能偏废。这也是衡量罪犯劳动和职业技术教育工作成败的标准。

3. 依托实践和讲求实用相结合。职业技术理论知识要与岗位技术操作实践相结合，以岗位实践为主，正确处理技术理论讲授与实践操作训练的关系，充分利用监狱生产岗位和技术教育实验场地设施，最大限度地让罪犯参加技术操作实践，边学边操作。同时，要根据不同罪犯的实际情况，以实用为目标，追求职业技术教育的实际效果，无论是教学层次、教学计划、教学内容、教学方法还是考核发证，都要突出"实际""实效"。在教育内容的选择上，要根据市场和社会的需求变化来决定，社会需要什么样的技术，缺乏什么样的人才，监狱的生产需要什么样的技术人才，就选择什么样的教育内容。

二、劳动教育

劳动教育是指监狱针对罪犯好逸恶劳的剥削阶级劳动观、浅薄的劳动知识和劳动技能进行的有组织、有计划的系统的教育影响活动。劳动教育对罪犯改造发挥着改造思想、培植劳动习惯、增长劳动知识和技能等多种作用。劳动教育主要包括以下内容：

（一）劳动意义教育

向罪犯阐明劳动在人类发展历史中的巨大作用，即"劳动创造了人本身"，创造了人类社会，创造了物质财富和一切精神财富。教育罪犯认识到组织其参加生产劳动，既可转变消极思想、矫正好逸恶劳恶习，又能增长劳动知识、学会劳动技能；既能强健体魄，又能创造财富、获得报酬、满足需要，同时减轻国家和人民负担，体现自己的人生价值。

（二）劳动态度教育

增强罪犯劳动改造的积极性、主动性，是发挥劳动改造效用的重要因素。要帮助罪犯树立正确的劳动观，懂得劳动光荣，不劳而获可耻。要使他们认识到劳动是弃恶从善的必要途径，克服消极抵触情绪，积极参加生产劳动，并逐渐养成劳动习惯。

（三）劳动纪律教育

劳动纪律是集体性生产劳动的本身需要，是劳动成果的基本保证。要教育罪犯，监狱的劳动纪律是改造和生产的内在要求，是带有强制性的规范，必须严格遵守劳动秩序和劳动规则，禁止消极怠工、弄虚作假、抗拒劳动等行为。提倡热爱劳动、保证安全、遵守纪律、讲求效率，加速思想改造，使劳动纪律内化为罪犯的信念。

三、职业技术基础知识教育

无论是监狱生产的岗前技术培训，还是针对罪犯刑满释放后的就业需要开展的职业技能学习，都需要罪犯掌握相关技术的基础知识。罪犯技术基础知识教育的内容主要包括专业理论、技术原理、操作流程、安全规范等基本知识。其中，重点是工农业生产技术教育和综合技术教育。

（一）农业生产技术教育

1. 传统农业知识和技能。包括作物栽培、培育良种、土壤肥料、水利灌溉、植物保护、病虫防治、植树造林、畜牧饲养、果树园艺、水产养殖、农副产品加工、农具使用等方面的知识和操作技能。

2. 现代农业生产技术。主要有：①现代种植业技术知识和教育，如优良品种培育、温室蔬菜花卉水果生产等。②现代养殖业技术知识和技能，如肉牛、羊、兔、猪的繁育生产等。③现代农产品加工技术知识和技能，如对农产品的各种现代化加工等。④现代生态农业技术知识和技能，如草坪生产、观赏农业、生态环境绿化等。

（二）工业生产技术教育

1. 传统工业技术知识。包括动力基本知识、机械构造及工作原理、化学工业生产原理和方法、安全生产知识。传统工业技术技能包括使用车、钳、刨、磨、铣、锯等传统工业生产工具的技能，使用普通量具、仪器和识图、制图的技能，对原料和半成品进行加工和机器装配技能，生产安全事故处理和产品检验技能。

2. 现代工业生产技术。主要有：①与媒体相关的工业领域，包括多媒体、计算机、远距离通讯、数据处理等方面的知识和操作技能。②与环境有关的工业领域，包括环保基本知识和污水处理、废气噪音控制、空气质量监测与治理等方面的技能。③与新兴高新技术相关的工业领域，包括生物工程、海洋工程、空间技术、新型材料等方面的知识和研究开发技能。

（三）综合技术教育

综合技术教育指服务业和加工业方面的知识和技能，既包括传统的烹调、缝纫、理发、木工、电工、砖、瓦、灰、沙、石、黑白铁、机械修理、医护等传统综合技术，也包括旅游、休闲、美容、保健、时装、幼儿和老年护理、家教、现代生活日用品加工、金融、证券等现代综合性技术知识和技能。

四、岗位技术培训

对罪犯的职业教育和技能培训，要根据监狱的生产需要安排，同时考虑罪犯刑满释放后的不同去向和社会需要，开设各种周期短、投资少、实用性强、见效快的综合职业技能培训班，组织罪犯开展岗位技术培训。有条件的监狱可与地方学校联合开办职业学校或技工学校、职业培训中心。教材主要选用普通技工学校、职业学校的有关教材，也可自行编写部分补充教材。凡是参加监狱生产劳动的罪犯，在上岗前必须按照规定进行岗前培训。通过培训，使他们掌握一般的生产基本知识，懂得工艺操作规程和安全生产常识，学会使用工卡量具和设备的维修与保养。要按照岗位要求进行"应知""应会"培训和必需的安全教育培训。

岗位技术培训的关键是技能训练，一般采用上岗试验、以师带徒和边学边干三种形式。

1. 上岗试验。就是根据班级教学的一定内容要求，在班级老师的组织、带领和具体指导下，到一定的劳动岗位上进行实际操作实践。如怎样操作车床、怎样使用电气焊等，在学习理论知识的基础上，经过班级老师的实践指导，罪犯能够在上岗试验中体验和巩固理论知识。

2. 以师带徒。是罪犯技能训练的常见形式，也即常说的"一帮一""一带一""一包一"，由操作经验丰富的技术工人或罪犯带一名没有操作经验的罪犯，进行上岗操作。这种以师带徒的技能训练方式具有直接性、经验性、反复性的特点，能够使罪犯的技能训练在短时间内上升一个新的台阶。

3. 边学边干。是针对那些技术精密度不强、没有危险性的工种而进行的一种技能训练方式。如传统种植业、养殖业生产，只要有一定文化程度的罪犯都可以采取边学边干的技能训练形式。

五、职业技能考核与鉴定

要根据罪犯在狱内劳动的岗位技能要求和刑满释放后就业的需要，按照劳动和社会保障部门的标准，组织罪犯开展职业技能教育。对经过职业技术培训、掌握了一技之长的罪犯，监狱应当积极与相关部门联系，组织考核。经考核鉴定合格的，由当地劳动和社会保障部门或主管产业部门颁发职业资格证书和技术等级证书；符合评定技术职称条件的，可以评定技术职称。劳动和社会保障部门颁发的职业资格证书，全国统一、社会通用，罪犯刑满释放后可凭上述资格证书和技术等级证书向劳动和社会保障部门或其他就业中介组织进行就业登记。

六、职业指导教育

职业指导是指引导罪犯在面临就业时，根据各人的情况，对自己的就业方向、就业目标以及就业的选择做出正确的定位。职业指导教育的主要内容包括以下三个方面：

（一）职业素质教育

让罪犯了解市场经济和社会发展对创业就业的要求，努力培养和提高自身的各种素质，为刑满释放后能够顺利创业就业做好准备。

（二）职业道德教育

教育罪犯树立基本的职业道德意识，引导罪犯用正确的职业道德规范来指导自己的行为；爱岗敬业，乐于奉献，积极工作；从小事做起，养成良好的职业习惯。

（三）职业选择教育

教育罪犯树立职业选择的市场意识，根据创业就业形势，作出正确的职业选择；树立职业选择的法治意识，安全就业、顺利就业；树立职业选择的竞争意识，遵守竞争规范，提高自己在创业就业市场上的竞争能力。

 心理健康教育

心理健康是指人的基本心理活动的过程内容完整、协调一致，即认识、情感、意志、行为、人格完整和协调，能适应社会，与社会保持同步。罪犯的心理健康教育是通过对罪犯进行有关心理健康基本知识和方法的传授，提高罪犯的心理健康水平，消除不良情绪，克服心理障碍，提高改造质量的一种教育活动。针对罪犯心理调节能力和心理承受能力普遍较弱，容易产生心理问题的情况，要在罪犯中普遍开展心理健康教育，引导罪犯树立关于心理健康的科学观念，懂得心理健康的表现与判断标准，了解影响心理健康的因素及其关系，对自身出现的心理问题学会自我调适或主动寻求心理辅导和咨询，增强心理承受和自我调控情绪的能力，提高心理素质。对罪犯开展心理健康教育的普及率，应当达到应参加人数的100%。

一、心理健康教育的任务与要求

（一）心理健康教育的任务

要通过心理健康教育，帮助罪犯找出导致违法犯罪的心理根源，学会矫正和克服的相应办法；引导罪犯加强与他人的交流与沟通，培养建立和谐人际关系的能力。

1. 对罪犯开展预防性和发展性心理健康教育，使罪犯不断认识自我，增强调控自我、承受挫折、适应狱内狱外环境的能力；培养罪犯健全的人格和良好的心理品质，努力提高罪犯的整体心理素质和心理健康水平。这是监狱开展心理健康教育的基础和工作重点，也可以说是主要任务。

2. 对有心理困扰甚至心理障碍的罪犯，开展补救性和矫治性的心理咨询和辅导，使他们尽快摆脱障碍，调节自我，恢复和提高心理健康水平，增强自我心理调控能力。

（二）心理健康教育的要求

1. 整体性与差异性相结合。一是在对罪犯进行心理健康教育时，要全面、整体地看待罪犯的心理问题，不能把罪犯的心理问题归结为某一点或某一方面。在分析罪犯的心理问题时，要用辩证的观点全面地、系统地分析罪犯所受的所有影响。二是既要注重罪犯的共性心理问题，更要看到由于性别、年龄、刑期等因素所造成的罪犯心理的个体差异，教育要因人而异。三是要注重将心理健康教育和思想教育、文化技术教育等相结合，相互渗透，相互促进。重视发挥来自监狱、家庭、社会等方面的积极影响，多维度地解决罪犯的心理健康问题。

2. 主体性与指导性相结合。心理健康教育是一种助人与自助的活动，"助人"是手段，让罪犯"自助"才是目的。一方面，心理健康教育要充分尊重罪犯的主体地位，充分发挥罪犯主体作用，从罪犯的实际状况和需要出发，以罪犯现实改造、生活、学习中存在的问题为基础，以达到罪犯的心理健康水平和心理素质提高为目的，促使罪犯自知、自觉、自助，让罪犯的心理健康教育逐步发展成一种自我需要。另一方面，心理健康教育是施教者引导罪犯通过自我调控，消除不健康心理，维护心理健康的一种教育活动，具有指导性，强调施教者的指导作用。

3. 矫治性与发展性相结合。在了解罪犯心理障碍的性质及原因、为其提供克服问题的建议及增强心理健康方法的同时，还要在必要时开展针对性的心理矫正治疗，体现出罪犯心理健康教育的矫治性。但矫治障碍仅仅是一个具体的、中间的目标。充分挖掘罪犯的心理潜能，促进罪犯在心理发展不同阶段的自我成长、自我发展，消除发展障碍，增强适应能力，实现心理健康发展，达到自我实现与人的全面发展，这是更为长远的、治本的终极目标。矫治性与发展性要密切结合。

二、心理健康教育宣传

主要是在罪犯群体中，针对罪犯的心理健康问题展开积极、向上的教育宣传工作。从以下几方面展开：

1. 通过课堂教育、电化教育、专题讲座等形式，向罪犯传授心理健康知识。

2. 发放心理健康教育知识材料，针对罪犯群体中的共性心理问题进行心理卫生普及宣传活动。

3. 组织罪犯小组进行专题讨论，讲述心理健康的经验、方法和体会。

4. 利用小报、黑板报、广播、电视、网络等宣传媒体，开展灵活多样、内容丰富的心理健康教育。

5. 建立监（分）区心理健康辅导站，在罪犯中成立心理健康协会。动员罪犯中的心理健康教育骨干积极行动起来，加强对心理健康知识的宣传和对周围罪犯的帮助。

三、心理测验建档

（一）心理测验

心理测验是指根据一定的心理学知识，按照一定的标准化程序，对罪犯的行为进行观察和分析，从而对其行为活动的心理状态进行推论和判定的科学方法。心理测验对于了解罪犯的心理状况，发现罪犯的心理问题和心理障碍，为罪犯提供心理帮助、进行心理矫治提供了相对客观、准确的参考依据。

心理测验主要分为智力测验与人格测验，常用的人格测验自陈量表主要有艾森克人格问卷（EPQ）、卡特尔16项人格因素量表（16PF）、明尼苏达多项人格测验量表（MMPI）、气质类型问卷等。

心理测验一般分为准备阶段、施测阶段、结束阶段三个阶段。准备阶段主要是测试者要提前准备好测试的题目以及相关的资料。要安排好测试的环境，设置并熟悉相关的各个环节。施测阶段是测验的主要阶段，要向受试者说明测验的目的、意义，按照事先准备好的指导语指导测验的实施，并且在测试的过程中控制好测验的环境、秩序。结束阶段是测验的最后阶段，主要是回收测验的答卷、分析测验结果，并根据测验结果对罪犯加以正确、积极地教育和引导，避免使测验对罪犯群体或个人产生一些负面影响。

（二）罪犯心理建档

心理档案是指监狱对于罪犯的心理状况，以及针对罪犯的心理问题专门制定的治疗方案及治疗结果所作的记载材料。建立罪犯心理档案能使心理健康教育工作更客观、更系统、更科学。

心理档案内容主要包括罪犯的心理测验结果、罪犯的成长史、罪犯的心理咨询记录、罪犯的心理治疗情况等项目。

四、心理咨询治疗

心理咨询是指罪犯心理咨询工作人员运用心理学专门技术，帮助罪犯正确地了解自己，认识环境，克服成长中的障碍，促进自我成长与发展的活动。罪犯心理咨询以鼓励罪犯自主探索为主，是一种民主式的协助过程，咨询工作者只是协助罪犯解决问题，而不是代替罪犯解决问题；罪犯心理咨询是心理学专门技术的运用，咨询应由专门的心理咨询人员运用专业知识与技能，有时需运用各种特殊的方法来开展活动；罪犯心理咨询有自己独特的目标，帮助罪犯了解自己，担负起个人、家庭和社会的责任。

心理咨询分为个别咨询与团体咨询。个别咨询是罪犯心理咨询人员通过与罪犯一对一的沟通互动来实现的专业助人活动，比较常用的方式有个别交谈、电话咨询、信函咨询、网络咨询等。团体咨询是一组罪犯在咨询人员指导下讨训练并有效地处理他们所面临的共同问题，团体咨询的适用条件是罪犯的心理问题与人际交往有关，且小组成员愿意在团体中探讨他们的问题。心理咨询方法主要有精神分析法、认知疗法、人本疗法、行为疗法、催眠暗示疗法、中医心理疗法等。

1. 面谈咨询是咨询员在咨询室与罪犯以谈话形式进行的一种咨询，是心理咨询中最普遍的形式。面谈咨询往往是一对一地进行，有利于在咨询者和来访罪犯之间建立起理解互信的关系。罪犯在这样的场景中，更容易放松心情，消除戒备，道出心声。咨询者不光可以通过语言，还可以通过观察来访者谈话时的神情、举止，甚至每一个微小的眼神变化来了解罪犯，为罪犯作出正确的判断和治疗。

2. 书信咨询是利用文字进行远距离交流的重要形式，它既不受时间、空间限制，又经济便捷。但通信的时间较长，不够及时，通过字里行间来表达意思，从理解上不如面谈咨询、电话咨询等其他方式来得形象、准确和直接，因此需要和其他的咨询方式结合起来运用，才能相得益彰。电话咨询是指咨询人员通过监狱内特设的电话对罪犯进行心理咨询和心理辅导的一种咨询形式。

3. 电话咨询最大的好处是罪犯可以在不见其人的"帘幕"效应下，放心地敞开自己的心扉，让咨询者可以掌握更准确、更真实的信息，从而作出更有效的咨询治疗。

4. 网络咨询是通过互联网使得咨询者可以同时对几个罪犯进行辅导，既方便，又快捷，和电话相比，成本也较低，在监狱有广阔的发展前景。

学习情境 10　激励措施

监狱应当采取措施，激励罪犯接受改造，在教育改造工作中注重发挥改造积极分子的典型示范作用。激励措施主要有奖惩激励和评价激励。奖惩激励包括刑事激励、行政激励和物质激励；评价激励包括定期评议、单项评比和综合评审。由于评价激励是狱政管理的重要制度，故本书重点介绍评价激励，特别是综合评审中评选改造积极分子的有关工作。

一、评价激励措施

评价激励是指通过观察、分析、竞赛、考核、评论、总结等方式，对罪犯的改造进行评估，激励和调动罪犯改造积极性的一种教育形式。它有两方面的含义：一是民警对罪犯的言行表现进行比较和评定，表扬和鼓励好的，批评和教育坏的，教育罪犯，促进改造；二是组织罪犯之间开展评比，以法律、监规和犯人守则为标准，作出评判，进行自我教育和相互教育。主要有定期评议、单项评比和综合评审三种教育活动。

（一）定期评议

一般以小组为单位，每周、每旬或每月进行一次，由管组民警主持。主要按照犯人守则和监规制度，评议小组各个罪犯思想、监规、劳动表现等，在罪犯之间开展批评和自我批评，进行相互帮助，提出下阶段整改意见。评议要有专门记录，便于考核罪犯和查核有关事实。罪犯评议时，民警必须参加，以便了解和掌握罪犯的思想情况，并在场监督和教育，避免罪犯之间相互指责，争吵谩骂，甚至引起打架斗殴，造成事故。

（二）单项评比

主要是进行专题性的劳动学习竞赛、生活卫生、文娱体育、遵守监规等单项评比。大多是在全监范围内进行，也可以在监区、分监区之间进行。评比的组织目标应与罪犯个体目标一致，调动其参与意识；评比的内容应让罪犯讨论，增强其认同感；评比的标准应具有客观性，提高其公平感；评比的结果要与考核奖惩挂钩，激发其成就感。

（三）综合评审

主要是开展年终评审、评选改造积极分子等总结性的全面评比。每年年终，要专门划出一段时间，有计划、有步骤地在罪犯中开展评审活动。教育罪犯回顾一年来的改造情况，认真总结成绩，找出存在问题，实事求是地写出书面总结材料；个人总结写好以后，即在小组内开展互评；互评结束后，每个罪犯要制定下一年度的改造规划，确定奋斗目标，提出有效措施，争取新的进步；对罪犯的总结材料，警官要写上评语，作出恰如其分的评价，并将材料归档。

二、评选改造积极分子

（一）评选改造积极分子的要求

1. 评选改造积极分子，要使罪犯明确评选目的，端正评选态度，认真负责、实事求是地参加评选。

2. 要将规定的标准公布于众，使罪犯人人明白；在评选过程中，允许罪犯反复酝酿，充分发表意见，对照标准进行比较，保证评选质量。

3. 在研究审批人选时，要重视罪犯的意见，不能仅凭印象办事，更不能包办代替。

(二) 评选改造积极分子的条件

1. 认罪悔罪，积极改造。
2. 自觉遵守法律、法规、规章和监规纪律。
3. 讲究文明礼貌，乐于助人。
4. 认真学习文化知识和劳动技能，成绩突出。
5. 积极参加劳动，完成劳动任务。
6. 达到计分考核奖励条件。

(三) 评选改造积极分子的程序

1. 监狱评选改造积极分子，应当在完成年终评审的基础上，由个人总结，小组酝酿提名，分监区召集罪犯集体评议推荐，全体警察集体研究，报监区长办公会审议，确定人选。

2. 直属分监区或者未设分监区的监区，其人选由分监区或者监区召集罪犯集体评议推荐，全体警察集体研究确定。

3. 监区或者直属分监区确定人选后，填写《改造积极分子审批表》，报监狱教育改造部门审核，在本监狱内履行公示程序后，提交监狱长办公会审定。

4. 监狱对改造积极分子人选进行公示的期限为7个工作日。公示期内，如有监狱人民警察或者罪犯对人选提出异议，由监狱教育改造部门进行复核，并告知复核结果。

5. 省、自治区、直辖市监狱管理局评选本地区改造积极分子，由监狱根据下达的名额，从连续两年被评为监狱改造积极分子的罪犯中提出人选，报监狱管理局教育改造部门审核，由局长办公会审定。

(四) 对改造积极分子的奖励

对评选出的罪犯改造积极分子，以监区为单位召开表彰大会进行表彰，发给证书和给予适当的物质奖励。监狱在报请减刑时，按照有关法律规定增加相应的减刑幅度。

(五) 组建改造积极分子委员会

分监区建立罪犯改造积极分子委员会，由本分监区的罪犯改造积极分子组成。设主任委员、副主任委员，下设学习辅导、生活卫生、纪律评议和生产技术等小组。在民警的领导下，维护监规纪律，评议各种违纪行为，开展互相规劝和互相帮助活动，协助民警做好罪犯的教育、劳动、文体、卫生等活动。

训练与操作

训练与操作2　　某监狱三课教育教学程序操作规范及对罪犯李某的日常教育转化

一、某监狱三课教育教学程序操作规范

某监狱现有押犯2527人，文盲111人，达到小学文化程度的为901人，初中以上文化程度的共1500多人。其中抢劫罪共717人，占28.37%；盗窃罪共627人，占24.81%；故意伤害罪共325人，占12.86%。

该监狱三课教育教学程序操作规范如下：

（一）报名

思想教育和文化教育各分监区根据罪犯年龄、文化程度等不同情况，由班主任编班开课，无需罪犯自行报名。技术教育课设职业技术、岗位技术和岗前技术三类教学班。罪犯根据自己的意愿和特长选择适合自己的专业，以分监区为单位将名单报至教育科统计。

（二）编班

以分监区为单位，由分监区长指定文化程度高、有一定授课能力和技巧的民警担任班主任，为学员根据不同科目的特点进行编班。编班要求：

1. 全体学员必须接受"三课"教育。凡符合条件的都应编班参加"三课"学习。

2. 思想政治课是"三课"教育的核心，以分监区为单位设置教学班，罪犯按在册人数全部上课，即入学率必须达到100%。

3. 文化教育是"三课"教育的基础，入学率应达到100%。凡是文化教育尚未完成国家规定的九年制义务教育，年龄不满45周岁的，应当接受文化教育。高中以下文化程度、年龄45周岁以下、能够坚持正常学习的罪犯，须参加文化课学习。文化教育课设扫盲、高小、自修三类教学班，以分监区为单位按照罪犯的不同文化程度编班授课。扫盲班由教育科统一播放扫盲教育教学光盘进行集中学习，高小班由分监区文化教员负责授课。

4. 技术教育是"三课"教育的重点，凡是年龄不满50周岁、没有一技之长的罪犯，应当接受技术教育，入学率应达到90%以上。任何人不得以任何理由逃避。班主任为罪犯授课，并做好上课记录，记录时写清楚时间、地点、人数、授课内容、课时安排、授课人。技术教育课根据不同专业监区为单位编班。

（三）教员配备

各监区配备 1~2 名思想教育教员，思想教育教员由具备中专以上学历，既有一定的理论水平，又有一定实际工作经验的民警担任。各监区每个文化教学班配备 1 名文化教员，由具备初中以上学历、责任心强、有一定教学经验的罪犯担任。监区每门技术课配备 1 名技术教育教员，由民警、罪犯、外聘技术员分别担任。教员要认真钻研教材，仔细书写教案，认真备课、授课，并做好班级管理工作。

（四）教学实施

1. 教学计划。每名教员须于每年的元月份制定本年度的思想教育、文化教育、技术教育教学计划，并上交教育科一份，作为年终考核的依据。计划包括本年度教学内容、教学目标、教学重点、课时安排四部分。

2. 授课。每位教员须按教学计划认真授课，思想教育可以自行选定教材，要围绕"改造人"这一监狱核心工作目标，凡是切合罪犯实际，有助于罪犯提高法律水平，有助于改造罪犯世界观、人生观、价值观，有助于提高罪犯心理健康水平，有助于罪犯积极改造的内容都可以作为思想教育的教材。文化教育和技术教育按照监狱管理局统一下发的教材进行授课。思想教育为每周 2 课时，文化和技术教育为每周 2 课时。

3. 作业。每次授课完毕，罪犯必须完成不少于 100 字的书面作业，作业上交后，教员必须逐人批改。学期结束，罪犯"三课"作业本分类装订成册，作为考核依据之一。

4. 考试。单元测验和时间，由教员安排时间，随堂测试。期末考试由监区统一安排时间，进行全体教学班的统考。考试成绩一般采用百分制，由任课教员将考试成绩记入成绩单，作为罪犯计分考核时加分的依据。

5. 分析。考试成绩统计完毕，教员应根据罪犯考试成绩写出书面分析材料。分析内容包括取得的成绩，存在的不足、原因及今后将采取的措施。书面分析材料与成绩单装订在一起，作为考核的依据。

6. 教学质量监控和现场管理。加强教学督导，检查教员的授课质量和效果；对教室、图书馆、实验室及教学设施、工具进行管理维护。

（五）发放证书

扫盲班学员考试后成绩达到 60 分以上，由教育科统一颁发脱盲证书。技术教育考试合格后由省劳动厅统一颁发技术等级证书。其他班级符合条件的发放相应证书。

二、对某监区罪犯李某的日常教育工作及转化成效

某监区罪犯李某,男,26岁,某市某区人,抢劫罪。性格内向、固执、倔强、脾气暴躁、易怒、易冲动。自调入该监区以来,在改造的过程中,该犯无视纪律,将监规监纪置之不理,不能服管服教,先后多次顶撞民警,多次与其他犯人打架斗殴。在生产劳动的过程中好逸恶劳,投机思想严重,思想上厌恶劳动,行动上逃避劳动,还经常带头不参加劳动,甚至散布一些反改造言论,影响极为恶劣。经了解,该犯将自己的人生看得很灰暗,认为自己的前途一片渺茫,觉得自己即使出去了也是被社会抛弃的人,因此对改造失去信心,甚至产生消极厌世心理。李某的管教民警刘某,通过查询李某的档案,和李某多次思想交流,走访李某的家庭,认识到李某的思想、心理问题严重,转化难度较大。具体工作从以下几个方面入手:

1. 引导罪犯敞开心扉,了解罪犯的思想状况。在平时和该犯进行个别谈话的过程中会有意无意地聊聊天,拉拉家常,尝试着让李犯打开心扉,进一步了解他的经历,了解他的心理活动。经过多次的沟通,李犯吐露了自己的心声。李犯从小家里很穷,爱酗酒的父亲在他很小的时候就抛弃了他和母亲,母子俩相依为命。因艰苦的物质生活条件和父爱的缺失,李犯时常羡慕别的孩子,总爱在去伙伴家串门时顺手牵羊地拿点小东西,渐渐地就养成了小偷小摸的习惯,再后来就发展成盗窃,最终走上了犯罪的道路。刚进监狱时他也悔恨过,但很快这种悔恨就变成了怨恨,怨恨自己为什么这么命苦,老天对他太不公平了,他恨这个世道,恨这个社会。加上一想到自己刑期这么长,出去后年纪也不小了,什么也不会,什么也没有,还不是烂命一条,所以对改造什么的无所谓。李犯在监狱的叛逆、消极行为和他目前消极的、不健康的心理状态不无关系。

2. 以法制教育和前途教育为重点,发挥罪犯思想教育的主导性作用。针对李犯法律意识淡漠的问题,对他进行法律意识的教育,告诉他,任何一个公民都要守法。不守法,侵犯了国家、社会和他人的利益,就会受到法律的制裁。监狱是一个刑罚执行场所,更是改造罪犯成为守法公民的地方,只要积极改造,就会有美好前途。以感恩教育为切入点,适时抓住罪犯改造契机。一次,李犯的母亲在来探亲的路上被人偷了身上仅有的500元钱,因路途遥远,老人来到监狱时都已经是下午4点了,又累又饿又伤心,一个人坐在台阶上哭了起来。民警们看到后,赶紧把老人扶起来,安慰老人,安排老人先休息一晚上,监区领导还专门看望了老人,代表监狱拿出500元送给老人当路费。第二天,老人和李犯见面时,忍不住把自己的遭遇告诉了李犯,李犯听后情绪激动,抱头痛哭,他一方面被监狱民警的关怀所感动,另一方面,也为自己的过去而悔恨。刘民警抓住这一教育

契机，教育李犯："从前你盗窃的时候，不能体会这种行为对社会、对他人的危害性，现在小偷偷了你母亲 500 元你很气愤，将心比心，希望你从此好好改造，出去走正道。人生就像一条路，在人生的道路上，我们常常会摔倒，每次摔倒都要勇敢地站起来。"通过这次的事情，李犯反思自己的过去，下定决心好好改造，重新开始自己的人生。

3. 开展文化和职业技术教育，帮助罪犯重获新生。在劳动中，刘民警发现李犯的动手能力很强，而且以前在家乡学过缝纫，于是鼓励他参加监狱的缝纫技术培训。李犯在民警的鼓励下开始了缝纫技术的学习，很快就取得了初级、中级缝纫技术证书。在监狱表彰大会上，刘民警专门表扬了李犯，肯定了他的成绩。李犯干劲儿更大了，他准备再参加监狱的电脑维修技术培训，争取再拿个证，用他的话说就是："自己从前走了很多弯路，浪费了很多时间，现在要补回来，技多不压身，多学点东西，不走以前的老路了。"李犯文化课也很用功，通过自学考试，拿到了大专文凭。如今，已经有多家与监狱合作的企业向他投来了招录的意向，新的生活正在向他招手，李犯对未来不再恐惧，不再彷徨，而是充满了希望。

4. 重视罪犯的心理健康教育，将罪犯的思想教育、心理健康教育、文化教育和劳动教育相结合，相互作用，相互渗透。罪犯中存在一些常见的心理问题，比如自卑心理、偏执心理、仇恨心理、厌世心理，等等，这些心理问题如不及时消除，不但有碍改造，而且还不利于人的生理健康。民警对李犯进行心理测评，建立心理档案，拿出有关心理健康的资料让李犯学习，帮助他掌握心理自我调控的方法，还给李犯讲了很多成功改造的事例。李犯逐渐认识到了自己的心理问题，开始进行心理调适，并及时寻求心理咨询，情绪稳定了很多，在平时的改造中更能自觉遵守监规监纪了。

拓展训练 4　　　　　　　范例习作

某监区罪犯王某，现年 34 岁，小学文化，犯故意伤害罪入狱。该犯入监违纪不断，情绪消沉，整天不与他犯交谈，晚上不能按时入睡，在劳动中也经常偷工减料，敷衍了事。经了解，该犯由于刑期长、压力大、文化低、缺乏劳动技能、困难多、对改造前途没有信心，再加上对妻子、女儿的牵挂，无法静下心来改造。

问题：请根据王某的情况，谈谈如何通过日常教育对其进行改造。

思路：训练目的是掌握日常教育的工作过程，分析思路可从思想教育、文化教育、劳动和职业技术教育、心理健康教育、激励措施等五个方面着手，有针对性地对其进行教育改造。

拓展训练5　　　　　　　　思考与练习题

1. 思想教育的任务和要求是什么？
2. 如何开展认罪服法教育？
3. 如何实施文化教育？
4. 如何进行职业技能训练？
5. 罪犯群体中有哪些常见的心理问题？心理健康教育的方法有哪些？

拓展训练6　　　　　　　　拓展阅读书目

1. 王祖清、赵卫宽主编：《罪犯教育学》，金城出版社2003年版。
2. 贾洛川主编：《罪犯教育学》，广西师范大学出版社2008年版。
3. 王秉中主编：《罪犯教育学》，群众出版社2007年版。
4. 魏荣艳主编：《罪犯教育学》，中国民主法制出版社2008年版。
5. 周雨臣：《罪犯教育专论》，群众出版社2010年版。

学习单元4　出监教育

学习目标

了解出监教育的任务和内容、出监教育课程、出监谈话、回归宣誓、出监评估、出监考核、教育衔接等内容与操作要求。能够根据出监教育知识和要求，较为熟练地开展出监教育工作。

服刑人员与企业签订就业意向书

知识储备

知识储备3　出监教育的任务和内容

出监教育是监狱对处于刑满前的最后改造阶段的罪犯进行的一项总结性、补课性和教育罪犯如何适应社会的过渡性专门集中教育活动。它是改造罪犯的最后一道工序，是全面检查改造质量的验收环节，是针对即将释放的罪犯如何正确适应社会生活、防止重新违法犯罪而进行的强化改造措施。对即将出监罪犯的教育要根据罪犯回归社会的实际需要，集中进行3个月的出监教育，应当对罪犯进行形势、政策、前途教育，遵纪守法教育和必要的就业指导，开展多种类型、比较实用的职业技能培训，增强罪犯回归社会后适应社会、就业谋生的能力。

一、出监教育的任务

出监教育的任务须围绕整个罪犯教育的任务来开展。具体任务有：

（一）巩固日常教育成果，降低重新违法犯罪率

监狱对罪犯实施出监教育，开设出监教育课程，进行出监教育谈话和回归宣誓等活动；加强对罪犯教育的考核和总结，不断改进教育改造方案，提升罪犯教育改造质量；开展出监教育评估，注重对罪犯出监前的综合评价和重新违法犯罪预测；加强监狱刑罚执行与社区矫正、安置帮教的协调联系；做好对刑释人员的跟踪评估，减少罪犯的重新违法犯罪率，使罪犯改造成为守法公民，最终能够顺利回归社会。

（二）进一步查漏补缺，弥补日常教育之不足

对罪犯进行有针对性的补课教育，力争把罪犯尚未巩固的法纪观念、某些过激或危险的思想遗留问题、尚未掌握或巩固的谋生技能等问题，在出监教育阶段解决好。通过出监教育，巩固罪犯教育成果，使罪犯得到较为彻底的改造。

（三）提升罪犯的社会适应能力

对罪犯进行社会适应教育，加强社会形势政策教育和职业指导培训，提升罪犯的就业能力；加强对罪犯回归社会前的教育训练，帮助他们克服回归社会时的心理问题，树立回归社会的信心和勇气，切实提升罪犯的社会适应能力，为罪犯顺利回归社会打下坚实基础。

二、出监教育的组织形式与民警工作职责

（一）出监教育的组织形式

出监教育主要有常规出监教育和临时出监教育两种组织形式。

1. 常规出监教育。是对即将刑满的罪犯提前3个月集中到出监教育监区进行出监教育的形式。有专门的教育监区（或直属分监区）按既定的内容和程序负责实施。

2. 临时出监教育。是对那些因有悔改或立功表现被减去剩余刑期释放或假释的罪犯进行出监教育的一种组织形式。一般由所在的监区和监狱管教部门的领导来承担。

（二）出监教育的工作过程

出监教育分三个阶段进行：

1. 分析、总结阶段。进行出监教育开课动员，讲清出监教育的目的、意义、

方法、步骤。组织罪犯制订新生计划、回顾改造历程、认真自省自律,着重让罪犯回顾、分析、总结整个服刑期间的改造情况,查找并解决改造中存在的问题。

2. 补充教育、学习阶段。着重进行法制、道德、心理健康、形势政策教育以及介绍就业、安置、民政、社会保障、工商、税务、金融、治安等方面的有关政策。

3. 巩固、提高阶段。着重进行心理、就业、生活常识的咨询和指导。组织罪犯书写"新生历程",记录"回归感言",召开"回归立志座谈会",开展队列及行为规范验收,评比"优秀学员"。撰写出监教育总结,进行出监鉴定和评审,并组织考核。收集新生寄语,实施离监谈话教育,举行新生告别仪式。

(三) 出监教育工作民警的职责

1. 负责罪犯刑满前的集中管理和教育。
2. 组织开展遵纪守法、时事政治、社会公德、婚姻家庭、社会经济发展等专项教育活动。
3. 负责对罪犯进行心理指导、政策指导和就业指导。
4. 组织开展多种形式的社会帮教活动。
5. 负责出监教育考核,填写罪犯出监鉴定表等相关工作台账。
6. 做好罪犯释放安置的各项衔接工作。
7. 完成上级监狱机关及领导交办的其他相关工作。

三、出监教育的内容

出监教育内容分为三大部分,即:面向过去罪犯改造生活的总结教育,面向罪犯自身素质缺陷的思想、文化、技术的补课教育,面向未来罪犯刑满释放回归社会的适应教育。

(一) 总结教育

引导罪犯实事求是、全面地总结过去改造生活中的成绩和存在的问题,拟定出监后工作、生活的规划。组织罪犯从法制观念、思想道德、文化技术、纪律作风四个方面开展自我总结。

(二) 补课教育

针对罪犯存在的各种思想问题和行为表现,对照罪犯改好的标准,按照"缺什么,补什么"的原则,对罪犯进行思想、文化、职业技术等相关内容的补课教育。其重点是政治思想和职业技术补课,侧重讲解刑法、刑事诉讼法、治安管理处罚法、税收征管法等常用法规知识,教育罪犯正确对待和处理可能遇到的原团伙成员拉拢等情况,防止其重新犯罪。职业技术教育突出"短平快"特色,注重罪犯的创业设计和就业需求。

（三）适应教育

它是针对罪犯即将刑满回归社会而进行的增强罪犯适应社会能力的教育，其主要内容包括形势政策、就业安置、市场经济、心理健康教育、理想前途等。要大力加强对罪犯回归社会前的就业指导，开展实用多样的职业技能培训，增强回归社会的生存能力；加强创业培训，提升回归社会的发展能力；开展社会适应训练，增强回归社会后适应社会的心理承受能力。要教育罪犯认识到，履行公民义务，遵守道德规范、纪律制度、乡规民约，是做一个公民的起码条件；学法守法、吸取犯罪教训，是获得自由和幸福生活的保障，从而使罪犯时时警钟长鸣，洁身自爱，不再重蹈覆辙，成为真正受社会欢迎的守法公民。

 学习情境11　出监教育课程

一、课程设置

出监教育主要课程有：

1. 法律法规教育。包括宪法、刑法、民法、物权法、婚姻法、继承法、合同法、劳动和社会保障法、诉讼法、国家赔偿法等。

2. 形势、政策、前途教育。包括时事政治教育、政策前途教育、社会的改革与发展教育等。

3. 释放人员安置、管理知识。包括释放后如何到当地公安机关落户、依法假释罪犯如何接受社区矫正等。

4. 婚姻家庭与社会交往知识。包括正确的恋爱婚姻观、人际关系处理、社会道德规范等。

5. 劳动就业知识。包括职业技能培训、就业信息咨询与辅导、个体私营经济知识、税收优惠政策等。

6. 心理调适与健康教育。包括回归社会后的主要心理表现及调适、保持心理健康的方法，重新犯罪的心理及预防等。

二、教材选编

出监教育教材是出监教育教学大纲的进一步具体化，也是监狱民警和罪犯在知识授受过程中的主要信息媒介。因此，出监教育教材的形式要多样化，既可以

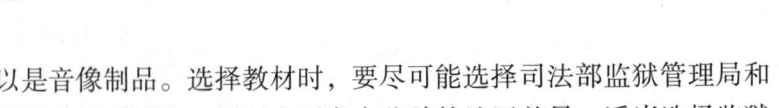

是印刷品，也可以是音像制品。选择教材时，要尽可能选择司法部监狱管理局和省级监狱管理局的统编规划教材。同时也要考虑监狱的地区差异，适当选择监狱自编教材，做到因地制宜，满足罪犯出监教育的实际需要。

三、教育计划

出监教育的时间一般不少于3个月、400个教育课时。要考虑罪犯的个体特点、原有的文化基础、现实的教育改造表现，坚持区别对待、因材施教的教育方法，按照罪犯教育改造的规律开设课程内容，切实保证出监教育的效果。出监区根据每期学员的年龄、刑期、改造表现、回归就业要求，结合出监教育教材的规定，制订切实可行的教学计划。教学计划必须具备开班动员、课时划分、教员承担的教学任务、结业考试、迎接验收五个要件。

四、教学组织

监狱民警要注意引导罪犯学习的积极性，合理编排出监教育的班级（班组），强化日常的教育和管理，保证出监教育的秩序；注重教育教学的方式方法，针对罪犯的现实表现、余罪情况、职业技能情况，开展针对性的教育培训，提高罪犯出监教育的质量。监区领导负责承担每期出监教育开班动员工作，任课教员依据监区安排负责教案编写、课件制作、课堂讲授、作业批改、试卷批改、改造评估、卷档制作等工作。

五、作业任务

所有接受出监教育的学员都要完成"监狱，我一生最难忘记的学校""明天的希望"和创业设计三项作业任务。没有文字书写能力的，必须请人代笔。三项任务的完成质量与出监阶段的分级管理、分级处遇直接挂钩。三项作业任务材料要分类集中装订，做到规范整齐。

同时，监狱还可以根据出监罪犯的情况、监狱教育设施及警察情况，开展相对灵活的出监教育课程，突出出监教育课程的针对性和实用性。

学习情境 12　出监谈话

出监谈话是监狱民警从即将出监的罪犯教育改造的实际出发，与罪犯进行面对面的思想观点交流，解决其思想和实际问题的一种教育形式。监狱民警应当及时对每一名即将服刑期满的罪犯进行出监前的个别谈话教育，使其做好出监准备。出监谈话不等同于日常的教育谈话，它有更为明确的针对性和目的性。监狱民警要针对不同的出监罪犯，进行不同侧重内容的出监谈话。监狱民警要针对罪犯的现实改造表现，对其余罪情况进行再教育、再督促，使罪犯得到教育改造，可以邀请当地有关部门向罪犯介绍有关社会治安、就业形势等情况。

一、出监谈话的一般操作过程

1. 做好出监谈话的相关准备工作。根据出监谈话对象情况，制定相应的出监谈话方案（出监谈话的时间、场合、谈话内容、方法技巧等），做好出监谈话的相关准备。

2. 组织罪犯进行出监谈话。根据出监谈话的方案，认真组织罪犯的出监谈话活动，并制定好出监谈话中的相关应对策略。

3. 填写出监谈话的相关工作台账。根据出监谈话的情况，组织专门警察做好出监谈话的内容记载和相关台账的填写。

4. 反馈出监谈话的相关情况。要及时准确地将出监谈话的情况反馈给监狱领导、安置帮教机构和罪犯的家属，做好相关的后续帮教等工作，为罪犯顺利回归社会提供条件。

二、出监谈话的要求

1. 目的明确。根据出监谈话对象的不同，制定有针对性的谈话方案，做好出监谈话准备。

2. 方法得当。要有针对性和策略性，做到因人施教、有的放矢，要区别情况，妥善处理，把握出监谈话的方法技巧。

3. 注意时宜。出监谈话时间不宜过长，要在有限的时间内获得较多有价值的信息。正确对待罪犯存在的问题，要端正谈话的态度，语速缓和，要主动和罪犯谈心、交心。

4. 谈话的内容要做好记载。针对出监谈话的内容，监狱民警要有针对性地做好记载，保证记载内容的真实和准确。

5. 要及时跟进相关后续结果反馈。针对罪犯在出监谈话中反映出的问题，要及时跟进并将反馈结果及时告知相关部门和人员。

学习情境 13　回归宣誓

回归宣誓是指罪犯在重返社会的仪式中说出表示忠诚和决心的认罪服法、重新做人的话。回归宣誓是监狱为了进一步巩固罪犯的教育改造成果，在罪犯出监教育中举行的一种"出监仪式"和"毕业典礼",是出监教育的一项基本制度。

一、誓词内容

罪犯出监的回归宣誓内容应该规范、科学,要体现国家对罪犯出监后的基本要求和殷切希望。语言要简洁易懂,让罪犯能够听得懂、学得会、记得住。通过回归宣誓,使罪犯受到潜移默化的约束和教育影响。例如,河南省豫北监狱组织罪犯进行回归宣誓的誓词为:"走过了人生的沼泽,沐浴了法治的阳光,我迎来了新生的庄严时刻。面对即将来临的春天,我郑重宣誓:把今天当作新的起点,深藏曾经的悔恨与自责,带着收获的坚定与从容,回到亲人的怀抱,融入社会的洪流。热爱社会主义,热爱祖国,遵守国家的法律法规,履行公民权利义务,严守公民道德规范,明礼诚信、团结友爱、辛勤劳动、自食其力、服务人民、奉献祖国,永不危害社会,永不违法犯罪。"又如,贵州兴义监狱组织裁定减去剩余刑期、即将刑满释放的罪犯进行的新生宣誓:"我回归社会后,拥护中国共产党,拥护社会主义,拥护宪法,遵纪守法,诚实守信,自食其力,决不再危害社会,做一个对社会、对人民有用的人,做一个守法公民。宣誓人:×××。"

举行罪犯的回归宣誓仪式,能进一步彰显法律的威严,增强监狱作为国家机器的震慑力,警醒罪犯牢记曾经的犯罪危害、牢记服刑改造的付出与艰辛,促使罪犯回归社会后自觉遵守宪法、法律,自食其力,做一个守法公民。

二、组织实施

1. 监狱要制定回归宣誓计划方案。要确定回归宣誓的时间、地点、参加人员等,保证回归宣誓规范有序地进行。

2. 要组织好回归宣誓活动。罪犯回归宣誓时应该举起右手,面对国旗,在监狱领导、监狱民警和罪犯家属的监誓下进行宣誓。

3. 做好回归宣誓的后续反馈工作。通过组织回归宣誓仪式,使罪犯受到教育,铭记教训,深刻理解监狱民警和家人对他们的殷切希望。罪犯要表决心、谈体会,认罪悔罪。同时,监狱机关要做好后续照管的工作,解决他们的实际困难,为罪犯顺利回归社会打下坚实基础。

三、注意事项

1. 目的要明确。罪犯的回归宣誓要有明确的目标,回归宣誓要体现监狱对罪犯释放后在社会上生存和发展的殷切期望,也是对罪犯未来如何做人做事的"行动法则"。

2. 誓词要科学合理和易懂易记。回归宣誓的誓言既要体现出国家、社会和监狱的殷切希望,又要让罪犯易懂易记,体现回归宣誓的针对性。

3. 要做好相关组织工作。回归宣誓的组织一定要规范有序,保证活动仪式的庄重、严肃。

4. 要做好回归宣誓的后续工作。宣誓完毕后，要组织罪犯开展谈体会、写心得活动，要把回归宣誓的成果及时转化为罪犯改造的有力措施，真正体现回归宣誓的价值和意义。

学习情境 14　　出监评估

出监评估是针对即将出监罪犯的教育改造状况及其效果、质量的考查与分析的评价活动，是全面检查罪犯在服刑期间教育改造质量的一个重要环节。监狱应当根据罪犯在服刑期间的考核情况、奖惩情况、心理测验情况，对其改造效果进行综合评估，并依照有关规定，向罪犯原户籍所在地的公安机关和司法行政机关提供评估意见和建议。通过出监评估，掌握罪犯在服刑期间的全面表现，对罪犯的改造情况作出分析结论，对出监后的犯罪情况进行预测。

一、出监评估的内容

在出监评估中要突出量化指标和保障措施，要结合具体的罪犯教育状况，客观评价罪犯教育改造。出监评估的内容指标是一项复杂的研究活动内容，确定出监评估的内容指标将直接影响到出监罪犯评估的结论。2002年4月，司法部监狱管理局提出对罪犯改造质量评估进行探索。2005年6月，江苏和湖南两省被司法部确定为全国首批罪犯改造质量评估试点工作省份。在各地监狱机构实践的基础上，为了科学评价监狱教育改造罪犯工作，提高罪犯改造质量，降低刑满释放人员重新犯罪率，2009年司法部下发了《监狱教育改造罪犯工作目标考评办法》，对罪犯的教育改造工作实施目标考核。其中罪犯的出监评估率是监狱教育改造罪犯工作目标考评的10项内容之一，进一步凸显了出监评估的重要性。下面以某省监狱的罪犯出监评估内容为例：

某省监狱的罪犯出监评估项目内容主要包括以下七个方面：

1. 罪犯基本情况。罪犯基本情况主要包括：罪犯姓名、性别、民族、出生日期、文化程度、罪名、原判刑期、原判刑期起止时间、附加刑、入监日期、出监日期、出监原因、捕前职业、犯罪次数、职业技能、特长、原户籍地、家庭住址等情况。

2. 罪犯服刑改造自评。罪犯服刑改造自评主要是以罪犯撰写服刑改造自我总结的形式进行。服刑改造自我总结要求罪犯结合自身实际，实事求是地总结服刑期间认罪悔罪、服刑服法、遵守监规监纪、掌握劳动技能的情况，说明在刑满释放后可能遇到的生活困难、家庭变化、社会交往等问题。

3. 警察评议。警察评议就是要求根据罪犯的现实表现、谈话情况，实事求是地对罪犯作出客观的评价，从而为做出罪犯出监建议、落实安置与帮教工作打下基础。

4. 罪犯出监评估心理测量。罪犯出监评估心理测量主要包括罪犯心理健康状况评估和罪犯犯罪心理评估两项内容。

（1）罪犯心理健康状况评估。主要采用《症状自评量表》（SCL-90）进行评估，评估标准是：总分超过160分为心理不健康。

（2）罪犯犯罪心理评估。主要采用《中国罪犯个性分测验》（COPA-PI）量表进行评估，根据测验中"犯罪思维模式"因子分，对罪犯犯罪心理作出评估。

5. 罪犯服刑期间改造情况。罪犯服刑期间改造情况主要包括罪犯认罪悔罪，遵守监规监纪、行为规范、教育改造、劳动改造、心理健康状况等方面内容。

6. 罪犯刑满释放时婚姻家庭状况。罪犯刑满释放时婚姻家庭状况主要包括是否出现重大家庭变故、是已婚还是未婚、婚姻关系是否稳定等方面内容。

7. 罪犯刑满释放时家庭经济状况。罪犯刑满释放时家庭经济状况主要包括是否有经济困难、出狱后能否有合法的经济来源和收入等。

二、出监评估工作流程

（一）成立出监评估的专门机构

监狱和监区负责组织专门的人员对即将出监的罪犯进行出监评估。必要的情况下，监狱和监区可以成立专门的罪犯出监评估机构，配备专门的出监评估人员，负责对即将出监的罪犯进行出监评估。以某省某监狱为例：该监狱的出监评估工作由教育改造科和心理矫治科负责组织实施，各监区负责具体落实，分管教育的副监区长是监区罪犯出监评估工作的第一责任人，分监区的政治指导员是分监区罪犯出监评估工作的直接责任人。

（二）评估内容、程序、时限和责任人

某省某监狱的出监评估主要从组织专管警察对其进行出监谈话和评议、组织出监评估对象进行服刑改造自我总结、组织出监评估对象开展心理测量和形成出监评估等方面来组织实施。具体操作流程如下所示：

1. 监区应当在确定出监评估对象后，组织专管警察对其进行出监谈话和评议。

（1）专管警察在谈话前应查阅罪犯档案，掌握罪犯基本情况，列出谈话提纲，认真做好谈话前准备。

（2）专管警察根据谈话情况，结合平时了解和掌握的情况，对罪犯服刑改造状况作出评议。

（3）谈话和警察评议情况记录在《罪犯出监评估警察谈话和评议登记表》中，记录完毕后交由教育干事录入出监评估系统。

（4）完成时限：在正常刑满出监的罪犯接受出监教育前1个月，对其开展出监前谈话；在已呈报减余刑的罪犯通过监狱榜后1周内，对其开展出监前谈话。

（5）责任人：专管警察。

2. 监区应当组织出监评估对象进行服刑改造自我总结。

（1）由罪犯本人总结其在服刑期间认罪悔罪、服刑服法、遵守监规监纪、掌握劳动技能情况，反映服刑期间受到的不公正对待或狱内存在的不良现象，说明在刑满释放后可能遇到的生活困难、家庭变化、社会交往等问题。

（2）《服刑改造自我总结》由罪犯直接投入监区综合信箱，监狱业务部门按照综合信箱管理相关规定，收集后交给监区分管教育的副监区长。

（3）完成时限：正常刑满出监的罪犯应在接受出监教育前1个月完成；已呈报减余刑的罪犯应在通过监狱榜后1周内完成。

（4）责任人：教育干事。

3. 监区应当组织出监评估对象开展心理测量，评估其出监时心理健康状况和犯罪思维模式。

（1）心理干事按照监狱心理矫治科的要求，对出监评估对象进行出监前的心理测量。

（2）将《罪犯出监评估心理测量结果》的电子文档交教育干事。

（3）完成时限：正常刑满出监的罪犯应在接受出监教育前1个月完成；已呈报减余刑的罪犯应在通过监狱榜后1周内完成。

（4）责任人：心理矫治科、心理干事。

4. 教育干事根据《罪犯出监评估警察谈话和评议登记表》和《罪犯出监评估心理测量结果》的内容，录入出监评估系统，并生成《罪犯出监评估重新违法犯罪综合评估表》和《某省某监狱罪犯出监评估》电子文档。

（1）收集《罪犯出监评估警察谈话和评议登记表》和《罪犯出监评估心理测量结果》，并录入出监评估系统。

（2）生成《罪犯出监评估重新违法犯罪综合评估表》和《某省某监狱罪犯出监评估》电子文档。

（3）完成时限：正常刑满出监的罪犯应在接受出监教育前完成；已呈报减

余刑的罪犯应在法院裁定送达后 1 周内完成。

（4）责任人：教育干事。

5. 监区应根据罪犯《服刑改造自我总结》开展有针对性的出监前谈话教育，掌握实情，减少涉诉涉访隐患。

（1）完成时限：罪犯出监前。

（2）责任人：监区分管教育的副监区长。

（三）评估结果的应用和台账管理

1. 监区将《某省某监狱罪犯出监评估》报教育改造科审核并加盖公章后，交监区内勤放置在《罪犯刑满释放通知书》中一起寄送。

（1）完成时限：按照狱政部门的档案管理相关规定操作。

（2）责任人：教育干事、监区内勤。

2. 罪犯出监评估台账分纸质台账和电子台账。

（1）《罪犯出监评估警察谈话和评议登记表》和《服刑改造自我总结》为纸质台账，按月整理归档，参照短期档案管理规定进行管理。

（2）《罪犯出监评估心理测量结果》《罪犯出监评估重新违法犯罪综合评估表》《某省某监狱罪犯出监评估》为电子台账，按月整理归档，参照监狱电子台账管理规定进行管理。

（3）责任人：教育干事、心理干事。

（四）出监鉴定

出监评估结果最后形成罪犯出监鉴定。出监鉴定是监狱对罪犯在服刑期间的改造表现作出的结论，是释放人员必备的法律文书之一，也是社会治安综合治理各部门对释放人员安置帮教的重要参考资料。监狱要填好释放人员的《出监罪犯综合评价表》，连同刑事判决书和《罪犯刑满释放通知书》一起移交给刑满人员安置户口所在地的公安机关和司法行政机关。《出监罪犯综合评价表》一般包括以下的内容：

1. 罪犯的基本情况。主要包括罪犯姓名、刑期、罪名、性别、家庭住址、刑期变动情况、出监事由、出监时间等。

2. 罪犯教育改造评估质量分析。主要是对罪犯进行心理、行为、认知、人身危险性测试值、改造的程度以及前后的数据对比与分析；评估结论。

3. 出监建议。根据罪犯的改造情况，由监区、监狱分别填写意见和建议，及时向罪犯家庭、街道、社会有关团体提出安置帮教建议，有效防范刑满释放人员重新违法犯罪，也可为有关部门采取有针对性的帮教安置措施提供依据。

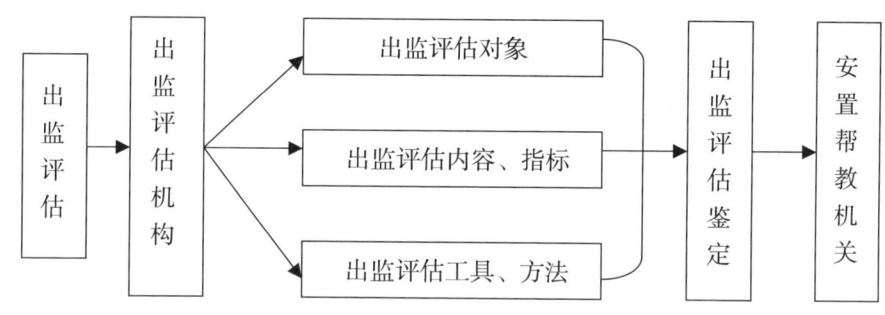

出监评估工作的流程图

学习情境 15　出监考核

一、罪犯出监教育总结考核

罪犯出监教育总结考核是对罪犯进行的总结性教育评价活动。主要有以下环节：

（一）罪犯自我总结

要教育和帮助罪犯从以下三方面对自己的改造进行总结：

1. 联系实际，认真总结自己通过改造在思想上解决了哪些问题，还有哪些问题没有解决好，有哪些主要收获，今后需要从哪些方面继续努力。

2. 要求他们认真思考为什么在同一个环境中，在相同的条件下改造，有的人立功受奖，而有的人受到处分，甚至受到各种处罚。

3. 让他们认真思考回到社会后应如何学法、守法，如何充分利用法律武器保护自己，怎样才能走好新生之路，以及对出监后工作、生活的规划。

（二）罪犯集体评议

民警首先要提出进行鉴定的标准和方法，然后要求罪犯以小组为单位，每一名罪犯都要如实地、负责地对其他罪犯进行讲优点、摆问题、提希望的评议。

（三）民警考核鉴定

通过查阅罪犯改造档案、正面谈话、侧面了解、观察言行等方法，综合全部材料，进行集体研究，对罪犯的思想改造状况、恶习残留程度、今后重新犯罪的可能性等有关方面作出符合实际的书面考核鉴定，指出罪犯出监后社会帮教的努力方向。

二、出监教育工作验收考核

监狱分管领导依据出监监区提出的验收申请，组织相关人员开展验收活动。

验收中，一要查看课时保证，二要查看计划完成，三要查看教学材料，四要查看学员成绩，五要查看学员三项任务材料，六要举办毕业典礼。

六项任务完成以后考评小组成员负责对当期出监教育质量进行评估，综合打分。得分情况必须与当期班主任、任课教员的绩效考核挂钩。

学习情境 16　教育衔接

一、监狱刑罚执行与社区矫正的衔接

要做好监狱刑罚执行与社区矫正的衔接，把符合法定条件的在押罪犯逐步纳入社区矫正，使他们顺利融入社会，努力预防和减少重新违法犯罪。监狱要与罪犯出监后的当地社区矫正机构（司法局、司法所）建立罪犯社区矫正工作协调机制和例会制度，建立长效考核检查机制，信息共享和反馈机制。进一步健全制度、培训专业队伍、提高罪犯教育改造质量、强化对罪犯帮教措施，使监狱刑罚执行与社区矫正有序衔接。社区矫正工作分为六个环节，即接收、管理、教育、考核、奖罚、解矫。为此，出监教育工作与社区矫正工作衔接要做好以下方面：

（一）接收衔接

监狱对暂予监外执行、假释、刑满释放的罪犯，在其出监之前，应由监狱告知罪犯必须接受社区矫正，服从矫正组织的管理教育，同时让罪犯填写《接受社区矫正保证书》。监狱要告知罪犯在规定的期限日内，持《暂予监外执行证明书》或《假释证明书》到固定居住地的社区矫正机构报到并办理社区矫正登记手续。对于罪犯不能按照规定到社区矫正部门报到或者超出规定的活动区域，或者有继续违法行为等，达到一定程度，可予以收监服刑。同时，监狱要与社区矫正执行机关办理好相关法律文书的衔接手续，罪犯相关法律文书、档案材料以及出监罪犯重新犯罪可能性评估意见，必须要及时寄送社区矫正执行地的县级司法局。

（二）管理衔接

司法所是执行社区矫正的主体，对服刑人员进行日常管理。监狱机关要协助司法所和有关单位为服刑人员提供管理、教育、帮助等服务。司法所应当建立档案管理制度，记录社区矫正工作情况，及时、准确地收集和上报相关信息。建立服刑人员卡片和档案，记录服刑人员改造情况。

（三）教育衔接

司法所应当根据监狱《出监罪犯综合评价表》提供的出监建议和意见，建

立健全工作制度，落实教育改造措施，做好罪犯的监狱刑罚执行与社区矫正内容的紧密衔接；并应有计划、有步骤地制定有针对性的矫正措施和方案，不断修正和完善社区矫正方案。

（四）考核奖罚衔接

对经考核符合法定减刑、假释条件的罪犯，将考核材料和审批意见转交原服刑监狱按规定和程序及时建议监狱予以办理。监狱对因违反法律、法规和社区矫正规定经人民法院裁定收监执行的罪犯，应当依照有关法定程序及时予以收监执行；符合保外就医收监条件的，应当及时予以收监执行。

（五）解矫衔接

对矫正期满的服刑人员，司法所要对其作出矫正鉴定，填写《解除社区矫正鉴定表》，报经县（市区）司法局审核后，通知当地公安机关和人民检察院，于矫正期满日向其宣告解除矫正，发给《解除矫正证明书》。服刑人员在社区矫正期间死亡的，县（市区）司法局应当及时将有关情况书面通知检察机关、人民法院、原执行收监的监狱，从死亡之日起自动终止社区矫正。

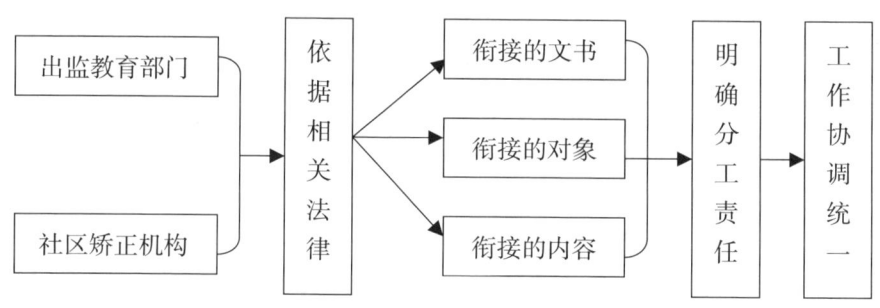

出监教育与社区矫正的衔接工作流程图

二、监狱刑罚执行与安置帮教工作的衔接

安置帮教是在党委、政府的统一领导下，依靠各有关部门和社会力量对刑释人员进行的一种非强制性的引导、扶助、教育、管理活动，是保障刑释人员在监狱与社会之间能够平稳过渡的重要措施。刑释人员回归社会衔接工作坚持"各负其责、超前落实、密切联系、相互配合"的原则。根据《中央社会治安综合治理委员会、司法部、公安部、民政部关于进一步做好服刑、在教人员刑满释放、解除劳教时衔接工作的意见》（以下简称意见）、《监狱教育改造工作规定》等文件，监狱刑罚执行与安置帮教的主要衔接工作为：

1. 监狱应当在罪犯刑满前1个月，将其在监狱服刑改造的评估意见、刑满释放的时间、本人职业技能特长和回归社会后的择业意向以及对地方做好安置帮教工作的建议，填入《刑满释放人员通知书》，寄送服刑人员原户籍所在地的县级公安机关和司法行政机关（安置帮教工作协调小组办公室），并要求刑释人员在规定的期限内，持刑满释放证明到原户籍所在地的公安派出所报到。

2. 县级公安机关收到《刑满释放人员通知书》后，应当在1周内通知刑释人员原户籍所在地的公安派出所。公安派出所在刑释人员报到时，按规定办理入户手续，并将其列为重点人口进行管理。责任区民警要了解、掌握刑释人员的情况，会同村（居）委会等基层组织进行帮教工作。对未到公安派出所报到的刑释人员，应向上级公安机关和安置帮教工作协调小组办公室通报。刑释人员暂住地的公安派出所一经发现，应立即通报其原户籍所在地的公安派出所。

3. 县级司法行政机关（安置帮教工作协调小组办公室）收到《刑满释放人员通知书》后，应当在1周内通知刑释人员原户籍所在地的乡镇（街道）安置帮教工作站，积极协调有关部门解决安置帮教工作中的具体问题。同时要有计划地组织有关部门和社团组织的人员定期到监狱，开展形式多样的帮教活动，鼓励服刑人员认罪服法、弃恶从善、重新做人，不断将安置帮教工作向前延伸；深入宣传，广泛动员社会各界力量，共同参与安置帮教工作；积极与共青团、妇联、工会等部门协调配合，合理利用社区资源，在社会上招募一批高素质的帮教志愿者队伍，形成安置帮教的工作合力。

4. 乡镇（街道）安置帮教工作站（司法所）接到通知后，应立即通知村（居）委会及刑释人员家属，动员家属尽可能将刑释人员接回。同时，积极组织协调有关部门和村（居）委会做好安置帮教工作，帮助、引导、扶助刑释人员就业或解决生活出路问题。

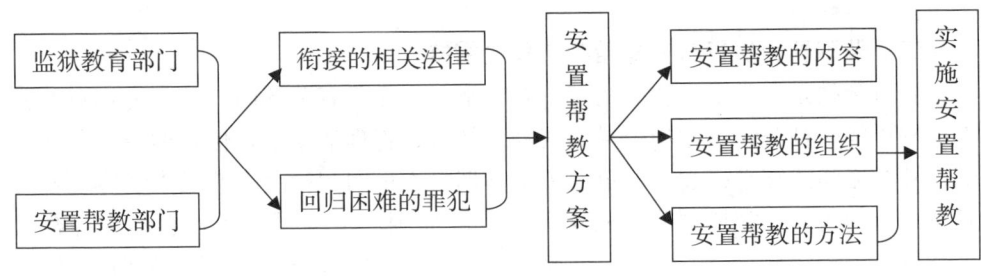

监狱刑罚执行与安置帮教的衔接工作流程图

训练与操作

训练与操作3　　某监狱出监教育监区教育操作过程及对罪犯李某的出监教育

一、某监狱出监教育监区教育操作过程

出监教育坚持集体教育与辅助教育相结合，思想教育与心理行为调试相结合，监内教育与社会帮教相结合，改造表现综合评估与分级处遇、就业指导相结合。

（一）前期阶段（7天）

此阶段进行出监教育开课动员，讲清出监教育的目的、意义、方法、步骤，学习并落实出监监区管理制度、计分考核办法、短刑犯管理规定、分级处遇规定，通过集体教育与分组讨论等方法引导服刑人员提高认识、明确要求、适应管理。

（二）中期阶段（60天）

此阶段组织罪犯制订新生计划，开展思想教育、心理健康教育、职业技能培训、社会帮教等。通过开展一系列出监教育活动，丰富出监教育内容，提高出监教育质量。

1. 制订新生规划，分管民警审核，小组评议通过，监区审议通过；
2. 以"加强法制观念，争做守法公民"为主题开展法制教育；
3. 以"正确认识形势，跟上时代步伐"为主题开展时事政治教育；
4. 以"了解安置政策，开拓崭新人生"为主题开展政策前途教育；
5. 以"做一个品行端正、品德高尚的人"为主题开展思想道德教育；
6. 以"自尊、自爱、自信、自强"为主题开展心理健康教育；
7. 召开社会帮教大会，组织改造典型现身说法；
8. 开展职业技能培训；
9. 就业政策宣传及劳动就业常识讲座；
10. 回顾改造历程，认真开展自省自律教育；
11. 召开"改造经验交流会""学习体会汇报会"。

（三）后期阶段（20天）

此阶段是出监教育的煞尾阶段，主要任务是对服刑人员的人生经历、改造历程及出监教育进行全面的总结，组织罪犯书写"新生历程"、召开"回归立志座谈会"、开展队列及行为规范验收、评比"优秀学员"、提请奖假建议，进行离监心理测量与评估，撰写出监教育总结，进行出监鉴定和评审，收集新生寄语，实施离监谈话教育，举行新生告别仪式。

二、对罪犯李某的出监教育

李某，男，35岁，广东人，中学文化，已婚。2002年7月，因盗窃罪被判处有期徒刑5年。同年7月，李某被送到广东省某监狱服刑，在服刑期间，罪犯李某先后接受监狱的入监教育、日常教育和主题教育等，在各项教育活动中表现良好，曾获得3次减刑。2006年2月，李某还有3个月就刑满释放了，但随着出监日期的临近，罪犯李某情绪波动明显，出现了失眠、多梦等症状，还伴有紧张、心烦意乱、坐卧不安、忧心忡忡等感觉。在监区，李某还经常与同犯闹矛盾，不服从监狱民警的管理和教育，表现极差。监狱民警对李某进行谈话时，李某表示对刑满释放后的就业和生活有一定的担忧，害怕自己出监后就业无着落，担心家人和社会不能够接纳自己，一想到这些情况就感到前途渺茫、人生无望，有破罐子破摔的心理。但是他还是有些希望，就是能在监狱最后的服刑期间进行技能培训和创业培训，也希望出狱后能得到政府和社会的帮助，使他能够在家就业或创业。对此，监狱决定对李某开展出监教育。

（一）对罪犯李某的情况进行诊断

监狱民警通过与罪犯李某进行出监谈话，结合李某的表现，认为罪犯李某存在以下问题：

1. 回归前对社会的恐惧心理。李某情绪波动明显，出现紧张、多梦、慌乱、情绪不稳、容易烦躁等症状，需要监狱对其加强回归社会的心理健康训练。

2. 对就业和前途的担忧。李某担心自己不能够被社会所接受，害怕他人对他存在歧视，不能在社会上就业和创业。监狱要对其加强就业教育和就业训练，使其树立回归社会的信心。

3. 对政府和社会帮助的期待。李某希望出狱后能得到政府和社会的帮助，使他能够在家就业或创业。监狱机关要与罪犯出狱后的当地政府、社会帮教机构加强工作衔接，做好李某出狱后的安置帮教工作。

（二）对罪犯李某采取的出监教育措施

1. 监狱针对罪犯李某的现实表现，制定了科学的出监教育计划和方案，由监区民警负责李某的出监教育工作。监狱把罪犯李某安排在出监监区，在教育过程中，监狱民警针对李某的具体表现和个性特点，对其进行个别谈话，掌握教育改造缺失的内容，然后由监狱民警制定出专门针对罪犯李某的出监教育计划和方案。

2. 针对罪犯李某的实际情况，加大对罪犯李某的就业指导和创业培训。监狱先后联系罪犯李某出狱后的当地政府有关部门，加强对其帮扶的力度。同时，监狱和劳动部门联合开办烹饪培训班,让李某参加培训学习。李某通过培训考试,获得了烹饪的《初级资格证书》,增加了就业机会。

3. 加强对罪犯李某的社会形势政策教育,使其对社会发展形势有较为正确的认识。监狱还先后组织罪犯李某学习国家的形势政策、社会经济发展形势等内容,邀请社会企业和社会志愿者到监狱讲课,介绍社会经济发展情况,克服罪犯李某对社会的陌生感和恐惧感。

4. 加强对罪犯李某的心理健康教育。监狱针对罪犯李某的回归恐惧心理,为其进行了社会适应训练和心理健康教育,并先后针对罪犯李某开展了心理测试和心理咨询,克服其恐惧心理,控制其情绪情感,进一步增强了李某回归社会的勇气和信心。

5. 对罪犯李某进行出监评估。监狱从罪犯基本情况、罪犯服刑改造自评、警察评议、罪犯出监评估心理测量、罪犯服刑期间改造情况、罪犯刑满释放时婚姻家庭状况、罪犯刑满释放时家庭经济状况等项目对罪犯李某进行出监评估。出监评估分数为82分,评估等级为合格。根据出监评估结论,监狱民警提出针对罪犯李某出监后的安置帮教意见和建议。

6. 加强与相关帮教部门的工作衔接。在罪犯李某出狱前,监狱向他家乡的县公安局和司法局分别寄出了《回归保护建议书》和《安置帮教建议书》。监狱详细地写明了罪犯李某的狱内综合表现和回归建议,希望当地政府和安置帮教机关能够加强对罪犯李某出狱后的安置管理和教育。

7. 加强对罪犯李某的跟踪教育和帮教。监狱加强对罪犯李某出监教育的向后延伸。曾组织专门的警察联合有关当地帮教部门,帮助李某联系了一家宾馆,让李某能够利用在监狱内所学的烹饪技能顺利就业,解决了其生活困难。

2009年1月,李某给监狱写来了感谢信。在信中,他汇报了自己出狱后的表现,他已经当上了宾馆的领班,感谢监狱对他的教育和帮助,表示一定会铭记监狱民警对他的教诲,重新做人,争做守法公民。

拓展训练7 **范例习作**

王某,男,45岁,河南人,初中文化,已婚,育有一儿子。1996年10月,王某因故意伤害罪被判有期徒刑10年。入狱时,王某才30多岁,在监狱服刑期间他积极配合改造,多次得到减刑机会。2005年3月,罪犯王某再过半年多就可刑满释放了,监狱机关将其转移到出监教育监区。但随着出监日期的临近,王某在出监教育监区的表现却越来越差。后来，监狱民警通过与罪犯王某进行谈话，了解到王某的妻子近日来监狱探视时向王某提出了离婚的要求，并且告诉王某，因为他们的儿子刚考上大学交不起学费而苦恼。王某感觉到出监后前途渺茫，不知道该如何处理家庭关系和解决自己的生活问题。

问题：根据范例提供的材料，假如你是该监狱民警应如何对罪犯王某做好出监教育？

思路：训练目的是掌握如何对罪犯进行出监教育，分析思路可从出监教育的任务和内容等方面着手。

拓展训练8　　　　　　　思考与练习题

1. 解释词语：出监教育、出监教育课程、回归宣誓、出监评估。
2. 出监谈话的一般操作过程是什么？
3. 出监教育的任务和目标是什么？
4. 出监教育总结考核要注意哪些内容？
5. 如何做好监狱刑罚执行与社区矫正和安置帮教工作的衔接？

拓展训练9　　　　　　　拓展阅读书目

1. 王祖清、赵卫宽主编：《罪犯教育学》，金城出版社2003年版。
2. 夏宗素：《罪犯矫正与康复》，中国人民公安大学出版社2005年版。
3. 高莹主编：《矫正教育学》，教育科学出版社2007年版。
4. 于爱荣等：《矫正质量评估》，法律出版社2008年版。
5. 王明迪主编：《罪犯教育概论》，法律出版社2001年版。
6. 李云峰主编：《罪犯改造质量评估指南》，法律出版社2005年版。

学习单元5 专题教育

学习目标

了解和掌握专题教育的特点、内容以及策划、组织与实施,根据专题教育的知识和要求,较为熟练地开展专题教育工作。通过多种形式的专题教育的开展,促进罪犯思想的转变与提高。

某监狱专题教育现场

知识储备

知识储备4　专题教育的特点和内容

专题教育是指监狱人民警察和其他社会人士就罪犯在教育改造中存在的某些问题所进行的专项教育,是稳定监管秩序、提高改造质量的有效手段之一。常规教育解决罪犯在教育改造中存在的普遍问题，专题教育是在常规教育的基础上解决罪犯在改造中出现的重点问题。常规教育与专题教育是全面教育与重点教育的关系。专题教育主要结合狱内外重大事件、监管要求，以及某一时期罪犯的思想、行为特点等确定教育专题，可以采用作专题报告、举办专题讲座、开展主题活动等方式进行。专题教育和主题教育本质上是一致的，但也有差异，一个主题教育可分设若干专题进行，比如，在"七五"普法主题教育下，可以开展刑事、民事、经济等系列法律专题教育。

一、专题教育的特点

（一）及时性

监狱并不是独立于社会之外的海市蜃楼，而罪犯的服刑生活也不是处在真空之中。他们在服刑生活期间极易受外界客观因素的影响而产生思想突变，冲击监管秩序的稳定。为正确地引导他们，提高思想认识，消除思想误区，稳定改造情绪，就必须及时开展某一类专题教育活动，及时地解决好他们的思想问题。

（二）针对性

由于专题教育是因时因事而开展，更贴近罪犯的思想实际和服刑生活，所以具有较强的针对性。比如，对于罪犯中涌现出来的积极改造典型，监狱就可以抓住这一时机，有针对性地开展学习先进典型的专题教育，以此弘扬改造正气，提高罪犯改造积极性。

（三）多样性

国家政策形势的变化、监管教育改造要求的强化，以及罪犯思想改造过程的变化，决定了专题教育的形式、内容的多样性。这种多样性，都是以监狱安全稳定、改造质量需要为前提的，有的是预防性教育，有的是疏导性教育，有的是整顿性教育，有的是灌输性教育，等等。

（四）灵活性

常规教育属于罪犯基础性教育、公共课程，解决的是普遍问题，相对来讲是变化不大的。而专题教育是针对一定时间的某一事件、某一问题而灵活开展的，解决的是重点问题，其内容经常变化，具有动态性、时限性。

（五）实效性

专题教育建立在深入细致的实践调查研究基础上，其教育方案主题明确、目的清楚、方法得当、措施严密，因而实施效果较好。同时，前述专题教育的及时性、针对性、多样性、灵活性特点也自然体现了其实效性。

二、专题教育的内容

专题教育的内容涉及面较广，主要有：认罪悔罪教育、遵规守纪教育、社会主义核心价值教育、中华传统文化教育、生命教育、素质教育、文明教育、劳动教育、典型教育、评审教育、社会教育、管理教育等。

（一）认罪悔罪教育

认罪悔罪教育的目的是促使罪犯转化犯罪思想，服从法院判决，增强法律观念，认罪服法、悔罪思改，努力改造成为守法公民。认罪悔罪教育主要包括：认罪服法教育、承认犯罪事实教育、服从法院判决教育、认清犯罪危害教育、深挖犯罪根源教育、消除不认罪思想教育。如开展"赎罪·责任"专项教育活动。

（二）遵规守纪教育

教育罪犯懂得监规纪律是确保监狱安全、维护良好改造秩序所必需的，是监狱对罪犯在服刑期间依法强制管理的措施，使罪犯明确遵规守纪的重要性和必要性，强化服刑意识，做到自觉服从监狱管理，用《监狱服刑人员行为规范》规范改造言行。具体有：一般性监规纪律教育、专门性监规纪律教育、反脱逃教育、服从管理教育、服刑意识教育、行为规范教育、节日纪律教育、打击整顿教育等。

（三）社会主义核心价值教育

社会主义核心价值观反映群众利益诉求，凝聚社会共识和共同行动，是一项重要的基础工程、灵魂工程、教育工程。党的十七届六中全会提出，马克思主义指导思想，中国特色社会主义共同理想，以爱国主义为核心的民族精神和以改革创新为核心的时代精神，社会主义荣辱观，构成社会主义核心价值体系的基本内容。但社会主义核心价值体系要落到实处，必须提炼出一个简单易懂、可操作的核心价值观。党的十八大提出，倡导富强、民主、文明、和谐，倡导自由、平等、公正、法治，倡导爱国、敬业、诚信、友善，积极培育社会主义核心价值观。社会主义核心价值观的这些概念都很容易理解，与群众的日常生活、群众的利益密切相关，是可以实践的。对罪犯的价值观专题教育，要以人为本，着力提高他们的思想道德素质、心理健康素质，使他们在丰富多彩的精神文化生活中陶冶情操，砥砺品质，坚定理想，践行社会主义核心价值观。

（四）中华传统文化教育

中华传统文化是在我国历史发展过程中凝聚而成、并世代相传的中华民族优秀民族品质、优良民族精神、崇高民族气节、高尚民族情感、良好民族礼仪的总和。中国传统社会的核心价值体系，即儒家价值体系，体现在孔子、孟子、董仲舒、朱熹、王阳明等思想家的著作中。儒家通过提出"三纲五常"的价值观，并通过《三字经》《弟子规》等普及读本使其思想大众化、实践化。中华传统文化专题教育，如"感恩""孝道"等专项教育，有助于帮助罪犯解决好道德缺

失、是非不分、改恶向善等问题。

（五）生命教育

教育罪犯认识生命的意义，尊重和珍惜生命的价值，热爱与守护自己独特的生命，注重自身人文精神和人文素质的培养，并将自己的生命融入改造生活之中，以实现自身的价值。其终极目标就是树立积极、健康、正确的生命观，即培养对生命现象的正确观点。有了正确的生命观的指导，才会正确看待人生中的诸多问题，才能珍惜生命、尊重生命的价值和意义。其内容主要有生命与意识、生命与感恩、生命与责任、生命与价值、生命与希望、生命与仁爱、生命与快乐、生命与幸福以及珍爱生命禁毒宣传等系列专题教育。

（六）素质教育

以能力培养、文化知识提高为本体，根据他们的兴趣、爱好、特长等开设系列选修课，引导他们自觉接受教育，培养学习兴趣，陶冶情操，提高自身素质，消除野蛮、愚昧。如每年在罪犯中开展"中华魂"读书系列的专题教育。

（七）文明教育

教育罪犯树立正确的道德观，增强文明改造意识，养成良好的文明习惯，促使他们努力做到讲文明话、做文明事、当文明人。主要有：礼仪教育、社会公德教育、助人为乐教育、社会主义荣辱观教育、"五讲四美三热爱"教育、"讲文明、树新风"教育、公民道德意识教育等。

（八）劳动教育

教育罪犯认识劳动的价值意义，树立劳动光荣、勤劳致富观念。引导罪犯养成劳动习惯，增强遵章守纪、安全生产、协作配合等意识，培育与现代生产方式相适应的素养。加强劳动保护和劳动卫生教育，增强罪犯防治职业病和职业危害的意识。

（九）典型教育

主要是运用正面典型进行榜样示范；必要时也可运用反面典型，使罪犯引以为戒。正反典型事例的选择可以是社会上的，也可以是监狱罪犯服刑生活中的人和事。运用典型引导教育罪犯，应根据罪犯不同犯罪性质、不同改造态度、不同接受能力有所选择，以加强对应性，提高教育效果。

（十）评审教育

一般分为半年评审教育和年终评审教育。它主要是对罪犯半年、全年的改造情况进行总结回顾，帮助总结改造成绩、查找存在问题、制定改造规划。

（十一）社会教育

社会教育是一项社会综合治理工程。它主要利用当地政府、机关、共青团、社会团体等部门的社会志愿者和罪犯亲属开展专题教育活动。主要方法是对罪犯进行亲情帮教、社会帮教。

（十二）管理教育

这既是维护监狱持续安全稳定的必然要求，也是教育改造罪犯的重要手段。它包括三个方面的管理教育内容：一是罪犯行为规范教育，使他们转变不良习性和生活方式，养成良好行为习惯。二是罪犯激励教育，在日常考核管理、行政处理和刑事奖惩中，注意区别情况，体现政策，使罪犯心服口服。三是罪犯处遇教育，落实分级处遇制度，增强分级处遇的科学性和可操作性，激励罪犯自觉按照考核标准和制度接受改造。

 问题调查

专题教育开展的前提基础就是调查。一项专题教育的开展是否具有针对性、实效性，关键在于调查的深入性。问题调查得越深入，专题教育的针对性越强，教育效果就越好。问题调查一般分为调查方法、统计分析、调查结论等三个方面：

一、调查方法

从社会学研究的调查方法来看，主要有识别调查总体、选取样本、设计研究工具、试验、观察等。而从监狱工作实践看，通常使用信息采集、问卷调查、实地观察和讨论座谈四种方法。

（一）信息采集

通过各种调查渠道收集需要调查的信息。主要包括：监狱信息发布网、狱情报告、思想动态分析报告、罪犯奖惩记载、禁闭严管记载、扣分处分记载和一些正面典型事例的收集等。

（二）问卷调查

一般问卷调查分为封闭式问卷调查和开放式问卷调查。常用封闭式问卷调查表，题项以多项选择题为设计蓝本。这种格式有助于控制回答者对问题的理解并且易于将他们的回答分门别类。设计问题时还应考虑到揭示调查主题本身的复杂性。为了最大限度地减少偏见，问题应该尽可能中性地叙述。如在某一监区随机

抽取300名罪犯，调查他们的个人改造前途、刑事奖励政策、生活医疗等问题时，就可以选择设计多项选择的封闭式问卷调查表。

（三）实地观察

在罪犯的学习、生活、劳动等现场了解和掌握他们的思想行为特点，可以采取听、谈、查的方式进行。"听"就是分层听取汇报；"谈"就是个别谈话了解；"查"就是查各种原始资料。

（四）讨论座谈

召开相关人员的专题教育研讨会，按照会前布置的调研题目、调研提纲进行讨论研究或征求意见。

二、统计分析

调查结束后，要认真进行统计，用心分析研究材料，对调查结果进行深入思考。

（一）统计分析的要求

1. 鉴别材料。这主要是鉴别材料的可靠性。调查中所获得的材料，由于各种原因，可能会有不准确的信息，必须仔细鉴别，以确保真实可靠。

2. 理解材料。这主要是分析和认识材料的意义。一个事件或一个数据本身只是外在标志，其本质意义往往是隐蔽的，因此，要先理解材料，才可能形成深刻正确的见解。分析时，切忌孤立地看待材料。

3. 阐释材料。这主要是建立观点与材料的联系，从材料中提炼出观点。在分析材料时，要特别注意发现规律性的东西，并形成正确的观点。

（二）统计分析的方法

常用的主要有定性分析、定量分析、因果分析、矛盾分析。

1. 定性分析。即对事物的各种因素及共同性质的分析。

2. 定量分析。即对事物的各种因素和性质与数量之间关系的分析。

3. 因果分析。即对事物发展变化的原因及结果的分析。

4. 矛盾分析。即分析事物的矛盾和外部联系，探求事物之间存在的辩证关系。

这四种分析方法互有交叉，定性分析和定量分析是分析事物的基础，因果分析和矛盾分析是关键。

三、调查结论

围绕统计分析结果，形成专题教育调查报告。其内容包括：调查的缘由、目的、过程和方法；调查获得的主要情况；对调查所得情况的分析研究；调查讨论，即写明为何调查、调查的结果是什么、调查的结果说明什么。要求运用综合材料说话,运用典型材料说话,运用数据材料说话,运用对比材料说话。一般将报告全文分为基本情况、主要特点或经验、主要问题、想法和建议等几个部分。

学习情境 18　制定方案

专题教育实施方案主要包括指导思想、组织机构、教育时间、教育方法和步骤、教育措施和要求等,必要时还可增加相应需要说明的内容和减少某些重复、不需要设置的内容。制定方案关键要把握好以下五个重点:

一、主题提炼

主题的确定是制定专题教育方案的核心,是整个专题教育活动的主线,它对于方案的制定起着至关重要的作用。主题的提炼来源于时代背景、社会背景、监管教育要求和罪犯的思想、行为特点,力求做到"精炼、准确、深刻、厚重、新颖",通俗易懂、便于记忆,有强烈的针对性、冲击力和独到的见解。

二、目标确立

目标的确立,既是制定专题教育方案的重要依据和总的指导思想,也是达到和实现专题教育目标的出发点、落脚点。因此,目标的定位就显得非常重要,既要考虑到专题教育本身的要求,又要注重贴近罪犯思想改造实际。目标定得太高,不切合实际,难以实现;目标定低了,起不到教育作用,收不到好的效果。所以,目标的确立要做到"科学、合理、适度",确保目标实现和收到效果。

三、方法研究

方法研究是整个专题教育制定的重点和难点,直接关乎专题教育目标能否落实与完成,关乎专题教育有无质量和创新亮点。要重点研究专题教育的步骤、活动、辅导、自我教育等方法。专题教育步骤主要根据某一专题内容、要求作出安排,通常可分为3~5个阶段不等,主要是依据专题教育时间的长短、内容的多少而安排,每个阶段的内容视设定阶段小标题而定。专题教育的活动是丰富专题教育形式,保障专题教育深化创新的重要方法。它主要围绕某项专题教育的主题而研究系列活动方法。专题教育辅导形式多种多样,通常包括电教辅导、课堂辅导、社会辅导等。自我教育主要是引导罪犯融入专题教育之中,由强制接受变为自觉接受、自我教育、自我提高,形成良性教育互动。

四、措施保障

每项专题教育的开展,都离不开措施保障。在专题教育制定过程中,必须充

罪 犯 教 育

分考虑运用哪些措施来保障专题教育的有效开展。通常包括组织、经济、激励保障三个方面。组织保障主要是建立各级领导机构，加强领导重视、指导、检查与督办或示范作用；经济保障主要是设立专项经费，保障专题教育活动所需开支；激励保障主要是建立考核评价体系，开展评先创优活动，调动参与专题教育对象的积极性。

五、计划安排

专题教育计划可分为短期、中期、长期计划。短期计划为半个月或 1 个月；中期计划为 2 个月或 1 个季度；长期计划为半年或 1 年。不论是短期、中期，还是长期计划，都应将计划作出具体安排，量化时间、内容、方法、要求，做到责任到人。根据专题教育方案的总体要求，制订计划安排表。一般分为总计划安排表和阶段计划安排表。表格设置为时间、步骤、内容、方法、考核与要求、责任民警、备注等。

学习情境 19　组织实施

专题教育的开展，主要是依据"专题教育方案"来组织实施。其工作流程可分为一般工作流程和特殊工作流程。一般工作流程为专题教育常用模式，是各项专题教育的通用方法，较为固定；而特殊工作流程是动态的，不拘于常用模式，可以增加或减少某些工作流程，突出某一重要方面直奔主题。两者可以兼容和互补。通常包括下述六个方面：

一、宣传发动

一项专题教育要做到深入人心，关键要充分运用媒体工具进行造势。它既是一种告知，又是一种教育氛围的营造，起着重要的舆论导向作用。一是要在罪犯的学习、生活、劳动现场拉横幅、贴宣传标语；二是要运用狱内广播、闭路电视进行全天候宣传，不断灌输和强化；三是要发挥狱内小报、墙板报、宣传橱窗等阵地的宣传作用。通过采取上述方法，发动强烈的专题教育政治攻势，推动专题教育的蓬勃开展。

二、动员部署

专题教育的开展，涉及教育者和被教育者。对于教育者来说，就是如何准确地实施专题教育。对于被教育者来说，就是如何正确地理解和接受专题教育。那么，怎样才能保证各自教育任务的完成呢？这就需要分头召开专题教育动员部署会。首先，要召开教育者动员部署会，也就是召开专题教育领导小组成员、监区、分监区主要领导、教育干事等动员部署会，讲解和布置专题教育方案，领导小组组长进行动员讲话，提出具体要求。各监区、分监区按照会议内容与要求，召开本单位全体民警动员部署会，进一步传达贯彻落实。然后，组织召开被教育者，即全监罪犯专题教育动员大会，领导小组组长作动员报告，罪犯开展表决心、发倡议等活动。各监区、分监区组织召开罪犯再动员会，进一步作出具体安排和要求。

三、学习辅导

学习辅导就是根据专题教育设定的内容，采取课堂教学形式对罪犯进行专题辅导，以此提高对学习的认识，为开展专题教育奠定思想基础。专题辅导内容依据专题教育的需求而定。课堂教学形式采取电教辅导、民警辅导和专家学者辅导等三种形式。电教辅导是通过音频、视频辅导学习，采取购买相关的教学光碟和组织有教学特长的民警录制教学光碟，集中组织罪犯收看收听。民警辅导是专题教育常见的一种形式，主要由基层分管民警或聘用思想教员对罪犯进行面对面的教学辅导。专家学者辅导是专题教育的一种特别形式，主要是根据专题教育的需要，邀请高等院校或科研院所的专家学者进监对罪犯进行专题辅导和答疑解惑。上述课堂教学形式可比照课堂教育学习情境开展。

四、自我教育

自我教育是专题教育的一种互动形式。它主要是让罪犯积极参与到专题教育之中，形成一种自觉行动的习惯，养成良好的学习风气。一是根据专题教育各阶段布置的讨论题，以学习小组为单位，在包组民警的主持下进行逐题讨论，谈认识与体会，发表个人意见。二是按照专题辅导课布置的作业题，对照学习书籍和资料，独立完成学习作业。三是以罪犯中各类兴趣小组为平台，围绕专题教育内容，自行设计、自行开展系列教育活动，如专题论坛、辩论、作品创作、表演等。

五、主题活动

专题教育的生动性、创新性，主要在于主题活动的确立与策划，它是推动专题教育深化、品位提升的助力器。主题活动的确立依据专题教育要求和罪犯思想实际作出安排。活动策划应具备针对性、教育性、新意性，以及视觉、听觉上的感染力、冲击力。一般分为四大类，即交流类，包括体会、作业、作品、典型事迹等交流；演讲类，包括论坛、辩论、诗朗诵、专题演讲等；竞赛类，包括征文、作品、知识竞赛等；表演类，包括歌舞、曲艺、队列会操等。

六、总结交流

专题教育总结分为阶段性总结和全面总结。阶段性总结主要是对专题教育的各阶段进行小结,并对下一阶段教育作出布置,主要用于召开汇报会、转段动员会。全面总结是对某一专题教育结束后作出的综合性总结,并形成总结报告上报和留存。而交流活动,则是对取得成绩和经验的单位,采取现场推介、经验交流等方式,以点带面,推动专题教育均衡开展。同时,对取得成绩、经验的单位给予肯定性评价。

学习情境20　考核评价

考核评价是衡量专题教育效果的重要方法,是保障专题教育落实的有效措施。考核评价分为日常检查、阶段考核、综合评价。日常检查由教育改造科、基层单位对照专题教育内容进行检查督办;阶段考核、综合评价由教育改造科组织专班按照专题教育考核细则,采取查、问、看、考等方式进行检查。考核评价方法如下:

一、作业测评

作业测评是检验每名罪犯学习态度、完成学习任务的日常检查方法,是评比优秀学员的重要依据之一。作业测评主要由基层单位包组民警负责,按照优、良、可、差四个等次进行评价说明,并与罪犯计分考核挂钩,实行奖扣分。

二、考试考核

考试是检验每名罪犯是否掌握专题教育知识、是否收到学习效果的衡量工具,也是评比优秀学员的重要依据。考试分为口头考试和书面考试。口头考试采取现场抽查提问;书面考试由监狱统一命题出卷,组织监考人员到各单位进行笔试。考试成绩在全监罪犯中排名通报。考核是检验基层单位落实专题教育、衡量教育效果的重要方法。其内容包括罪犯作业完成率、考试合格率、基础工作、学习效果等,实行百分制考核,日常考核占40%,综合考核占60%。考核结果全监通报,并作为评比专题教育先进单位的主要依据。

三、评先表彰

评先表彰是对开展专题教育的单位和参加教育的罪犯进行的肯定性评价和激励性评价,是考核评价不可缺少的重要方法。它主要是根据考核评价结果,开展专题教育先进单位、优秀学员等奖励名称的评比,召开专题教育总结表彰大会,掀起学先进的活动热潮。

学习情境 21　总结报告

总结报告是做好专题教育收尾工作的重要环节。通过总结报告，监狱可以全面、系统地了解已开展的专题教育情况，正确认识所开展专题教育的优缺点，为下一步开展好专题教育积累宝贵的经验。写好总结报告，要注意掌握以下四个环节：

一、总结报告的内容

1. 基本情况。包括专题教育开展的背景、教育过程和数据信息等。

2. 成绩、缺点。这是总结报告的重点，其目的就是要肯定成绩、找出缺点。

3. 经验教训。在写总结报告时，要注意发掘已开展的专题教育本质及规律，使感性认识上升为理性认识，以指导今后的专题教育开展。

二、总结报告的格式

总结报告的格式，也就是文章结构，是组织和安排材料的表现形式。其格式不固定，一般有以下四种：

1. 条文式。条文式也称条款式，是用序数词给每一自然段编号的文章格式。通过给每个自然段编号，总结报告被分为几个问题，按问题谈情况和体会。这种格式有灵活、方便的特点。

2. 两段式。总结报告分为两部分：前一部分为总，主要写做了哪些工作、取得了什么成绩；后一部分是结，主要讲经验、教训。这种总结格式具有结构简单、中心明确的特点。

3. 贯通式。贯通式是围绕主题对专题教育工作发展的全过程逐步进行总结，要以各个阶段的主要情况、完成任务的方法以及结果进行较为具体的叙述。常按时间顺序叙述情况、谈经验。这种格式具有结构紧凑、内容连贯的特点。

4. 标题式。把总结报告的内容分成若干部分，每部分提炼出一个小标题，分别阐述。这种格式具有层次分明、重点突出的特点。

一篇总结报告，采用何种格式来组织和安排材料，是由内容决定的。结论应反映事物的内在联系，服从全文中心。

三、总结报告的构成

总结报告一般由标题、正文、署名和日期三个部分构成：

1. 标题。即总结报告的名称。标明总结报告的单位、期限和性质。

2. 正文。分开头、主体和结尾三个部分：①开头。或交待专题教育总结报告的目的和主要内容；或介绍专题教育开展的基本情况；或把专题教育取得的成绩简明扼要地写出来；或概括说明专题教育的指导思想及其形势。不管以何种方式开头，都应简练，使总结报告很快进入主体。②主体。这是总结报告的主要部分，是总结的重点和中心。③结尾。这是总结报告的最后一部分，对全文进行归纳、总结。或突出成绩；或写今后的打算和努力的方向；或指出工作中存在的缺点和问题。

3. 署名和日期。如果总结的标题中没有写明总结者或总结单位，就要在正文右下方写明。最后还要在署名的下面写明日期。

四、总结报告写作过程中的要求

1. 编好写作提纲。在编写专题教育总结报告的提纲中，要明确回答想写什么问题，哪些问题是主要问题等。

2. 叙述简要、背景鲜明。总结报告中的专题教育情况的叙述必须简明扼要。对专题教育成绩的大小以及优缺点，叙述一般要用比较法，通过纵横比较，使得背景鲜明突出。

3. 详略得当。根据总结报告的目的及中心，对主要问题要详写，次要问题要略写。

训练与操作

训练与操作4　　围绕罪犯"生命困顿"现象组织开展生命教育

某监狱是一所关押重刑犯的高戒备等级监狱，现有押犯×××余人，其中，死缓、无期犯×××人，占押犯总数的58.6%；顽危犯×××人，占押犯总数的30.9%；自杀危险罪犯×××人，占顽危犯总数的31%。近年来，随着押犯结构的变化，狱情形势严峻，特别是罪犯的自杀问题一直困扰着该监狱的安全稳定。为了引导罪犯走出这一思想误区，增强教育改造工作的主动性、针对性，确保监狱的安全稳定，该监狱在罪犯中开展了生命教育活动。四年来，该监狱围绕生命教育专题，紧紧抓住七个环节，收到了较好效果。

一、问卷设计与调查

结合重刑犯的思想、行为特点，该监狱围绕罪犯对生命教育的认识问题、服刑生活的关注问题、人生价值与改造态度问题、心理困惑与前途问题、心理调适与自救问题等，设计了35种答题类型的问卷调查表，先后对80余名有自杀倾向的罪犯进行了问卷调查。通过问卷调查，发现部分罪犯对生命的内涵认识不清楚，缺乏生命教育的基本常识；少数罪犯存在着"生命困顿"现象和消极的生命观。同时，还发现部分罪犯对家庭亲人、个人身体、减刑假释关注不密切，精神空虚。找不到解决这些问题的目标和方法，罪犯易陷入改造迷茫状态之中，引发挫折、消极行为。特别是他们的心理承受力弱、前途目标堪忧、心理问题较多，找不到自我调适的办法，往往将问题埋藏于心、积聚于心。

二、方案制定

在问卷调查的基础上，该监狱制定了《关于对罪犯开展生命教育的活动方案》，活动方案分为指导思想、组织机构、活动口号、活动内容、活动安排和活动要求。重点内容是：①成立了以党委书记、监狱长为主任，党委成员为副主任，政工、纪检、关工委、管教科室负责人为成员的罪犯生命教育指导委员会，负责对罪犯生命教育的指导与开展；②对罪犯生命教育的目标进行了严格定位，提出了"热爱生命，珍惜生命，尊重生命，感激生命"的目标；③将罪犯生命教育的内容划为六大类，即专题教育类、主题活动类、心理健康教育类、社会帮教类、监区文化类和音乐、自然、精神欣赏类；④形成罪犯生命教育系列化，将罪犯生命教育分为八个系列专题，即生命与意识、生命与感恩、生命与责任、生命与价值、生命与希望、生命与仁爱、生命与快乐、生命与幸福等；⑤将每年4月确定为罪犯生命教育月，并确定其活动的主题和目标：2008年为生命意识、生活挫折、生存能力、生命价值教育，提出了"热爱生命，珍惜生命，尊重生命，感激生命"的目标。2009年为"感恩生命，珍爱生活"的活动主题和"感谢父母养育之恩，孝敬父母我有责任，服务家庭我有义务；感谢民警教育之恩，尊敬民警我有责任，服从管教我有义务；感谢他人帮助之恩，关爱他人我有责任，助人为乐我有义务"的活动目标。2010年为"生命无价，责任有价"的活动主题和让罪犯懂得"责任融于生命之中"，从而加强他们对自己、对他人、对家庭、对监狱和社会的责任意识教育的活动目标。2011年为"珍惜生命，创造价值"，热爱生命是幸福之本，同情生命是道德之本，尊重生命是法治之本，敬畏生命是信仰之本，生命是美好的，无论对于社会还是家庭，都需要健康完整的生命去实现价值的活动目标。通过生命教育月活动，广泛开展生命教育宣传活动，增强罪犯"热爱生命，珍惜生命，尊重生命，感激生命"的意识，树立积极、健康、正确的生命观。

三、宣传教育

一是在罪犯生命教育月中拉横幅、办板报，营造强烈的生命教育氛围；二是组织召开罪犯生命教育动员大会，围绕生命意识、生活挫折、生存能力、生命价值等教育组织民警进行备课授课；三是围绕"生命与音乐""生命与自然""生命与精神"的内容,组织罪犯收看《感恩的心》《活着真好》《我们》《走进三峡》《再说长江》《动物世界》《感动中国》《唐山大地震纪实》《亮剑中的英雄》等专题片,提高罪犯对生命内涵的认识;四是组织编印下发罪犯生命教育学习资料,开展写读书笔记、体会与认识;五是开展生命教育宣誓活动,罪犯围绕生命教育誓词:"热爱生活、坚定信心、乐观向上、心怀感恩、责任在身、珍爱生命、永不放弃"开展集体宣誓,增强生命意识。

四、开展生命教育大讨论活动

2009~2011年,该监狱围绕"感恩生命,珍爱生活"的活动主题、"生命无价,责任有价"的活动主题和"珍惜生命,创造价值"的活动主题,拟定了"人活着为了什么,仅仅是为自己活着吗?当遇到困难和挫折时,人生当如何度过与对待?对自己生命的不尊重,是对活着的亲人、朋友的一种轻慢和伤害吗?如何树立一颗感恩的心?怎样感受生活中的帮助,品味人生的情感?如何认识生命无价,即'生命只有一次'、'人死不可复生'、'人的生命可贵'的道理?如何认识责任有价,即人的生命仅仅是个人私有的吗?残害、堕落、挥霍自己的生命,就是对亲人、家庭、监狱、社会的不负责任吗?如何理解'生命与责任'之间的关系,罪犯对自己、对他人的生命应当怎样负责,对亲人、家庭、监狱具有哪些责任?如何认识人生价值对于生命的重要意义?如何培养和树立正确的人生信念、人生目标,在改造中创造出学习价值、劳动价值和社会价值?"等专题讨论题,通过开展大讨论和典型发言,增强罪犯明辨是非的能力,澄清思想上的错误观念。

五、开展多种形式的主题活动

四年来,该监狱相继在罪犯中开展了"生命在你手中,生命在你脚下"的论坛;"感受生命的跃动,感受生命的关爱"体会交流;"感谢妈妈生下了我"和"感谢民警教育挽救了我"的感恩日记和诗朗诵;"人的生命只有一次"的主题演讲;"妈妈,我要对你说"的一封感恩家信活动以及算一笔感恩账;写一篇感恩故事;开展一次现身说法;举办一次"知恩感恩"主题演讲;写一封感恩家信;开展一次配乐散文诗朗诵;唱一组感恩歌曲和算一笔责任账;写一篇"生命与责任"的体会与感想;举办一次"生命是一种责任"、"珍惜生命,创造价值"的主题演讲;开展一次"生命不应当如此自私"的论坛比赛;写一封"生命中应承担责任"的家信。通过多种主题活动,深化生命教育活动的开展。

六、拓展罪犯生命教育的形式

结合罪犯生命教育的开展,注重抓好六个结合:①与罪犯管理相结合,加强对重点罪犯的管控,特别是罪犯互监组的管理,做到罪犯不放单;②与心理健康教育相结合,开展心理健康教育、个体咨询、团体咨询、塑造"阳光心态"、危机干预等活动,培养罪犯的阳光心态;③与罪犯生物节律相结合,将每名罪犯的生物节律周期测算出来,进行公布,提醒民警管理教育;④与罪犯亲情教育相结合,开展"请进来、走出去"的帮教活动和亲情规劝活动;⑤与社会帮教活动相结合,把生命教育的活动融入社会活动之中;⑥与监区文化活动相结合,培养罪犯的生活情操、兴趣、爱好。

七、收集罪犯生命教育的典型材料、形成学习教育文集

该监狱收集四年的生命教育材料,形成了两本供罪犯学习的资料,这两本书的内容大部分是来源于罪犯学习后的真实感受,具有一定的代表性;都是罪犯身边的事,易于罪犯接受和学习。既解决了学习资料匮乏问题,又较好地形成了生命教育的成果。

拓展训练 10　　　　　　　　**范例习作**

某监狱 2006 年三季度发生罪犯违纪 47 起,其中,打架斗殴占了 22 起,是各类违纪中数量最多的一类,几乎占整个违纪数的 50%。单从数量上看,罪犯打架斗殴已成为该监狱最突出的狱情。通过对本季度以及近期发生的罪犯斗殴违纪分析,罪犯打架斗殴有些不再是简单意义上的打架扯皮,许多斗殴带有团伙和报复行凶的性质,危害大,斗殴的背后隐藏着重大安全隐患。

如 4 月 7 日凌晨,三监区罪犯杨××、朱××在监舍聊天,由于声音较大,影响了同监舍罪犯刘×休息,刘犯便对杨、朱二犯骂骂咧咧,为此,双方发生争吵,杨、朱二犯一起殴打刘犯,与杨、朱二犯关系好的罪犯杨××看到后,也过来拉偏架,致使刘犯的左眼眶被打肿。事件发生后,监区及时作了处理。一个月后,也就是 5 月 14 日,早晨 8 点 30 许,罪犯刘×从监舍拿起打菜用的铁勺,窜至电视房,朝正在看电视的罪犯杨××头部和身上一阵乱打,致使杨犯右耳、右食指、中指、右臂多处受伤,共缝合 12 针。7 月 18 日,鉴于刘犯与上述三犯的矛盾,监狱将刘犯调至一监区一分监区。当天晚上,刘犯回三监区收拾东西,罪犯朱××看到后,马上窜到监舍,乘刘犯不备,用随身携带的茶杯朝刘犯背部猛砸过去,将茶杯砸得粉碎,由于朱犯用力过猛,致使自己摔倒在地板上不能动弹。试想,如果当时朱犯用的是其他凶器砸在了刘犯的头上,或者是朱犯没有摔倒在地板上动弹不得,其后果将不堪设想。

罪犯斗殴违纪频发,且危害性也越来越大,问题的症结究竟在哪里呢?该监狱认为除了罪犯自身逞强斗狠流氓恶习的难改性之外,还有一个很重要的原因就是法纪意识淡化。

问题:根据上述提供的材料,在该监狱罪犯中组织开展一次监规纪律的专题教育。

思路:训练目的是掌握专题教育工作过程,分析思路可从调查研究、制定方案、组织实施的基本要求和工作程序着手。

拓展训练 11　　　　　　思考与练习题

1. 如何开展专题教育调查研究?
2. 怎样起草专题教育工作方案和总结报告?
3. 简述专题教育的特点,区别主题教育的关系。
4. 专题教育常见的内容有哪些?
5. 如何组织开展罪犯专题教育?

拓展训练 12　　　　　　拓展阅读书目

1. 王祖清、赵卫宽主编:《罪犯教育学》,金城出版社 2003 年版。
2. 吴志宏、冯大鸣、周嘉方主编:《新编教育管理学》,华东师范大学出版社 2000 年版。
3. 党国卿主编:《矫正教育学》,群众出版社 1998 年版。
4. 王明迪主编:《罪犯教育概论》,法律出版社 2001 年版。
5. 袁振国主编:《教育研究方法》,高等教育出版社 2000 年版。
6. [美] 戴维·波普诺著,李强等译:《社会学》,中国人民大学出版社 2003 年版。

学习单元6 集体讲评

学习目标

了解集体讲评的主要类型、工作流程，掌握集体讲评技巧。根据集体讲评的知识要求，较为熟练地开展集体讲评工作，处理好相关问题。

集体讲评场景

知识储备

知识储备5 集体讲评的类型

按教育对象的不同，罪犯教育可以分为集体教育、个别教育和分类教育。集体教育主要有集体讲评和课堂教学，个别教育主要有个别谈话和个案矫治。集体讲评是指以监区、分监区或罪犯小组为单位，由主管民警就当天或某一时间段或某项改造活动中罪犯的具体表现等情况进行讲述评论，肯定成绩，指出缺点，提出要求，是教育罪犯的一种常见形式。它在改造过程中起着承上启下的作用，即通过对上一阶段罪犯改造情况的总结和概括，民警及时纠正罪犯改造中的错误，妥当处理各种违规违纪问题，使得罪犯能认真反思存在的问题，明确今后的努力方向，对下一阶段改造起着重要作用。

罪犯教育过程中，由于讲评的专题、时间、形式不同可以分为不同的类型，常见的有以下几种类型：

一、思想教育讲评、劳动讲评、学习讲评和活动讲评

集体讲评根据教育专题的不同，可以分为思想教育讲评、劳动讲评、学习讲评和活动讲评。

这四种讲评都是围绕罪犯在监区、分监区或罪犯小组开展的思想教育、劳动生产、文化技术学习、生活卫生、文娱体育、遵守监规等专题进行的讲评。讲评的内容应根据思想教育、劳动生产、文化技术学习、生活卫生、文娱体育、遵守监规等专题的不同情况，给予恰当的评价。表扬和鼓励在专题性活动中表现突出的罪犯，批评和教育活动中出现的不良现象和错误行为，教育引导罪犯，促进罪犯改造。

二、日讲评、周讲评和月讲评

根据时间规定的不同，集体讲评可以分为日讲评、周讲评和月讲评。

日讲评是监狱日常工作的一项重要内容，主要由当天值班民警针对本监区、分监区、小组罪犯改造情况，包括思想动态、行为表现以及当日生活、劳动和学习等各种情况进行通报、小结；同时布置次日的生产和学习任务和应当注意的事项。一般在出工、收工前后，或在学习讨论前后进行。要以正面教育和鼓励为主，抓住主要问题，突出中心，言简意赅。

周讲评主要由分监区领导组织、参与，针对一周来分监区罪犯思想、行为、生活、劳动和学习等各方面情况进行小结、通报。查找分监区罪犯改造中存在的问题和产生的原因，对各种违规违纪行为作出妥当的处理；及时对改造表现积极的思想、行为给予肯定，对表现突出的罪犯进行适当的奖励。

月讲评主要由监区领导组织、参与，通报监区一个月来罪犯改造情况，分析罪犯的思想动态、行为表现，汇报生产劳动的进展和完成情况；对罪犯改造中存在的问题提出改进意见和措施；对罪犯改造过程中涌现的先进事迹、先进个人进行公开表扬。

三、会议讲评、现场讲评

集体讲评根据其讲评形式的不同可以分为会议讲评、现场讲评。

会议讲评主要是指把全体或部分罪犯集合在一起，就改造中罪犯的思想教育、生产劳动、文化技术学习以及各种活动等情况，由专人进行讲解和评述。这种类型的集体讲评是事先有计划、地点一般在专用的场所或其他适合讲评的地方，讲评内容涉及罪犯改造诸多方面，时间较长。

现场讲评主要是指解决罪犯在改造、劳动、生活等现场中产生的问题，多数运用列队形式，进行教导和告诫的一种讲评。如出工和收工劳动前后的讲评。这种讲评多为解决罪犯改造现场中产生的突发性、临时性问题而进行的。形式从简、时间从短，阐述明确，语言简练，逻辑性强，富有说服力。

 学习情境22　确定主题

集体讲评的主题是讲评者在对罪犯进行集体讲评过程中，通过讲评的全部内容和讲评方式所表达出的中心意思。主题是讲评的核心，它贯穿在集体讲评的全过程，体现讲评者对罪犯在生活、劳动、学习等改造现场的思想、行为的认识和评价。确定集体讲评的主题必须坚持从实际出发，民警通过深入观察罪犯改造的客观事实，大量掌握罪犯改造的材料和相关知识、信息，而后对材料进行归纳分析，结合自己掌握的相关法律知识、业务知识等，经过深入思考后拟定。如某监狱二监区拟由丁副教导员对罪犯迎新春的活动情况做一次专题讲评。丁副教导员根据罪犯在迎新春活动中表现的实际情况和个人感受确定了集体讲评的主题——"活动精彩纷呈　年味喜乐融融"。集体讲评主题的确定应做到正确、鲜明、集中、深刻。

一、正确

主题正确一般表现为正确的观点和主张，或反映事物的普遍真理和某种科学的信息。这是对集体讲评主题的最起码要求，或者说，是对主题的思想性、科学性的要求。因为主题正确与否，直接关系到集体讲评的好坏成败。讲评只有主题正确，才会对罪犯的改造产生积极的意义；反之，则会产生消极的影响。

二、鲜明

集体讲评主题一定要明确，其倾向性一定要鲜明确切，决不可含糊笼统，或模棱两可，前后矛盾。比如，讲评者对罪犯改造过程中表现的是非、美丑等观念,应在讲评时保持始终如一的鲜明态度和明确观点,不能似是而非,暧昧含糊。

三、集中

这主要指的是集体讲评主题应当简明和单一,突出集体讲评的中心,不宜同时存在两个或者两个以上的主题,避免讲评者顾此失彼,枝叶滥蔓。同时,讲评主题不集中也会造成罪犯在听讲过程中注意力分散,成效不明显。

四、深刻

这是指主题的深度而言,即主题不能仅仅停留于罪犯改造现象的罗列和叙述,而应该通过对罪犯思想和行为的深入、细致的观察,对罪犯存在的问题反复思考,抓住关键点,确立深刻和新颖的主题。

学习情境 23　撰写提纲和讲话稿

一、撰写提纲

撰写讲评提纲有助于教育者理清思路、突出重点,避免文不符题、主次不清、层次紊乱。集体讲评提纲的撰写就是组织材料,在确定中心后,把要讲评的内容用简明的文字拟出一个一体计划。

提纲要简明准确,切实具体。它的基本格式一般包括:讲评的主题,讲评的顺序(即讲评的开头语),讲评的主要内容,讲评最后的结束语。

集体讲评提纲的撰写可繁可简,最简单的提纲只有几十个字,只用一张纸片就能写下;有的讲评提纲长达几百个字。这根据每一个讲评者的实际情况、习惯爱好因人而异。当然,也不应把提纲变成公式,即使是同类专题的讲评,也不宜用同一格式的提纲。

二、撰写讲话稿

把准备在集体讲评时说的话事先写下来,不仅可以缓解讲评人在讲评时紧张、局促不安的心理压力,能较好地把握和支配时间,把所讲的内容从容不迫地讲出来,避免丢三落四或虎头蛇尾,而且可以确保集体讲评的内容正确、过程完整,使集体讲评富有逻辑性,把教育罪犯的思想表达得更加精确和完美。对罪犯的集体讲评讲话稿,可以根据不同的内容、对象和要求,灵活安排其结构。但是,一般都离不开标题、正文和结尾。

(一)标题

标题即讲话稿的题目,是讲话稿的有机组成部分,不少讲话稿的标题就是集体讲评的主题。恰当的标题对集体讲评可以起到画龙点睛的作用。集体讲评讲话稿的标题有直接标明主题，指出内容范围，以设问、反问、感叹显示主题倾向，提出问题、引起深思等形式。

（二）正文

讲话稿的正文包括开头和主体两大部分。开头要简明扼要，点到即可。常见的方法有叙述式、设问式、比喻式和评议式等。主体是讲话稿的核心，是集体讲评效果好坏的决定性部分。讲话稿的结构有两种：一是并列式，就是把要讲的问题分成几个问题，以并列的方式展开，集中阐明讲话的中心论点，其先后次序不那么固定。二是递进式，就是围绕着讲话稿的中心问题，各部分层层递进，每一部分都不可缺少，前后顺序也不能颠倒。当然，在一篇讲话稿中，两种方法可以相互交叉，即以一种方法为主，在某一部分即层次中用另一种方法。

（三）结尾

讲话稿的最后部分，它可以通过对讲评过程的总结、对罪犯提出要求的形式，使罪犯对集体讲评形成一个清晰、完整、深刻的印象；也可用抒情、感染的语句形式作为讲评的结束语，引起罪犯的情感共鸣，把讲评推向高潮；还可以用赠予名言的形式，给罪犯以启迪而达到教育目的。

学习情境24　技巧运用

一、掌握情况、准备充分

监狱民警要在集体讲评中取得良好的效果，必须在集体讲评前做好充分准备。

1. 熟练掌握罪犯改造的各种法律、法规以及监狱罪犯改造的奖惩规定等。

2. 深入罪犯改造的生活、劳动、教育等现场，收集了解掌握罪犯的各种信息，及时与其他民警沟通交流罪犯改造过程中出现的情况、问题。

3. 根据集体讲评类型的不同，确定正确、鲜明、集中、深刻的集体讲评主题，并事先撰写集体讲评提纲以及集体讲评讲话稿。

二、注重情理结合

集体讲评不仅是为了及时总结罪犯在生活、生产、教育等改造现场的情况，更是为了通过对罪犯改造思想、行为的评价，使他们能够深入思考，提高认识，明确改造方向，积极改造。因此，讲评者经常需要摆事实、讲道理，需要去说服罪犯，达到教育的目的。说理不是一般地传播与交流信息，而是要以正确的道理、良好的意图和真挚的情意来转变罪犯的思想认识，向教育目标靠近。

要善于摆事实、讲道理，以理服人。讲评时，讲评者要有条不紊地阐述事件的理论依据，这些理论是罪犯已经理解了的理论；说理时哪些先讲，哪些后讲，哪些重点讲、反复讲，前因后果、来龙去脉要交待得清清楚楚；要大量列举发生在罪犯周围的真人真事来证明要说的道理，使罪犯的错误认知解体。只有打破罪犯原有的认知结构，他才能重新组建。要注意，说理不是支配，不是命令训斥，而是平等交流。只有平等待人、尊重罪犯，才能心理相容。美国前总统林肯说得好："假如你在支配他人判断，命令他人行动，或是冷落、鄙视他人，那么他就会退居自己的堡垒，关闭一切通向他的大脑和心灵的道路。"所以，对待罪犯存在的思想认识问题，只能说服，不能压服，压服往往压而不服。

要坚持以情感人。说服别人，先要通情，方能达理。说服的方法尽管有好多种，但一切方法都是为了一个目标——通情。通情就是感情上的沟通，也就是心理相容。因此，讲评时话语要坦率，推心置腹，以真换真，以诚对诚。要讲出真情实感，不掩饰，不回避，对真、善、美热情讴歌，对假、丑、恶无情鞭笞。浓浓的情感溢于言表，使罪犯闻其声、知其言、见其心，达到情感上融合、思想上共鸣、认识上一致。

三、注意表达的语言艺术

（一）戒除口头禅、克服坏习惯

要使集体讲评的表达引起罪犯的注意，求得罪犯的共鸣，最要紧的是语言字字闪光，句句有力。既不能像机关炮，扫射得罪犯眼冒金星，丈二金刚摸不到头脑；也不能语言拖沓，表达紊乱，口头语充斥全篇。讲评中常见的口头禅主要有"好像""也许""说不定""这个""那个""那么""是不是""对不对""嗯""啊""好吗""行吗""就是说""后来呢"，等等。这些口头禅会削弱表达的效果，影响罪犯的情绪。口头禅会使个别语句反复出现，破坏语言结构，使语言断断续续，前后不连贯。每一次口头禅的出现，就等于一次切割，把整个过程切得支离破碎，给人以断续、离散之感。口头禅是一种相似的语言模式，令听众觉得平淡、枯燥。有人把口头禅比喻为"语言的肿瘤"是有道理的。因此，集体讲评中一定要戒除口头禅！

（二）精练、准确

集体讲评过程中，应用简洁的语言表达丰富的内容，附加词尽量少用。用最贴切的语言表达讲评的内容，不能含糊不清，似是而非。周恩来总理在1954年做过的一次精彩演讲，打动了许多人的心。让我们回顾一下："我们认为，美国的这些侵略行为应该被制止，亚洲和平应该得到保证。亚洲各国的独立和主权应该得到尊重，亚洲人民的民族权利应该得到保障，对亚洲各国内政的干涉应该停止，在亚洲各国的外国军事基地应该撤除，住在亚洲各国的外国军队应该撤退，日本军国主义的复活应该防止，一切经济封锁和限制应该取消。"这段话用了三组意义相近的词：①"制止、停止、防止"。侵略行为用"制止"；对内政的干涉用"停止"；军国主义的复活用"防止"。②"保证、尊重、保障"。和平说"保证"；主权和独立说"尊重"；权利和自由说"保障"。③"撤除、撤退、取消"。军事基地配"撤除"；军队配"撤退"；经济封锁配"取消"。讲话用词量丰富，词义分辨，处理细致，切实有力地表达了中国政府和人民的严正立场。只有具备深厚的文字功力，才能有如此震撼人心的、精练的、准确的语言表达能力。

（三）清晰、流畅

讲普通话，发音准确，是开展集体讲评的最基本要求。音不准，则语义不明，会使罪犯听不懂或发生误会；方言土语、吐字不清、措辞含混，使人听得糊涂；声音洪亮、悦耳，使人听得舒服；语音准确清晰，使人听得明白。讲评者口头语言应流利畅达，使人听得轻松。当然，流畅不等于越快越好。语速过快，话说得上气不接下气，使听者透不过气来。交替变换的语速，令人兴奋；沉稳缓慢的语速，使人有深沉、庄重的感觉。

（四）生动、形象

形象的语言文字对神经系统有信号刺激。如"望梅止渴"的故事，一提及青梅，人们就会立即想到果酸味，嘴里便会分泌出口水。越具体形象越容易真切感知，所以集体讲评语言的生动形象，使罪犯易于和乐于感知领会。讲评过程中一个新鲜而贴切的比喻可以使抽象的概念形象化，深奥的道理浅显化，复杂的事物明朗化。如给罪犯讲两种不同的人生哲理时，用一串葡萄到手，一种人总是挑最好的先吃，另一种人则把最好的留在最后吃举例。照例第一种人应该乐观，因为他每吃一颗都是吃剩下的葡萄里最好的；第二种人应该悲观，因为他每吃一颗都是吃剩的葡萄里最坏的，不过事实上恰好相反，因为第二种人还有希望，而第一种人只有回忆。如此一说，抽象的人生哲理就变得简明而生动。当然语言想生动形象还要经常使用歇后语、俏皮语等。如讲罪犯活动秩序混乱："简直是先穿鞋子后穿袜子——乱套。"俗语、谚语、俚语、歇后语等语言形式，既富有口语的特点，又能一针见血、生动形象地说明问题。

四、注意身体语言的运用

(一) 姿态端庄大方

讲评者在集体讲评时身体姿态主要有站着和坐着两种。站着讲评时，要站直站稳，不能耸肩屈背，东倚西靠；坐着讲评时，要端正、自然、大方。同时，站在或坐在讲话的位置上，要让每个罪犯都能看得见你的表情，听得见你的声音，使他们感到你是和他们讲话。

(二) 表情亲切坦诚

罗曼·罗兰曾说过："面部的表情是多少世纪培养成的语言，是比嘴里讲的复杂到千百倍的语言。"讲评时，讲评者的面部表情应该亲切、坦诚，而不应该摆出一副盛气凌人的嘴脸，也不应该显出自负矜持的面孔，那样就会让罪犯从心理上把你拒之千里之外。此外，表情还应该是落落大方、自然得体、由衷而发的，而不应该是矫揉造作、生硬僵滞的。

(三) 心理镇定放松

心理要镇定，尤其是刚上岗的民警，难免紧张，这种紧张情绪大多数人都会有，而且是一种正常的反应。但这种压力如果太强大，得不到缓解，则势必影响集体讲评的效果。可以借助松弛法放松，如可以不断地告诉自己"放松，放松……"；或者活动活动身子，以释放因紧张而剧增的多余能量；或者深深吸气，再均匀而缓慢地吐出。

(四) 目光调控自如

意大利著名艺术家达·芬奇有一句名言："眼睛是心灵的窗户。"研究证明，在各种器官对刺激的印象程度中，眼睛对刺激的反应最为强烈。各种器官各自所占比例分别为：视觉87%、听觉7%、嗅觉1%。可见目光的接触在沟通中是一项重要的行为技巧。集体讲评是同众多的罪犯谈话，讲评者眼神的变化要与讲评目的、内容一致，如热情诚恳的目光，亲切；平静坦诚的目光，稳重；闪烁俏皮的目光，幽默；冷淡虚伪的目光，不悦等。一个有经验的讲评者总是恰当而巧妙地运用眼神的变化来影响和感染罪犯，加强教育效果。如一般情况下讲评者的视线要保持平直向前流转，统摄全体罪犯；可以有节奏或周期性地把视线从听讲的罪犯群体的左方扫到右方，再从右方扫到左方，从前排扫到后排，再从后排扫到前排，不断地观察罪犯，与罪犯保持眼睛接触，观察他们的情绪和变化；讲评时发现不安静或不注意听讲的罪犯可以重点观察，罪犯发现了讲评者的目光，就会触目知错，停止骚动、私语；当然，心理紧张的讲评者，还可以采用虚视法，即讲评者的眼睛好像看着什么地方、什么人，但实际上什么也没看。

（五）手势大方得体

手是人的第二副面孔，平时我们频繁地使用手势，传达多种信息。人们常常以拍桌捶腿表示"高兴"；频频捶胸表示"悲痛"；不停地搓手是"为难"的表现；拍拍脑门是"悔恨"的意思；等等。这些手势主要是增强表情达意的情感色彩，使语言更富有感染力。讲评时讲评者的手势运用要大方得体，不可做作，还要控制不良的习惯动作。

学习情境 25　组织实施

集体讲评形式有现场讲评和会议讲评两种，两者在组织实施过程中有所不同：

一、现场讲评的组织实施

现场讲评主要采用队前讲评的方式，由带队民警组织。其基本程序较为简单明了，主要有带队民警整队、清点罪犯人数、实施讲评和将罪犯队伍带回几个环节。

组织过程中，带队民警应当注意自己的警容、警姿；选择适宜的现场讲评地点，背景要安静，避免无关刺激物分散罪犯的注意力；同时带队民警注意在队前站立的位置，必须能看见每一个罪犯的表情，保证每个罪犯都能听到自己的声音。

二、会议讲评的组织实施

会议讲评主要是由值班民警主持，监区、分监区领导或其他民警实施的有计划、有组织的教育形式。

（一）会议讲评前的准备

集体讲评会场总体要求是整洁、安静、明亮、空气流通、大小适宜，会议设施一应齐备。会场的前方安排主席台与讲台。主席台应用长方形桌，上铺白色、天蓝色或其他颜色桌面。讲台不宜过大过高，应与讲评人的身材比例协调。台上方或后方悬挂会标，会标一般用红底白字。台前可放置花草盆景，使主席台整体上显得色彩和谐，舒心悦目。面对主席台的是听讲罪犯的席位，席位之间不应太挤，便于进出活动。会场后方和左右可根据讲评内容悬挂横幅和张贴宣传标语，营造浓厚的现场氛围。

（二）会议讲评基本程序

值班民警在规定的时间带领罪犯到达会议现场，接着整队，清点罪犯人数，让罪犯坐下，组织罪犯唱歌。集体讲评正式开始，由讲评人根据事先计划的教育主题进行施教。最后由主持人对会议讲评现场情况进行小结，值班民警将罪犯带回。

（三）会后记录、会后专题讨论等

会议讲评的情况要做好记录。会议讲评结束后，为深化教育的效果，可以组织罪犯围绕会议讲评的内容开展专题讨论，提高教育的成效。

训练与操作

训练与操作5　　　　对分监区罪犯日改造的集体讲评

某监狱六监区第二分监区罪犯在册人数121人，其中保外就医1人，实际在册人数120人。暴力型罪犯66人，占55.0%；盗窃犯19人，占15.8%；性犯罪罪犯4人，占3.3%；其他21人，占17.5%；涉黑罪犯3人、涉毒罪犯4人、涉枪罪犯3人，占8.3%；外省籍罪犯47人，占39.1%；"二进宫"罪犯15人，占12.5%；余刑10年以上罪犯7人，占5.8%。2012年×月×日，该分监区民警组织罪犯进行了如下活动：7:30～11:30组织罪犯进行生产劳动；14:00～15:30组织罪犯参加文化课学习；15:30～17:30组织罪犯进行文体活动；19:00～19:30组织罪犯收看中央电视台新闻联播节目；19:30～21:00罪犯自由活动；21:00由值班民警小陆进行一日情况讲评。小陆是刚参加工作不久的新民警，当天他严格按照值班民警的一日工作规范，及时处理监区生活、劳动和教育等三大现场的各项具体事务，为做好日讲评进行周密的准备。

一、掌握收集当日罪犯改造的基本情况

1. 检查处理罪犯生活现场的具体事务。在罪犯的生活现场，民警小陆及时检查罪犯的监舍，其中1号、3号、4号、5号、7号、9号、10号、11号监舍保持较好，整洁、干净、规范；发现2号、6号、8号和12号监舍室内卫生和日用品摆列不够整齐划一；8号监舍卫生间污水桶清理不够干净；3号、8号监舍的卫生间灯泡损坏，通知电工及时更换。罪犯连××，43岁，因犯故意伤害罪被判6年，余刑4年9个月，该犯思想不稳定，精神恍惚，经常答非所问，想入非非。当日按分监区规定组织理发，该犯自认为自己即将刑满释放，不按要求理发，分监区民警对其进行耐心教育，使其按规定理发。但交流中该犯精神分散，经分监区研究将其作为重点防控对象。

2. 组织罪犯劳动，完成劳动定额。7:30分监区罪犯118人准时出工，留监2

人。到达车间后，民警布置劳动任务，宣布劳动纪律，亲自发放劳动工具，按时组织罪犯工间休息，做工间操。当天上午 9:18 罪犯陆××，现年 32 岁，因盗窃罪被判 4 年有期徒刑，余刑 1 年，在生产车间因不服从中队临时进行的劳动岗位调整，与罪犯生产组长杜××（现年 30 岁，因盗窃罪被判 17 年有期徒刑，余刑 8 年）发生口角。此外，生产中个别罪犯存在质量不合格问题，如罪犯林××在生产时用错线，导致生产质量出问题；罪犯陈××因锁边时操作不规范，出现质量问题；罪犯张××近期生产速度明显落后于他人，且出现不合格产品。

3. 文化学习、文体活动、收看新闻现场秩序良好。14:00～15:30 分监区民警按罪犯文化教育编班情况，将小学、初中两种不同文化程度的罪犯准时带入指定的教室，并在现场维护课堂秩序。罪犯亦能认真听讲。15:30～17:30 分监区民警组织罪犯开展文体活动，主要项目有乒乓球、象棋、篮球及各种健身器材。民警按照罪犯不同的兴趣分组进行，分工负责，罪犯积极参与活动，效果良好。19:00～19:30 准时组织罪犯收看新闻，了解国内外主要时事，现场秩序良好。

二、确立主题，编写集体讲评提纲

为了使当天集体讲评能够全面、到位，值班民警小陆在讲评之前，对集体讲评内容进行全盘考虑，确定教育主题并编写以下集体讲评提纲。

1. 主题：2012 年×月×日某监狱六监区二分监区罪犯生活、生产、教育活动情况综合讲评。

2. 时间：2012 年×月×日晚 21:00。

3. 地点：某监狱六监区二分监区活动室。

4. 提纲正文：①通报当天本分监区罪犯在生活、生产、教育等三大现场的表现情况。②对当天在生活、生产现场中出现问题的罪犯进行批评教育，同时宣布处分决定。③对文化学习、文体活动、收看新闻现场表现出的遵守纪律、积极参与的行为给予充分的肯定，并希望继续保持。④布置第二天的任务。

三、组织罪犯开展日集体讲评的具体内容

值班民警小陆：各位学员请注意，下面是日讲评时间，今天由我对大家一天的生活、生产、教育活动情况进行讲评。

首先，通报各位今天在生活、生产、教育等三大现场的表现情况：生活规范方面，今天检查各个监舍，发现 2 号、6 号、8 号和 12 号监舍室内卫生和日用品摆列不够整齐划一；8 号监舍卫生间污水桶清理不够干净；还有检查中发现 3 号、8 号监舍的卫生间灯泡损坏，已经通知电工及时更换。生产方面，大家一起努力完成了今天的生产任务，日产值达 1 万多元。但是生产中有个别学员不服从分监区生产岗位的调配，与生产组长发生争吵；还有一些学员因为生产时用错线、锁边时操作不规范等出现不合格产品。教育方面，大家今天有文化学习、文体活动和收看新闻等内容，表现比较良好。

其次，我要宣布对今天在卫生检查、生产劳动中出现问题的相关人员的处分决定：根据《××监狱罪犯改造奖惩实施细则》规定，对内务卫生不规范、不整洁的号房进行扣分，其中8号监舍扣0.2分，2号、6号、12号各扣0.1分。保持内务卫生整洁、规范是一项常规要求，我们一些学员思想不重视，值日时不仔细、不认真，就容易出现问题。内务卫生事关大家自己的身体健康，应当每天都要保持，希望大家重视起来，监舍组长出工前要做好检查。

今天林××在生产时用错线，导致生产质量出问题；罪犯陈××因锁边时操作不规范，出现质量问题；张××近期生产速度明显落后于他人，且出现不合格产品。根据《××监狱罪犯改造奖惩实施细则》规定，扣林××、陈××各0.5分，扣张××1分。希望大家在生产时不要只为了数量，不顾质量。我们再三强调，要大家在保障产量的前提下，注意质量水平的提高。质量是生产的生命线，生产上要精益求精，打出六监区的品牌，这是我们监区的目标。另外，今天上午陆××在生产车间因不服从分监区临时进行的劳动岗位调整，与生产组长杜××发生口角。后被及时制止，经过分监区民警的教育，两个人都能认识到错误，并互相道歉。考虑到他们都是为了生产而发生争执，并且只是发生口角，决定给予批评教育。希望大家彼此之间有问题时，要心平气和地沟通，相互理解，不要意气用事，否则只会给各位的改造带来不利后果。

再次，谈谈今天文化学习、文体活动、收看新闻现场的情况。各位学员表现较好，遵守纪律，积极参加活动，关注社会新闻和时事。希望大家能够一如既往地努力学习，不断提高自己的文化水平；也希望大家积极参加各种活动，通过活动锻炼身体，陶冶情操，使自己在身心方面都能保持健康和快乐。

最后，我布置明天的事项：生活卫生方面，各监舍要坚持按照规范要求做好内务卫生，尤其是今天出现问题的监舍要特别注意；生产方面，仍然和今天的安排一致，大家心中都有数，不再重复；文化教育方面，大家记住要完成监狱布置的"心健康，新起航"专题活动的心得体会，明天交给各监舍文书。

以上就是我今天讲评的全部内容。假如大家对处分有疑义，或有不同看法，讲评之后可以找民警。谢谢！

学习单元6 集体讲评

拓展训练 13 **范例习作**

女子监狱一监区2009年教育改造工作基本情况：思想教育方面，根据监狱的部署，一监区不仅认真开展了认罪服法、道德教育、国情国策、法律常识等专题教育，而且还开展了"女性心理健康""防自杀""防行凶""防斗殴""防脱逃""打击牢头狱霸"等六个专项教育。为提升教育效果，监区不断创新教育形式，如结合民警讲课，组织罪犯自学，布置作业，在休息日以监舍为单位进行讨论、演讲等。一年的思想教育，使许多罪犯增强了法律知识，提高了思想认识。

一年来，监区配合监狱开展了"阳光沐高墙，温情化僵冰"的社会帮教活动，邀请6位罪犯的亲属来监狱进行帮教。为庆祝国庆60周年，监区罪犯参加了监狱举办的各种活动，取得了较好成绩。如"祖国在我心中"歌咏比赛，荣获第二名；"祖国在前进，女监在变化"演讲比赛，第二分监区罪犯徐×获第一名；板报比赛，第一分监区、第二分监区分别获第二名和第四名。截至11月份，监区共有152名罪犯得到不同幅度的减刑，有6名罪犯获得假释，还有许多罪犯在生活、劳动、学习等方面积极主动地帮助他人，努力克服和改进自身存在的不足，在思想、劳动和学习等方面都有了很大进步。如第二分监区罪犯陈××，作为中队医务犯，尽心尽责，耐心细致地关心病号，每次分监区有高血压病犯血压升高的时候，其经常陪伴到深夜，等情况有所好转才去休息。自己还利用业余时间积极学习医务常识，通过学习不断提高医务技能。第一分监区罪犯詹×、盛××生产进步明显，主动学习复杂道数，主动帮助新犯，改造达标从以往的四、五级进步到一、二级。第三分监区罪犯余××、郭××、吴××，担任车班小组长，能努力克服自身存在的不足，较好地协助民警安排好线上流水，注意与组员沟通，积极配合小组组长提高本小组的生产产量。第三分监区罪犯李×，刑期较长，缺乏改造信心，经常将"死"字挂在嘴边。今年来，有较大进步，改造积极性明显提高，积极参加各种学习，完成生产任务。但是，在过去一年中监区仍然有一些罪犯总是问题不断，反管教、反改造等违规违纪事件仍经常发生。监区一次性扣3分的违规事件共5起7人，主要有打架和寻衅滋事、自伤自残、顶撞民警、消极怠工、抗拒改造等现象。

问题：根据上述提供的材料，就该监区一年改造工作做年终讲评。

思路：训练目的是熟悉集体讲评操作的一般过程，操作思路可从收集改造情况、确定讲评主题、撰写讲评提纲、实施讲评需要注意的问题和技巧等方面着手。

拓展训练 14　　　　　　**范例习作**

某监狱五监区罪犯何某，男，汉族，出生于 1984 年，小学文化，因参加黑社会性质组织罪，被判刑 11 年，余刑 7 年 4 个月。2012 年 8 月 14 日，因生产琐事何犯对调度罪犯孙某心怀不满，趁孙某不备将车间针车上长约 20 公分的铁制线架拆下，偷袭孙某头部，致使孙某头部破裂 1.2 公分（轻微伤）。何犯的违法行为严重破坏了监管改造秩序，监狱给予其禁闭处分并收集何犯以往屡次重大违规的证据，与驻监检察室积极沟通，探讨能否以涉嫌破坏监管秩序对何犯侦查起诉。

问题： 假如你是监区的值班民警，请根据上述情况对监区罪犯开展以"告诫—训示"为主题的集体讲评，并进行模拟训练。

思路： 训练目的是熟悉集体讲评操作的一般过程，操作思路可从收集改造情况、确定讲评主题、撰写讲评提纲、实施讲评需要注意的问题和技巧等方面着手。

模拟训练要点提示：

1. 罪犯打架吵架后讲评要及时。讲评前对打架或吵架事件要充分调查了解，对整个事件谁对谁错要心中有数。宣布处理决定和宣布纪律措施要以组织的名义，不能以个人为中心。

2. 讲评时讲评人要置身事外，不要激动失态，遇到热事要冷处理，语气该严厉时要严厉，该温柔时要温柔。要就事论事，不要把无关的事情扯进去。

3. 既要讲到吵架打架行为违纪违法的性质，又要站在罪犯和其亲人的角度、从罪犯切身利益的角度讲吵架打架的危害性，让罪犯明白不是民警不让其吵架打架，而是法律不允许，自己的利益和家人不允许打架吵架。要和罪犯算打架的成本。

4. 假如是新民警，讲评时要有老民警在场，如一时作不出决定，要讲"这件事民警会在调查后公正处理"，并强调今后纪律，做好罪犯的包夹布控，防止因没有及时处理到位而发生再打架或再吵架事件。

5. 要把握好打击面，如果是打群架，要做到"首恶严惩，胁从不问"，避免打击面过大起反作用。一般被处理的人越少，反弹的力量就越小，效果越好。

6. 集体讲评主要采用模拟的形式进行，模拟训练的考核标准可以参照如下：

类别	内容	标准	分数
讲话内容	目的性	讲话内容是否集中、明确	10
	简洁性	讲话是否简明扼要、凝练明了	8
	逻辑性	讲话是否层次分明、条理清楚	6
	策略性	讲话是否注意方式、方法，技巧运用是否娴熟、合理	6
语言表达	准确性	字音是否准确，是否符合普通话语言规范	6
	清晰度	声音是否响亮、扎实，共鸣控制程度是否合理	8
	表现力	语气、语调运用是否合理，声音是否富有弹性	10
队列指挥	流畅性	语速是否适中，语流是否顺畅	8
	位置	位置选择是否正确	5
仪容姿态	口令	口令是否准确、清楚、洪亮	5
	恰当性	手势、眼神、表情运用是否合理	10
		姿态是否端正	8
	大方性	精神是否饱满	5
		着装是否规范、整洁	5

拓展训练 15　　　　思考与练习题

1. 为什么要对罪犯进行集体讲评？
2. 集体讲评常见的类型有哪些？
3. 简述集体讲评实施的基本步骤。
4. 民警在集体讲评过程中应注意哪些问题？
5. 罪犯张某逃跑被抓，请以"逃跑无出路"为题写一篇讲评稿。

拓展训练 16　　　　拓展阅读书目

1. 王祖清、赵卫宽主编：《罪犯教育学》，金城出版社 2003 年版。
2. 王道俊、王汉澜主编：《教育学》，人民教育出版社 1999 年版。

3. 张韬、施春华、尹凤芝编著:《沟通与演讲》,清华大学出版社2005年版。

4. 陈志林、韩宏西主编:《新监狱执法文书》,四川大学出版社2007年版。

学习单元7 课堂教学

学习目标

了解掌握课堂教学的特点；备课、授课的基本要求及技巧；作业及辅导的要求。能够根据课堂教学的知识和要求，较为熟练地开展课堂教学工作，处理好相关问题，不断提高罪犯教育质量。

某监狱课堂教学现场

知识储备

知识储备6　课堂教学概述

一、课堂教学特点

课堂教学是指监狱、未成年犯管教所将罪犯按监区、犯罪类型、文化程度编成有固定人数的教育班，由教员根据教育计划中规定的课程内容和教育时数，按照监狱、未成年犯管教所制定的课程表进行思想政治、法律、文化、心理矫治、职业技术等内容分科教育的一种组织形式，它是改造教育罪犯的基本手段之一。具有以下特点：

1. 系统有效性。由于课堂教学是按罪犯监区、犯罪类型、文化程度组织编排，由教员根据统一的教材对全班进行教育，各门学科均按照一定的教育时间表有计划地、轮流交替地进行，因此无论从时间还是空间来看，它都是使罪犯在较短的时间内能有系统、有重点地学习政治、法律、文化、技术的一种比较系统、有效的形式。随着多媒体的普及和远程教育的发展，今后的罪犯教育还会开展网络课堂，罪犯在接受教育的过程中，可以通过计算机网络进入网络课堂，点击自己需要的内容进行学习。

2. 教员主导性。在课堂教学中，教员是有目的、有计划、有组织地面对全班罪犯进行教育的。它保证了在整堂课中，每个罪犯的学习自始至终都在教员的直接指导下进行。

3. 集体教育性。课堂教学是按班级进行教育的一种集体组织形式。由于罪犯的学习内容相同、程度相近，因此在学习上、思想上遇到困难和问题时，便于集体成员彼此之间开展讨论、相互促进、共同提高。

4. 强制性。课堂教学是罪犯在服刑期间监狱对其组织开展的有计划、有目的的教育活动，它是依附于刑罚执行过程的，是为了把罪犯改造为新人而实施的一种特殊教育活动。接受课堂教学是罪犯在服刑期间必须履行的一项法定义务，如果罪犯拒绝接受教育，则要受到法律的制裁，因此具有强制性特点。

二、课堂教学行为

课堂教学的实施离不开教学行为，课堂教学行为主要有以下几种：

（一）讲授

讲授教学行为多发生在描述、解释、论证、倾诉等场合。精妙的讲授是教师水平的表现，但要防止过多讲授，特别是"满堂灌"。

（二）对话

师生、生生应在平等对话的过程中完成教学。对话应有问题驱动，应是双边活动。

（三）指导

授之以法，在教员的指导下罪犯自主地参与学习、参与做、参与交往、参与适应环境的活动。指导的方法是灵活多样的。

（四）展示

在教学中，出示与教学活动有关的实物、模型、标本、插图、挂图、文字等可视课程资源，出示声音等可听课程资源，展示多媒体课件、虚拟仿真等现代信息技术手段。通过展示，化抽象为具体，变复杂为简单，化静为动，有利于帮助罪犯理解抽象难懂的知识内容，激发学习兴趣，调动学习积极性。

（五）探究

即罪犯自主、独立地发现问题、提出问题、分析问题、解决问题的过程。

（六）互动

教育的本质是交往，通过师生、生生之间的交往、探究，让知识在互动中生成。在教学中，教员不仅仅是教学活动的组织者和指引者，更是学习的参与者，要在适当时机以适当方式提示、启发、点拨罪犯，互动交流。

 学习情境26　备　课

备课是教员根据教育大纲的要求和本门课程的特点，结合罪犯的具体情况，选择最合适的表达方法和顺序，以保证罪犯有效地学习。包括研究教材、研究罪犯、查阅资料、设计教学方法、形成教案等几个方面。

一、备课的要求

（一）明确的教育目标

目标明确是指制定的教育目标既要符合课程标准的要求，又要符合罪犯的实际情况，既不是低标准的又不是高不可攀的。一节课的教育目标是根据教育课程的总体目标和本节课的教育内容而确定的，教育目标是设计教育过程的依据，是课堂教学总的指导思想,是上课的出发点,也是进行课堂教学的最终归宿。如何制定出一个具体明确又切实可行的教育目标呢?主要在于认真钻研教材。钻研教材包括研究教育大纲、教科书和阅读有关参考资料。教员掌握教材一般要经过懂、透、化三个阶段。"懂"就是掌握教材的基本结构;"透"就是对教材融会贯通,使之成为自己的知识体系;"化"就是教员的思想感情要和教材的思想性、科学性融合在一起,只有达到这个境界才算是完全掌握了教材。

(二)广泛地收集、阅读、积累有关资料

罪犯的文化基础不同,其接受能力大不相同,而教材由于受篇幅的限制,不少内容只能罗列一些结论性的东西。教员应当广泛地阅读文献资料,有条件地选择有关专著精读,了解本学科的前沿信息,科学结论的形成依据和理论演变的发展过程,都应当了解,让罪犯感到教员所上的课程贴近实际,有时代气息。

(三)了解罪犯的基本情况

为了使教育能切合实际、有的放矢,教员必须全面深入地了解自己的教育对象。如他们的犯罪情况、学习情况、知识基础、学习态度和方法;他们的思想面貌、个性特点、家庭和健康状况;等等。在了解全班罪犯的基础上还应把罪犯的学习情况加以分类,并选择好各类罪犯中的代表,着重对他们在学习上的优缺点进行细微的分析和研究,以便在课上加强指导,并通过提高他们的学习质量来带动其他同类的罪犯,最后达到全班罪犯都得到提高和发展的目的。

(四)鲜明突出的教育重点难点

几乎每节课都有它的教育重点和难点。重点、难点部分的教育是一节课的关键,教员的课堂教学水平主要体现在重点的突出和难点的突破上。一般来说,一节课中罪犯要掌握的主要知识就是本节课的教育重点,罪犯在理解和接受上存在困难的地方就是教育难点。当重点和难点确定以后,怎样在课堂教学中突出重点、突破难点呢?关键在于教育罪犯善于与熟悉的生活、已有的旧知相联系,制定出详细的、切实可行的教育方案,帮助罪犯化难为易,理解和掌握所学知识。

(五)简单、可操作的课堂教学结构模式

课堂教学可采用的课堂结构模式为:第一步,课前三分钟由罪犯预习要学习的内容;第二步,组织讲授本课内容学习掌握知识;第三步,练习,根据已学习知识答题;第四步,小组合作学习,更正答案;第五步,班级讨论学习,进一步更正答案;第六步,归纳整理思路,总结方法技巧;第七步,测试验证。课堂教学结构模式必须是简单的、可操作的。

(六)思路清晰、有条不紊的教育步骤

教育步骤的安排,要做到思路清晰、有条不紊。以我国《监狱法》的学习步骤为例，大致可以分为以下几个阶段：第一步，《监狱法》内容的全面学习要求；第二步，内容要点及分析要求；第三步，基本内容掌握要求；第四步，内容理解要求；第五步，典型题例分析；第六步，练习复习要求；第七步，学习方法总结；第八步，测试验证；第九步，专题讲座。

（七）强调课内课外的结合

教员可通过与罪犯合作，依靠罪犯自主活动、实践、合作与交流去实现教育任务。教员要以罪犯的发展为主线，以罪犯的实际去设计教育思路，预测罪犯可能的思维活动并设计相应对策。这就要求让罪犯参与课前的准备，如让罪犯预习学习内容，通过通信向家庭、亲友、社会人士做社会调查，自己设计学习方法等。这个过程不仅能促进罪犯自主学习，为课堂教学作很好的铺垫，还能使教员预测到罪犯的需要，掌握罪犯的现有水平和情感状态，把握罪犯的"现有发展水平"，使教员在备课时更多地从罪犯学习的角度去考虑教育方案，对症下药，有的放矢。课内外结合，不但使罪犯的多种能力得到锻炼，而且在罪犯走出监狱回归社会后能够发挥应有的作用。

（八）进行课后备课，提高教育反思能力

在教育实践中，课堂一旦放开真正活起来，就会有很多突如其来的可变因素。罪犯的一个提问、一个"发难"、一个突发事件，都会对原有的教育设计提出挑战。教员在课后把这些突发事件记录下来，对自己的教育观念和教育行为、罪犯的表现、教育的成功与失败进行理性的分析。通过反思、体会和感悟，则可以帮助自己总结和积累经验，形成一套能适应教育变化的、能出色驾驭课堂教学的知识体系和本领。

二、编制计划

（一）学期（或学年）的教育进度计划

这种计划应在学期或学年开始前制订出来。内容包括：罪犯情况简要分析，本学期或学年的教育总要求，教科书的章节或课题，各课题的教育时数和时间的具体安排，各课题所需要运用的教育手段等。

（二）课题（或单元）计划

授课前，教员对教育大纲中一个较大的课题或教科书的一个单元要进行全盘考虑，并在此基础上制订出课题计划。课题计划的内容包括课题名称、本课题的教育目的、课时划分及各课时的类型和主要教育方法、必要的教具。制订单元计划时，教员应明确本课题在整个学科知识体系中所处的地位与前后课题之间的关系，考虑和授课相配合的其他教育形式的运用。

（三）课时计划（教案）

教员的教育工作是通过一个个课时来进行的。课时的准备是更直接、更具体的教育准备。课时计划一般包括以下一些项目：班级、学科名称、授课时间、课题、教育目的、课的类型、教育进程（包括教育内容的安排、教育方法的运用和教育时间的分配）、教具等。

制订本节课的课时计划，首先要考虑罪犯要掌握哪些知识、形成什么样的技能技巧、达到什么样的熟练程度、会用哪些方法解题等，这是提高能力的目标；其次是考虑通过这些知识的教育，应该培养罪犯哪些思维能力，这是思维能力的目标；再次是想一想通过这些知识的教育，对罪犯进行哪些思想教育，培养哪些良好的道德品质，这是渗透思想教育的要求；最后是考虑哪些地方可以对罪犯进行创新教育，怎样培养罪犯的创新意识和创造能力，这是创新教育的要求，也是课堂教学最重要的目标。

学习情境 27　授　课

授课是指教员按照教育大纲和教育计划的要求，根据计划的教育时间，将思想、文化、职业技术、心理健康等教育内容通过讲解、示范等多种方式方法传授给罪犯的教育活动。授课是整个教育工作的中心环节，是教员思想业务水平和教育能力的集中反映，是罪犯掌握系统知识、发展能力和个性的基本学习形式，也是教与学相互作用最直接的表现。授课应按制订的课时计划进行，但又要根据课的进行情况，灵活地掌握，不为课时计划所束缚。

一、授课的要求

善讲课者必然是简约而透彻，精微而完善，讲起来娓娓动听，引人入胜；不善讲课者，使人味同嚼蜡，昏昏然不知其所以，催人欲睡。因此，作为教员要掌握讲课技巧，这是教员的基本功。

（一）清楚明白

清楚明白是教员讲课的最基本要求。清楚，就是应该把教材的基本内容、基本线索核实理顺，纲举目张，达到思路清、线索明的要求；明白，就是应该把教材的基本观点、基本原理、基本理论论证真切，达到言之成理、持之有故，能使罪犯在掌握基本知识的前提下，智能得到发展，同时思想也受到教育。应当抓好以下几个方面：

1. 中心突出。要抓住教材的中心内容（教材最基本部分）、中心思想（贯穿教材中心内容的基本线索），把本课中起主导作用的主要原理、主要事实、主要定理和公式等作为教学重点，与本课中处于次要地位但舍之就不能保持学科系统性和完整性的材料紧密结合。

2. 循序渐进。教员要认识课程的内部规律，充分发挥教材原有的连贯性，尽量加强教材前后之间、不同方面的相互之间的内在联系，在已有的知识基础上，讲清楚新的教学内容，使学生不断地储存和积累知识，促进智能的发展。

3. 言简意赅。教员讲课要用最精炼的语言表达出丰富的内容，做到准确深刻。重点把教材的基本线索、基本要点提出来，使之更加清晰、条理、准确。同时要能舍弃可略讲或不讲的东西，做到言简意赅，实际上是又一次创造。

4. 针对实际。教学一定要从罪犯实际出发，既不能过于深奥，让罪犯瞠目结舌；又不能过于肤浅，使罪犯觉得索然无味。一定要在罪犯的实际基础上，努力让罪犯通过积极的思维活动培养和发展智能，从而自觉地掌握知识。

5. 规范完整。即语言规范和板书完整。语言除了语法、用词适当外，还应当有时代感。同时应严格按照教材内容的逻辑顺序，用板书写出简明的纲要，完整系统地体现本节教学的主要内容。它是罪犯最基本的学习笔记，是听课和课后复习的提纲，是把课讲清楚的重要手段。

（二）系统严密

课堂讲述的第二个要求就是系统严密。讲课内容应当层次井然、条理有序，使罪犯获得系统的概念。应做到以下几点：

1. 要拟出条理简明的课题大纲。这既是教员讲课的纲，也是罪犯听课、复习的纲。列大纲的方法通常有三种：一是课前先列大纲后讲述。这种方法的优点是不会遗漏重要的教材内容，罪犯上课时一目了然，知道这次课的内容、要点、顺序等，易获得系统的学习，还能节省课堂板书时间。这种做法通常用在教学头绪多、内容杂的课。缺点是容易分散罪犯注意力，教员较难达到层层剥茧、引人入胜的境地。二是边列大纲边讲述。这可避免先列大纲的缺点，要求教员熟悉教材，以边列大纲与同时讲述密切配合的效果为最佳，是目前最常用的讲述法。三是先讲述后列大纲。这种方法有利于帮助罪犯整理教材，归纳讲课内容，有利于罪犯获得系统知识，但不易在教员讲述时让罪犯感到有鲜明的系统性。

2. 教学过程应当完整得当。一堂完整的课，应当分成五个基本环节，用五个字来予以概括就是："组、复、新、巩、布"。"组"：指组织教学，使罪犯集中注意力，让课堂保持良好的纪律，这是取得良好教学效果的关键。"复"：指复习旧课内容，新课开始前应将上节课或与此相关的知识简单复习一下，或提问，或讲述，由教员掌握，作为本节新课的铺垫和前奏，建立起新旧教材之间的内在联系。复习时间不宜超过整个课时的1/10的时间。"新"：指新课的进行，是教学课程的主要部分。对启发罪犯思维的方法、使用教具、教学方法、如何联系实际、培养能力等都要考虑到，对讲述内容要注意前后连贯、循序渐进的原则，既要主次分明，又要浑然一体。"巩"：是指巩固新课知识。新课内容结束时，应当给罪犯整理总结一番，让罪犯对整堂新课的知识有一个全面的了解。"布"：指布置作业，让罪犯做一些可以巩固和发展智能的作业和看一些适当的参考书，但是，应以适量、实效为主。一堂好的教学课应当结构完整，这五个环节的结合要十分自然，浑然一体。

3. 课堂语言应当层次分明。教员的教学语言要体现学科和具体性的特点，要有时代感，要明白而不含糊，具体而不空泛，有趣而不庸俗。而且层次要分明，要有段落感，何时说理，何时叙述，何时渲染，何时议论，要恰到好处，讲述到一个段落结束时，要稍作停顿。有时要启发罪犯思维，有时要给罪犯一个回味的余地，鼓励罪犯提出疑问，然后再往下讲。这样讲述既可避免杂乱无章，又能层层深入，自然得出结论。

（三）具体生动

课堂讲述的最高要求是生动具体而有趣。这与教员的学识、经验、言词、教学内容等诸方面都紧密相关。应注意以下几个方面：

1. 要有广博的学识和经验。教员一定要多读书，多深入社会，认真地学习一切有用的知识。只有这样，才可能有丰富的学识和经验，才能产生很多创造性的思维和方法，使你的课深入浅出，妙趣横生。

2. 要讲究语言技巧。要克服常见的语病，要有丰富多彩的语言，要根据教材内容的要求、情节的变化而采用不同的方式、不同的声调和不同的表情，这三者要有机地结合起来。有时描述有困难，还可适当引用当时的口语或书面语言，也能生动形象地刻画；教材中一句重要的话，与其用陈述的语气来说，不如用反诘的语气来说显得生动有力。设置出一种奇妙的情景，启发罪犯的想象。

3. 生动有趣地处理教材。由于教材内容受篇幅限制，过多失之于简略，过少失之于抽象，罪犯学习常有难解和乏味感。要想讲得生动，必须把浓缩了的事展开，概括了的内容充实，诱发罪犯的思维想象，去感知自然界的奇妙变幻，社会风云的丰富多彩，把书本知识和实际生活结合起来。

二、讲述的技巧

讲述是一种常用的经济而有效的教学方法，若与其他方法配合默契，运用得当，也是一门教学艺术。要臻于艺术境界，使讲述清楚明白、系统严密和生动有趣，就要研究和熟练地运用讲述技术，讲述技术主要有：

（一）教学准备充分

如上所述，首先要认真准备好优秀的教案，熟悉教案、教材，全面了解情况，更重要的是要充满信心。

（二）教态自然大方

教态是指教员的表情动作、语言感情、精神气质，教态必须与教材内容和教学目的一致。应做到：

1. 克服紧张情绪，保持正常情态。如果上课前心跳气急，讲第一句话时感到开口困难，可以利用组织教学时间默默地进行一次深呼吸，同时用严肃而亲切的目光巡视罪犯，取得罪犯的合作，即可恢复正常情态。

2. 保持良好仪态，以收身教之效。要随时用目光与罪犯交谈，严肃、庄重、和蔼、亲切。站立姿势要直，身体重心落于双脚，不要用手撑住讲台，不要遮住黑板，避免呆滞不动或过快走动，手的动作自然简练，恰到好处。姿态语言、面部语言、手势语言、外表语言均应与教学气氛相协调。

（三）语言切实动听

即指教学语言具体、生动、形象。应做到：

1. 语言要正确（不能读错字、读错音），音量要适中，音色要优美，语调要自然。讲述声调要抑扬顿挫、高低缓慢地变化。

2. 语言速度要适中，不仅要使罪犯听得清楚、舒服，还要留给罪犯回味思考的时间。教学实践表明，教学语言的速度以每分钟 90～120 个字为宜。讲述的停顿，犹如阅读中的标点符号，也是一门艺术，它有助于罪犯思考，并获得完整、系统、清晰的概念。

3. 语词得体。所谓"得体"，就是选词用字以及语句的结构要正确、严密，即：用得其所、联结妥帖，达到易懂而不粗俗，深刻而不艰涩，既简练有力，又清晰雅达。

4. 切实有趣。切实，就是讲述的内容要真实具体，避免空泛抽象，即使理论性较强的教材，也可通过实例、比喻及事实，使之具体化，再根据自己的生活经验，吸收已有的教学经验，同时运用教具，配合各种教法，加以形容、描绘、衬托、反语，使讲述形式生动活泼，讲述语言清新动听，讲述内容深入浅出。

（四）过渡艺术

整个课堂教学过程是一个有机结合的整体。灵活巧妙的过渡艺术能把段与段、节与节、此问题和彼问题巧妙地连在一起，使整个教学浑然一体，有利于罪犯思维顺利展开，而不至于感到突兀、费解、乏味。过渡需要得法，且方法各异,教员只要对教学内容的过渡有足够的认识和透视,钻研大纲,吃透教材,匠心独运,另辟蹊径,就一定会给课堂教学增色。过渡主要有以下几种:

1. 悬念过渡。悬念的设置是课堂教学的技巧之一。它能使教学过程跌宕生姿,产生巨大的诱惑力吸引罪犯。悬念的设置若盘马弯弓,引人入胜。

2. 启发过渡。在课堂中,有时教员可以巧点灵犀,用一个动作,一句名言来启发罪犯思维,这种启发诱导技法如果用于课堂教学过程,则耐人寻味。

3. 联想过渡。想象是一种创造性的思维过渡,联想则是依据所学的知识去推测此事物与彼事物,这个问题与那个问题之间的关系。课堂上运用联想过渡有利于知识的成链结网,提高思维的流畅性和变通性。

4. 板书过渡。板书是最能引起罪犯重视的教学手段。罪犯的听课笔记多数即是教员的板书。在许多时候,清晰的板书胜过教员口语的魅力,可谓是无声胜有声。

5. 实验过渡。实验不仅可以验证新学的理论,而且能培养罪犯的观察能力与动手能力,是极能开发罪犯兴趣的教学手段。利用演示实验手段,是一种良好的过渡方法。

(五)板书简洁系统

如前所述,板书也是教学的一门艺术。板书应注意以下几点:

1. 正确整洁。如果写得一手好字,第一印象必然甚佳。如果规范整洁,必然能给罪犯习作树立整洁和一丝不苟的榜样。

2. 简明系统。避免重点不明,主次不分。

3. 边写边讲。这是运用板书的最高要求。板书时,要以声音来调整罪犯的学习情绪,引起罪犯注意。写完板书,要自然让开,同时观察罪犯抄记的情况,如有少数人尚未抄完,最好不要再作重述,而是继续往下讲,在重新讲述时,可以重述板书提纲起到承上启下的作用。主板书一定要在各方面罪犯都看得到的明显的位置,副板书写补充材料。

三、课堂交流的安排

课堂教学要讲究实效,就要组织课堂学习的交流,教员的组织和引导工作非常重要。课堂教学的交流活动安排要有层次,发挥小组学习的作用。

从小组学习的层次看,第一层次为若干人(四人组可能最为实用),保证每一个罪犯的交流;第二层次为小组推出的代表向全班交流,目的是纠正交流中的偏颇,强化正确的信息,激励罪犯;第三层次视情况需要与否安排教员讲评,进一步强化正确的信息。

有了这三个梯度,交流基本实现了"网状"式的覆盖,既保证了每一个罪犯的交流学习，又保证了这种交流学习的效果。因而在备课中，教员不仅要在组织上精心安排，还要在选拔学习优秀的罪犯参与交流上下功夫。

学习情境28　作　业

作业是指教员根据课堂教学的内容，选择罪犯必须掌握的基本知识、基本技能、基本原理，通过布置练习题的形式让罪犯课后练习回答并订正答案，巩固知识技能，是教育活动的有机组成部分。其分为课内作业和课外作业两种。罪犯通过对作业内容的独立思考、作业时间的独立分配和安排以及对作业质量的自我检查等活动，可以使独立学习的能力受到很好的训练。经常按时完成规定的作业不仅可以培养罪犯慎思明辨、科学利用时间等良好的学习习惯，而且在培养勤学苦练、努力克服困难的意志品质方面也具有重要的意义。

一、作业形式

作业形式基本上可分为以下三方面：

1. 口头作业。如朗读、阅读、背诵、复述、答问和口头解释、分析等。
2. 书面作业。包括书面练习、书面答问、演算习题、作文、绘制图表等。
3. 实践活动作业。如实验、测量、各种技能的训练等。

二、作业布置

教员在布置和指导罪犯作业时要注意以下几个方面：

1. 作业内容符合教育大纲和教育内容的要求。所选的作业要有启发性、典型性，有助于罪犯对所学知识的巩固和加深，重点应放在基础知识的掌握和基本技能的培养上。

2. 作业分量适当，难易要适度。要按本门学科授课和自习时间的比例来确定作业的分量。作业难易以罪犯的一般水平为准，对成绩好、学习能力强的罪犯可适当增加一些有一定难度的参考作业供其选择。各科教员应相互协调作业分量，防止罪犯在学习上的忙闲不均。

3. 抓住要点，精选作业。作业一定要有典型性，只有抓住关键的问题进行练习，才能触类旁通。

4. 作业的要点突出，要求明确。作业一定要有典型性，精选作业，抓住关键的问题进行练习，触类旁通。要具体规定完成的时间，对作业中的难点、疑点可进行必要的指导，决不能代替罪犯思考。

三、作业批改

为了及时掌握罪犯的学习情况,教员对罪犯的作业应进行经常性的检查和批改。

1. 标准统一,准确规范。作业的要求要统一,同学科的教员对罪犯作业的要求力求一致。作业评语要有客观标准。教员批改作业不能有知识性错误,批语要坚持正面指导,用词确切、具体,文字通顺。

2. 要求严格,记录及时。罪犯的作业要求格式正确,书写工整,绘图准确,对不符合作业规范的要其重做作业。无故缺交作业的,应补做、补交。教员批改作业一律用红色笔,书写要工整,批改要用鲜明的统一符号。要随时收集情况,教员要有批阅作业情况记录本,摘记优秀的作业和错误作业的典型实例,便于对作业进行讲评、辅导。简要记录下典型的优点、存在的问题,以及自己的感想。

3. 批改认真,评语得当。教员要亲自及时批改作业,一般要在下一堂上课前批改完毕,教员要签字并注明时间。原则上是全批全改,班级人数多时,也可采用多种批改方式,其中有精批细改、略批略改、抽样批阅、当面个别批改、共同板演批改、教员讲评和罪犯分组讨论订正等,教员可视情况灵活运用。批改和检查的结果,除了通过评语和个别谈话对罪犯加以具体指导外,对一些有代表性的问题要对全班罪犯进行分析讲解。要加强激励性评价和指导性评价,不只是校对作业练习的正误,更要引导罪犯总结、反思自己的学习方法和思维方法,引导罪犯自己发现失误、改正失误、举一反三,提高分析问题、解决问题的能力。

4. 集中讲评,展示交流。作业批改后,对共性的问题要及时作课堂总结讲评。肯定罪犯学习上的进步和成绩,鼓励罪犯有自己的见解和创新,要善于抓住典型分析问题,归纳方法,并适当进行变式训练。要采取适当的方式组织罪犯自我评价、相互评价。如教员批阅后先让罪犯自己订正,教员再进行二次批阅,进一步分析罪犯的思维过程,然后教员再抓住典型讲评。可以通过展览室、黑板报、宣传橱窗等场所,经常开展一些作业展示交流活动,在展示交流中相互启发、共同提高。

学习情境29 辅 导

辅导是指教员利用课内外时间针对罪犯掌握学习内容的情况进行再教育的有目的的活动。辅导是使教育适应罪犯个别差异、贯彻因材施教原则的一个重要措施。它是授课的一种补充形式,但不是授课的继续和授课的简单重复。一般可采取个别辅导和集体辅导两种形式。辅导不仅有利于罪犯在原有基础上提高学习质量,而且通过质疑答疑也提高了教员的教育水平。

一、辅导的形式

（一）个别辅导

个别辅导是班级教育的一种辅助形式。班级教育主要是从罪犯的年龄、文化程度等共性出发去进行教育。但是每个罪犯在学习上都有他的特殊情况和需要照顾的地方,因此为了适应罪犯的个别差异,无论是学习上优秀的、一般的还是较差的罪犯都应对他们进行个别指导。在日常的教育活动中,要注意对个别罪犯的作业、课外阅读进行指导、检查批改。教员可以通过录音、录像以及图书、资料中心等各种手段和设备来指导个别罪犯的学习,还可以根据各个罪犯自己的需要和条件来选择学习的内容和时间。

（二）集体辅导

它是指教员针对多数罪犯在掌握学习内容方面出现的普遍性问题,为了纠正偏差,巩固所学内容,将班级中的多数罪犯集中在一起再次进行教育的活动。集体辅导从内容上看,是班级中的多数罪犯在理解掌握学习内容方面出现相同或者相近似的错误;从形式上看,是将班级中的多数罪犯召集在一起进行教育。这样可以达到节省教育时间、收效快、实效好的效果。

二、辅导的要求

1. 因材施教。教员在搞好班级教育的同时,要摸清罪犯的底细,分类排队,针对不同的罪犯提出不同的要求,采用不同的方法进行辅导。

2. 要深入了解罪犯的学习动向。发现有创建的看法,应及时支持鼓励,发现掉队的罪犯,应及时帮助。

3. 可以采取多种形式补课。可以个别补,也可以三五人一起补。

4. 辅导要持之以恒。教员既要有高度的责任心,又要有耐心。

学习情境30　考　评

即学业成绩的检查与评定。学业成绩的检查与评定是测试教育效果,对教育过程进行调节控制、掌握教育平衡的一个重要环节。学业成绩考查和评定的基本要求和方法主要有:

一、坚持科学性、有效性和可靠性

学业成绩的检查和评定对衡量教育效果有重要的作用,因此必须提高它的科学性、有效性和可靠性。科学性是指要坚持客观的评分标准,不能带有主观随意性。在教育实践中经常出现一种通过学习者之间的互相比较来进行评定的做法,但它的明显缺陷就是缺乏客观的标准。有效性是指任何检查和评定都应能有效地检查出罪犯学习的情况,能正确地反映出罪犯对有关科目内容掌握的程度和能力发展的水平。如果检查和评定能相当准确地反映出教育的要求,这就说明它的有效度高。可靠性则是指学业成绩的检查和评定要能反映罪犯较稳定的学习水平。有时罪犯的成绩往往会受到一些偶然因素的影响,如情绪紧张、身体不适等。检查和评定的成绩受这些偶然误差因素所造成的影响越小,它的可靠性就越大。

二、内容应力求全面

要使学业成绩的检查和评定科学、有效和可靠,一定要抓好命题的内容,使它既能反映罪犯对这门课程知识的基本结构掌握的情况,又能反映出罪犯认知结构的情况。这就要求在检查的内容中既应有记忆性的题目又应有需要分析综合概括的题目,既应有掌握基本概念、原理的题目,也应有运用知识的题目,各类题目在总的考题中都要有恰当的比例。

三、方法要灵活多样

检查罪犯学业成绩的方法应该是多种多样的。在平时教育过程中,为了及时掌握罪犯的学习情况,常用的考查方式有日常观察、课堂提问、检查作业和书面测验等。在进行总结性检查时,一般采用考试。考试可采取笔试、口试和实践考核等多种形式。

笔试是对全班罪犯出同样的考题,在规定的时间内要求罪犯作出书面回答。它的优点是便于教员评价和比较全班罪犯的成绩,也有利于发现教和学共同存在的问题。笔试既可采取闭卷,也可采取开卷的方式。为了使罪犯切实掌握必要的基础知识,大部分的学科采取的是闭卷考试的形式。为了综合检查罪犯对某些问题的分析能力、理解能力和创造力,也可以进行开卷考试,但开卷考试的题目必须是书本上无法找到现成答案的内容。

口试是罪犯根据教员所出的题目进行面对面地口头回答。它需要拟订大量的考题,占用较多的时间。但口试的优点是罪犯可以充分叙述所掌握的知识,教员可以直接看到罪犯的反应,并可以根据罪犯的情况提出补充性的问题,因而能深入地、确切地了解罪犯的学习质量,便于掌握每个罪犯的具体情况。有些学科除了笔试外,还必须进行口试,如检查罪犯的朗读能力、记忆能力和背诵能力等。

在技术教育中,还有些实际操作能力,如操作技术、设计和制作等能力,则需要通过实践活动来加以检查。必要时，还可以把这几种形式结合起来进行。

学业成绩的评定可以通过记分和评语两种形式。常用的记分法有百分制和等级制两种。记分易看到学业成绩的等次，评语则能反映和表达罪犯学业具体的优缺点，两者应有效地结合。在评定成绩时，如果只提供一个分数而不对罪犯的作业作任何分析说明，则评定就不能提供一种有效的反映，对教育的促进作用就会受到影响。此外，评定不仅要看答案的对错，而且要注意答题的思维过程或操作过程，对有创造性的答题应给予鼓励。

训练与操作

训练与操作6　　以"什么是犯罪"为题给罪犯作1课时的法律常识教育

一、课题：什么是犯罪（详案）。

二、教育时间：1课时。

三、教育目的：通过这一讲，使罪犯掌握犯罪的含义、特征以及对国家和人民造成的危害，从而达到认罪悔罪和认真接受改造的目的。

四、教育重点、难点：重点是使罪犯知道什么是犯罪、犯罪构成和刑事责任能力的内容；难点是犯罪构成和精神障碍的规定。

五、教育方法设计：以讲解为主，可使用幻灯片或PPT；课堂上注意举例说明问题，组织罪犯结合自己的犯罪案件讨论或者自问自答。

六、教育内容：含教育步骤、教育要点、板书、理论联系实际、教具等。

什么是犯罪（板书或PPT，以下同）

什么是犯罪呢？这是我们本节课要学习的内容。（可以先列举本监区案例，如：罪犯甲，犯盗窃罪被判处有期徒刑5年；罪犯乙，犯抢劫罪被判处有期徒刑8年；罪犯丙，犯故意伤害罪被判处有期徒刑10年；他们都犯罪了并受到了刑罚的惩罚。）

《刑法》第13条规定，"一切危害国家主权、领土完整和安全，分裂国家、颠覆人民民主专政的政权和推翻社会主义制度，破坏社会秩序和经济秩序，侵犯国有财产或者劳动群众集体所有的财产，侵犯公民私人所有的财产，侵犯公民的人身权利、民主权利和其他权利，以及其他危害社会的行为，依照法律应当受刑罚处罚的，都是犯罪，但是情节显著轻微危害不大的，不认为是犯罪"，这是我国现行刑法对犯罪的定义。

一、犯罪行为的基本特征（板书、讲解）

（一）具有一定的社会危害性（板书、讲解）

这是犯罪最基本的特征。所谓社会危害性就是指对国家和人民利益的危害性。上述三罪犯对他人的财产和人身就造成了危害。没有社会危害性就不是犯罪，社会危害性没有达到相当的程度也不是犯罪。社会危害性的大小是由以下几个方面决定的：一是行为侵犯的客体，就是行为侵犯了什么样的社会关系；二是行为的手段、后果以及时间地点；三是行为人的情况及其主观因素。

（二）具有刑事违法性（板书、讲解）

违法行为有各种各样的，只有触犯了刑法，被刑法所禁止的才是犯罪。

（三）具有应受惩罚性（板书、讲解、课堂讨论）

如果一个行为在刑法上没有规定应受到的刑罚处罚，那么它就不是犯罪。但是，要注意区分不应受惩罚与不需要惩罚。后者是指一个行为已经构成了犯罪，本应受处罚，但是由于一些其他情况如防卫过当，或者有自首和立功表现，等等，从而免予刑事处罚。免予刑事处罚的行为仍是犯罪行为，它与不应受处罚的非犯罪行为是两回事，不可混淆。上述三罪犯分别被人民法院判处的有期徒刑就是因犯罪而受到的惩罚。

二、犯罪的构成（板书、讲解）

犯罪构成是决定一个行为是否犯罪的标准。符合犯罪构成的就是犯罪，不符合犯罪构成的就不是犯罪。

（一）犯罪构成的特点（板书、讲解）

1. 犯罪构成是一系列主观要件和客观要件的有机统一。

2. 犯罪构成是行为的社会危害性的法律标志。

3. 犯罪构成由刑法加以规定，其他法律无权规定犯罪构成。

（二）犯罪构成的要件（板书、讲解）

每一个具体的罪名都对应一个具体的犯罪构成，但所有的犯罪构成在结构上都有相似之处，它们都必须包括四个方面的内容，即四个构成要件：犯罪客体、犯罪客观方面、犯罪主体、犯罪主观方面。

1. 犯罪主体及犯罪主观方面（板书、讲解）。犯罪主体是指达到法定刑事责任年龄、具有刑事责任能力、实施危害行为的自然人与单位（板书、讲解、PPT或幻灯片）。

案例：李某为某热电厂工人，一次上班时，李某突然发高烧，由于其所在岗位是看守锅炉，无法离开，不得不坚持值班。但在其值班时间结束后，换班人员却一直未来。厂部打电话让其再顶一个班。李某不得已只好留下，但是在值班过程中突然昏迷，未及时给锅炉加水，致使锅炉爆炸，李某自己也被炸成重伤。

犯罪故意与过失是犯罪主观方面的主要内容，也是必备内容（板书、讲解）。犯罪故意与犯罪过失总称罪过。犯罪故意是指明知自己的行为会发生危害社会的结果，并且希望或者放任这种结果发生的心态。故意的内涵包括两个方面：一是认识方面，行为人明知自己的行为会发生危害社会的结果；二是意志方面，行为人希望或放任这种危害结果的发生。只有同时具备这两方面因素，才是犯罪故意。犯罪故意分直接故意与间接故意两种。在前面所讲的案例中，被告人不应负刑事责任，因为被告人行为上虽然造成了损害结果，但不是出于故意或者过失，而是由于不能抗拒或者不能预料的原因所造成的，这是个意外事件。

2. 犯罪客体及犯罪客观方面（板书、讲解）。犯罪客体是指刑法所保护而为犯罪所侵害的社会主义社会关系（板书、讲解）。

犯罪客观方面是说明行为对刑法所保护的社会关系造成损害的客观外在事实特征。它具体包括危害行为、危害结果、行为的时间、地点、方法、对象。其中，危害行为是一切犯罪在客观方面都必须具备的要件，危害结果是大多数犯罪在客观方面需具备的要件，特定的时间、地点、方法、对象则是某些犯罪在客观方面需具备的要件。

危害行为是犯罪客观方面的首要因素（板书、讲解）。它是指在人的意志或者意识的支配下实施的危害社会的身体动静。无意识或者无意志的身体动静（如人在睡梦中或者精神错乱状态下的举动；在不可抗力作用下的举动；在身体受强制情况下的行为），不是刑法上的危害行为。

危害行为的表现形式分为作为与不作为（板书、讲解）。作为是指以身体的活动实施的，违反刑法规定的危害行为。这是最常见的形式，我国刑法中的绝大多数犯罪由作为形式实施。不作为与作为相对应，它是指行为人负有实施某种行为的法律义务，能够履行而不履行。不作为实质是应为、能为而不为，它同作为犯罪一样都侵害了一定的社会关系，都应负法律责任。不作为犯罪成立的关键是行为人负有特定的法律义务，此义务包括：法律的明文规定；职务或者业务上的要求（例如，护士有同传染病作斗争的责任；消防队员有同火灾作斗争的责任；警察有同犯罪行为作斗争的责任等）；法律行为引起的义务；先行行为引起的义务（例如，成年人带儿童到深水区游泳就是先行行为，它引起了保护儿童生命安全的义务）。

危害结果是指犯罪行为对直接客体所造成的损害事实（板书、讲解）。危害结果并非是所有犯罪都必备的要件。有些犯罪，刑法规定只要有危害行为即可构成犯罪,但也有一些犯罪,必须有危害结果才能构成犯罪。所有过失犯罪和间接故意犯罪都要具备危害结果。

一个人要对他自己的行为负责,还要证明他的危害行为与危害结果之间具有因果联系。也就是说,危害结果的产生必须是由危害行为所引起的。

三、刑事责任能力(板书、讲解)

(一)刑事责任能力的含义(板书、讲解、提问)

刑事责任能力是指行为人构成犯罪和承担刑事责任的能力(板书、讲解)。它实质上是行为人辨认和控制自己行为的能力。具备刑事责任能力者,可以成为犯罪主体并被追究责任;不具备刑事责任能力者,即使实施了危害社会的行为,也不能成为犯罪主体,不能被追究刑事责任;刑事责任能力减弱者,其承担的刑事责任也相应地减轻。刑事责任能力作为犯罪主体的核心和关键要件,具有至关重要的作用和意义。

(二)我国刑法关于刑事责任能力的规定(板书、讲解、讨论)

我国《刑法》第17条第1~3款规定:已满16周岁的人犯罪,应当负刑事责任。已满14周岁不满16周岁的人,犯故意杀人、故意伤害致人重伤或者死亡、强奸、抢劫、贩卖毒品、放火、爆炸、投毒罪的,应当负刑事责任。已满14周岁不满18周岁的人犯罪,应当从轻或者减轻处罚。

我国刑法所规定的刑事责任年龄分为三个阶段:①不满14周岁是完全不负刑事责任年龄的阶段;②已满14周岁不满16周岁是相对不负刑事责任年龄的阶段;③已满16周岁是完全负刑事责任年龄的阶段。(板书、讲解)

案例:雷某9岁丧父,与母亲一起生活。后其母亲与李某相爱,并商定在春节结婚。雷某因怀念其亲生父亲,因而对李某怀恨在心。一天,在其母留李某在家吃饭时,雷某假装给李某盛饭,将其事先准备好的一包剧毒农药拌入饭中。李某吃饭后在午睡时毒发身亡。经查,雷某在作案时仅差2天就满14周岁。

本案中,雷某的投毒行为不构成犯罪。这就是根据我国《刑法》第17条的规定,不满14周岁的未成年人属于完全不负刑事责任的年龄阶段,对其所实施的危害社会的行为,一律不追究刑事责任,而不论其所实施的行为的性质和类型。

(三)我国刑法对达到负刑事责任年龄的人如果存在精神障碍的处理规定(板书、讲解)

达到负刑事责任年龄的人也可能存在精神障碍,从而使刑事责任能力减弱或者丧失。《刑法》规定:①精神病人在不能辨认或者不能控制自己的行为时,造成危害结果的,经法定程序鉴定确认的,不负刑事责任。②精神正常时期的"间歇性精神病人"是完全负刑事责任的人。③行为时，尚未完全丧失辨认或者控制自己行为能力的精神病人，应负刑事责任，但是可以从轻或者减轻处罚。

思考题：

1. 什么是犯罪和犯罪构成？
2. 我国刑法对犯罪的年龄和刑事责任能力是如何规定的？你是怎样理解的？
3. 案例分析：陈某的父母均为农村教员，对其管教较为严格，很少给其零花钱。陈某后因小事离家出走，流落在外，衣食无着，开始以盗窃为生。后在一次盗窃中被商店抓住。审查中，陈某供出其在一年内盗窃他人财物100余次，价值人民币约5000元。经查董某只有15岁。请问：本案中，陈某盗窃他人财物是否应当负刑事责任？为什么？

拓展训练17　　　　　　　　**范例习作**

以下是有关民事诉讼当事人的材料：

一、当事人概述

民事诉讼中的当事人，是因自己的民事权益或者依法受保护的民事权益受到侵犯或者发生争议，以自己的名义进行诉讼，并受人民法院裁判约束的利害关系人。当事人的类型包括公民、法人和其他组织。

当事人的诉讼权利能力是指享有民事诉讼权利，承担民事诉讼义务的能力，也就是作为民事诉讼当事人的法律资格。当事人的诉讼行为能力是指以自己的行为行使诉讼权利，履行诉讼义务的能力，也就是亲自进行诉讼活动的能力。诉讼权利是当事人保护自己民事权益的手段，诉讼义务是维护诉讼秩序、保障诉讼活动顺利进行的条件。当事人诉讼权利、诉讼义务的承担是指在诉讼进行中，由于某种原因，当事人的诉讼权利、诉讼义务发生转移，由其他人作为当事人继续进行诉讼。

诉讼参加人指为保护自身的民事权益或依法应由其保护的民事权益而参加民事诉讼，依法享有民事诉讼权利和承担民事诉讼义务的人。诉讼参与人指参与民事诉讼，依法享有民事诉讼权利，承担民事诉讼义务的人。

二、共同诉讼人

共同诉讼是指当事人一方或双方为两人或两人以上，其诉讼标的是共同的，或者诉讼标的是同一种类，经人民法院认可和当事人同意合并审理的诉讼。共同原告和共同被告统称为共同诉讼人。共同诉讼的种类分为必要的共同诉讼和普通的共同诉讼。当事人一方或者双方为两人以上，其诉讼标的是共同的，人民法院必须合并审理的诉讼，称为必要的共同诉讼；当事人一方或者双方为两人或两人以上，其诉讼标的属于同一种类，经人民法院认可和当事人同意合并审理的诉讼，称为普通的共同诉讼。

法律规定了必要共同诉讼人和普通共同诉讼人之间的关系。

三、诉讼代表人

诉讼代表人是指在代表人诉讼中，由人数众多的一方当事人推选或者商定产生的，以自己的名义参加诉讼，从而维护全体当事人及自身民事权益的人。

代表人诉讼是指具有相同利害关系的一方或双方当事人人数众多，不可能也没有必要全体参加诉讼，由其中一人或者数人作为代表人进行的诉讼，法院对该诉讼的裁判对于全体当事人均发生法律效力。代表人诉讼的种类分为起诉时人数确定的诉讼和起诉时人数不确定的诉讼两种。

四、诉讼中的第三人

第三人是指对他人之间争议的诉讼标的具有独立请求权或者虽无独立请求权，但案件处理结果同其有法律上的利害关系，因而参加到已经开始的诉讼程序中来的人。第三人的种类分为有独立请求权的第三人和无独立请求权的第三人。第三人与共同诉讼人争议的诉讼标的不同，诉讼的合并性质不同，参加的诉讼时间、方式不同。

第三人制度的意义：方便群众诉讼，便于人民法院审理案件，节约资金，减少重复劳动；彻底解决彼此有联系的各种争议，避免人民法院对同一问题作出各种矛盾的判决。

问题： 根据上述材料介绍的有关知识，以"民事诉讼的当事人"为题写出教案并作课堂授课练习。

思路： 训练目的是掌握课堂教学的工作过程，分析思路可从备课的基本要求、授课的基本方法着手。

拓展训练 18　　　　　　　思考与练习题

1. 备课有哪些要求？
2. 授课有哪些要求？
3. 作业和辅导要注意哪些问题？
4. 请以"刑事诉讼当事人"为教育内容备课 2 节。
5. 给上面 4 个题目赋 100 分分值，分 2 人 1 组测试作答，并相互批改打分。

拓展训练 19　　　　　　**拓展阅读书目**

1. 王祖清、赵卫宽主编：《罪犯教育学》，金城出版社 2003 年版。
2. 贾洛川主编：《罪犯教育学》，广西师范大学出版社 2008 年版。
3. 钟启泉、汪霞、王文静编著：《课程与教学论》，华东师范大学出版社 2008 年版。
4. 张乐天主编：《教育学》，高等教育出版社 2007 年版。
5. 扈中平主编：《教育学原理》，人民教育出版社 2008 年版。

学习单元8 个别谈话

学习目标

了解个别谈话的相关制度、工作流程，掌握谈前准备、谈话时机把握和谈话方法技巧运用等知识。能够根据个别谈话的知识和要求，较为熟练地开展个别谈话工作，处理好相关问题。

个别谈话场景

知识储备7 个别谈话类型和制度

一、个别谈话类型

个别谈话是指罪犯教育工作民警从罪犯的改造实际出发，与罪犯面对面地交流思想观点和情况，解决其思想和实际问题的一种教育形式。它是通过说理斗智来解决罪犯问题的最有效的方法。谈话内容主要是罪犯的情况动态，思想矛盾，实际困难，意见建议等。监狱各监区的人民警察对所管理的罪犯，应当每月至少安排一次个别谈话。

（一）约谈式个别谈话

约谈式个别谈话是指监狱民警主动与罪犯约谈，及时、全面了解罪犯思想、心理动向和行为表现，以采取针对性对策的一种谈话法。这种谈话方式是个别谈话中的主要方式。约谈式谈话的特点是监狱民警作为谈话的主动方，是有计划、有目的地针对罪犯的实际找罪犯谈话，监狱民警处于主导地位。约谈式谈话目的性强，属于进攻式谈话。罪犯作为被约谈的个体，处于被动地位。要求明确谈话目的，选择谈话对象；认真调查研究，获取可靠信息；制定谈话方案，做好充分准备；坚持实事求是，搞好因人施教；及时总结经验，持之以恒教育。约谈式谈话根据个别谈话的任务和目的的不同，又分为以下几种类型：

1. 收集情况型。即有意识地了解罪犯的某些情况，掌握罪犯的思想动向，为上级和本单位分析和研究罪犯思想动态，制定有针对性的教育措施提供参考依据，或者针对狱内案件调查取证。

2. 启发引导型。这是个别谈话中最常见的一种类型。针对已经掌握的某些问题，在谈话中启发引导，提高认识，达到转化思想的目的。

3. 突击触动型。主要用于较为顽劣的罪犯。特点是集中火力，态度严肃，语言尖锐，语调激烈，以触及灵魂，促其迷途知返。

4. 表扬警戒型。对罪犯个体的成绩、优点、进步，通过个别谈话，及时表扬、鼓励；对不足、缺点、退步，通过个别谈话，及时善意地指出并给予提醒或批评。

5. 辅导教育型。此类型主要是配合正规的课堂教育，有针对性地由监狱民警个别辅导罪犯在"三课"教育中遇到的学习问题。

6. 安慰问候型。罪犯在服刑期间总会遇到一些困难，如生病、家庭遭遇灾祸等，需要通过个别谈话在精神上予以安慰、关心。

（二）接谈式个别谈话

接谈式个别谈话是指罪犯主动要求谈话，监狱民警接谈的谈话法。接谈式谈话的特点是监狱民警处于被动地接受谈话的地位，且谈话对象不确定，谈话目的不明确，谈话内容相对比较复杂，接谈民警准备不充分。接谈式谈话属于转守为攻型的谈话。在罪犯教育实际工作中，罪犯主动找上门来是常见的事情，希望得到监狱民警的关心、帮助、释疑、解惑，因此也要认真加以对待。

二、个别谈话制度

《监狱教育改造工作规定》第6条规定："监狱教育改造工作,应当坚持集体教育与个别教育相结合……"个别谈话制度主要有:

(一)十必谈制度

十必谈制度详细规范了监狱民警约谈式谈话的具体情形,对于指导监狱民警的工作实践具有重大意义和很强的可操作性。《监狱教育改造工作规定》第17条规定,罪犯有下列情形之一的,监狱人民警察应当及时对其进行个别谈话教育:①新入监或者服刑监狱、监区变更时;②处遇变更或者劳动岗位调换时;③受到奖励或者惩处时;④罪犯之间产生矛盾或者发生冲突时;⑤离监探亲前后或者家庭出现变故时;⑥无人会见或者家人长时间不与其联络时;⑦行为反常、情绪异常时;⑧主动要求谈话时;⑨暂予监外执行、假释或者刑满释放出监前;⑩其他需要进行个别谈话教育的。

(二)点警约谈制度

点警约谈制度是指由罪犯主动提出与监狱民警谈话沟通要求的点将式个别谈话制度。它是罪犯在接受个别教育过程中,根据个人对监狱民警相关能力、水平、信任度的了解,主动挑选监狱民警并预约谈话,向其汇报思想和问题,接受教育的制度。

1. 约谈对象。罪犯可与监区民警、业务科室或相关领导预约谈话,其中与领导谈话仅限于重大事项或问题,与异性管教人员预约谈话一般通过网络视频进行。

2. 约谈形式。罪犯可以通过民警信箱、登记申请或口头申请等方式点警约谈。工作实践中最常用的是登记申请的形式,罪犯事先填写《点警约谈申请表》,并注明想谈的主要内容。其中监区以上领导谈话的申请由教育科在一周内作出安排。

3. 分级负责。部门或监狱领导与罪犯谈话的主要目的是了解罪犯的整体态势,从而指导工作和制定大政方针政策,不能取代监区的管理职能而越俎代庖,而应将具体问题留给监区解决,特别是诸如调整工种之类的敏感问题。

4. 作用与效果。该制度有利于稳定罪犯的改造情绪,提高他们的改造积极性;有利于促进进一步公正执法,使有关领导直接掌握第一手资料;有利于提高教育的针对性和有效性;有利于开辟信息的新渠道;有利于促进监狱民警提高业务能力。

(三)首问负责制度

首问负责制度是指监狱民警在对罪犯进行个别谈话的过程中,首先受到罪犯询问或接到口头谈话请求的监狱民警,要负责给予指引、答疑、建议等必要的处理。首问负责制度的对象包括全体罪犯。首先受到罪犯咨询或接到口头谈话请求的监狱民警即为首问民警。对罪犯提出的咨询、谈话等请求问题,无论是否属于首问民警的职权范围,首问民警都要负责指引、答疑或建议,不得以任何借口推诿、拒绝或拖延处理时间。如果涉及的问题系首问民警职权之内的,应按规定直接处理,并负责处理到底。如果罪犯涉及的问题超出了首问民警的职权范围,应当先受理或初步处理,然后按规定的程序移交有处理权限的民警或部门。应该做到:向罪犯说明原因,给予必要的解释;将罪犯带到或指引到相关部门处理;可用电话与相关部门联系,及时解决;接待要热情、用语要文明。

学习情境 31　谈前准备

同罪犯谈话是一项谋略性、技巧性很强的工作,如果在表达前毫无准备,漫无目标,表达就会出现随意性,不能恰当选择表达的内容、方法和技巧,收效就不会很大,或者谈话一结束就抛之脑后,不看效果,也会对监狱民警个别谈话能力的提高造成障碍。因此,谈话之前要充分准备:一是充分了解罪犯的情况和收集、熟悉谈话的理论依据。罪犯的情况包括罪犯的现实表现、性格特征、接受能力、心理要求、语言特点等。理论依据包括有关的理论著作、政策、法律等。二是要拟好谈话计划,包括谈话的目的、内容、方法、技巧的选择,时间、地点、谈话进程的设计,应变谋略的安排等。重要的谈话计划要记之于纸,一般性谈话计划要谙熟于心,决不可打无准备之仗。具体包括:

一、掌握罪犯个体情况

1. 掌握罪犯个体的基本情况。对于一个监狱民警来说,要求掌握罪犯四个方面的基本情况,即"四知道",知道罪犯的姓名、年龄、机关、文化程度、体貌特征;知道罪犯的简历、罪名、主要犯罪事实和所判刑期;知道罪犯的家庭情况和主要社会关系;知道罪犯的改造表现。

2. 掌握罪犯个体问题的不同情况。就有困难的罪犯个体需要解决的问题而言,有的是劳动不适应,有的是学习跟不上,有的是身体患了病,有的是家里发生了不幸,有的是配偶提出离婚,等等。这就要从每个罪犯的具体情况出发,确定不同的谈话内容和措施。

3. 掌握罪犯个体不同的思想症结。罪犯个体的思想症结即罪犯思想问题的关键点。每一个罪犯都有自身的思想症结，这就要采取不同的对策。

4. 掌握罪犯个体不同的犯罪原因。每一个罪犯走上犯罪道路都有一定的原因，但具体原因则各有差异。即使在同一类型的罪犯中，各个罪犯的犯罪具体原因也不是完全一样的。同样是盗窃犯，在犯罪的具体原因上，有的是为了满足自己贪婪的物质欲望；有的是因结婚讲排场，想买高档物品；有的是为了哥们义气，为资助他人钱财；有的是因赌博输了钱，想还债。针对这些具体不同的犯罪原因，就要有不同的教育举措。

5. 掌握罪犯的改造表现。罪犯在监管期间的行为表现，往往反映出一种有利于改造的正向趋势或不利于改造的负向趋势。当正向趋势出现时应及时去扶植推动它，使它更加稳定地发展；当负向趋势出现时应及时去抑制根除它，使它向正向趋势转化，这样才能促成罪犯改造出现质的飞跃。

6. 掌握罪犯的心理变化。罪犯在改造中，积极和消极心理时刻发生的矛盾冲突是他们产生正确或错误改造行为的心理基础。谈话的目的正是要强化正确的和削弱乃至铲除错误的心理基础，促成其思想言行的正向转化。

7. 掌握外界对罪犯改造的影响。外界影响包括社会政治、经济形势等"大气候"，以及罪犯所处的"小气候"，如亲属书信来往等。外界影响可能是积极或消极的影响。一般而言，社会安定，政治清明，经济发展，司法秩序良好等会产生积极影响，反之则产生消极影响。从外界影响中把握谈话时机，就必须善于分析监所内外的形势，收集罪犯与周围往来的各种信息，一旦影响产生便应作出相应的决策。

8. 掌握教育改造工作的各个阶段对罪犯的影响。教育改造工作具有程序性和阶段性，各阶段工作的中心和重点为监狱民警个别谈话提供了种种时机。这是因为教育改造部门的每项工作都必然引起罪犯的心理反应，从而使他们产生不同的改造认识和行为，为针对性的谈话内容提供了依据。例如，新入监的罪犯对监狱性质和任务认识不清，这就为我们提供了教育其遵纪守法、努力改造的时机；即将刑满释放的罪犯对前途的惆怅迷茫的心理，则为我们提供了"打预防针"，避免他们再次犯罪的个别谈话时机。

二、确定谈话目的和主题

个别谈话的目的是监狱民警通过对罪犯的个别谈话要实现的目标。找罪犯谈话，要有明确的谈话主题，即要明确谈什么问题，达到什么目的。通常有下列谈话目的：

1. 掌握情况，便于下一步工作。在改造实践中，民警找罪犯谈话是一项经常性的工作，适用于任何一个罪犯的思想转化工作。民警可以通过与罪犯个体的谈话，收集掌握罪犯改造信息，了解罪犯改造情况，摸清犯情动态，同时，可以就已经发生的突发事件，收集相关信息，掌握一手材料，对下一步工作合理安排，周密部署。

2. 解决问题，化解矛盾，排忧解难。通过谈话，了解掌握罪犯在改造中面临的问题，罪犯个体之间的矛盾，生活中遇到的困难，情感上的困惑，结合感化、挽救等多种手段，解决罪犯的实际困难，调解纠纷和矛盾，巩固教育成果。

3. 鼓励改造，激发向上。在罪犯改造取得成绩或进步时，在罪犯有较明显的消极情绪和心理时，通过个别谈话，抓住每一点进步，给予热情的鼓励，帮助罪犯获得成功的感受和快乐的体验，培养罪犯的自尊心、自信心，并强化巩固行为转变，预防和减少反复。用其"长"抑其"短"，巩固收获，发掘潜能，激发向上。

4. 布置任务，明确责任，指导方法。对于改造表现平平，改造积极性不高，甚至有混刑度日思想的罪犯，应通过个别谈话，布置改造任务，使之明确个体责任，在行为习惯上，提高辨别是非能力，形成是非观念。对于已经实现短期改造目标的罪犯，应结合个体实际，提出更高的改造目标或要求，布置下阶段改造任务，巩固成果，深化发展。

5. 沟通感情，融洽关系。对于感情较封闭的罪犯，个别谈话的目的和主题应当是与罪犯沟通感情，融洽关系，获得罪犯的信任，树立民警威信和吸引力。在接谈式谈话中，要及时接待，真诚对待，不可推诿，端正谈话态度，尽可能地变被动为主动。罪犯找上门，一般是思考了一段时间，需要一定勇气的。作为监狱民警，要随时热情接待，不可以用冷漠的态度对待罪犯，甚至持拒绝态度。要通过与罪犯谈话，沟通感情，融洽关系，使罪犯满意而归，推动罪犯的积极改造。

确定谈话目的和主题时，应当注意谈话不能企图同时解决许多问题，谈话的目的要尽量集中，内容要围绕主题进行，时间不可拉得太长，否则容易引起罪犯厌倦。要适可而止，让罪犯有意犹未尽的感觉，这样的谈话最能给人留下深刻的印象。

三、制定个别谈话预案

制定个别谈话预案是在明确谈话目的，理清谈话思路的基础上，围绕"找谁谈—为什么谈—谈什么—谈话达到什么目的"制定谈话方案，并根据谈话内容作出预案，应对谈话中可能出现的情况。

(一) 个别谈话一般预案

即个别谈话教育方案。包括谈话目的、谈话内容、谈话方法、谈话小结、预期效果等内容。其中谈话内容包括：谈什么，达到什么目的，怎样谈，先谈什么，后谈什么，用什么方法谈，可能遇到什么问题，或意外情况如何处理，等等，可以设计几种方案，考虑得细致周到些，才不会被动，谈话的效果就越好。

(二) 具体问题处理的对策预案

谈话对策预案是指根据预测，在对罪犯进行个别谈话时，针对潜在的或可能发生的意外问题而事先制定的处置方案。处理意外问题的最常用的手段是制定预案，想象可能发生的问题，分析它们的影响并制定消除消极影响和促进积极影响的策略。通常围绕以下情况制定相应的对策预案：

1. 转移话题。在与罪犯谈话过程中，往往会遇到罪犯转移谈话主题，或者环顾左右而言他，或者突然把话题转到民警个人生活问题，或者提出令民警难以接受的苛刻条件等。针对此种情况，民警应在谈话之前做好充分准备，了解自己避免谈及哪些话题，要通过不厌其烦地开导教育展现出民警谈话的诚意。

2. 回避问题。回避问题是罪犯否认问题的一种表现。主要有两种表现形式：一种是对问题的回答上，罪犯对某些问题保持沉默，直接抵触，或者答非所问，回避关键问题。另一种是把话题从主要问题转移到一些看似紧急的次要问题，以拖延主要问题。对于这些可能发生的情况，民警应事先做好准备，善于总结、探究和引导，使罪犯直面问题。

3. 责任转嫁。责任转嫁是罪犯将应当由自己承担的责任归因于他人或环境，并认为自己的行为合情合理。对于这种情况，民警应指出其行为的真正根源，引导罪犯跳出自己的小圈子，从更客观的角度看待问题。同时，出示证据，让罪犯面对错误，接受教育。

4. 沉默的处理。沉默属于个别谈话中比较复杂的问题，应视不同情况，采取不同的处理方式。对于罪犯引起的沉默，有些民警常感到焦虑不安，为避免沉默引起的难堪，有的民警或者急于用谈话来填补沉默，或者急于以提问来迫使罪犯打破沉默。这些并非是最佳的做法，因为沉默作为一种非言语表达方式，包含着许多来自罪犯的重要信息。罪犯的沉默可分为三种，即创造性沉默、自发性沉默和冲突性沉默。创造性沉默是罪犯对自己刚刚说的话、刚刚产生的感受的一种内省反应，表示他沉浸在思绪和感受之中，此时民警最好也保持沉默，不要有引人注目的动作，以免分散对方的注意力；自发性沉默往往源于不知下面该说什么好，这时他往往没有找到一个话题或脑子里思绪很乱，此时罪犯的目光常是游移不定，或以征询的眼光看着民警，沉默时间越长压力越大，也越紧张，民警应立即有所反应；冲突性沉默可能由于害怕、愤怒或愧疚引起，也许是内心正经历着某种抉择，需要民警注意和分辨对方的情绪表现，结合谈话的上下文内容，估计对方的冲突所在，然后针对不同情况给予鼓励、保证，主动揭示自己的看法等。如果一时难以判断，应该向罪犯表明准备倾听、接纳、正视这一问题的态度。

学习情境 32　谈话时机

监狱民警个别谈话的最佳时机往往转瞬即逝，难于捕捉，但也并非没有规律可循。一般来说，应做好如下把握：

一、根据罪犯不同个性特点选择谈话时机

全面掌握罪犯的各方面情况，使谈话具有指向性。监狱民警与罪犯谈话决不可毫无目的地信口开河，而应当以对罪犯的透彻了解为基础。

（一）掌握罪犯的不同个性和历史情况

针对罪犯的个性特征，确定谈话的目的、重点、内容、方法和技巧，有助于提高个别谈话的效果。例如，以胆汁质气质为主的罪犯，性格往往急躁好胜，情感发生迅速而强烈，容易冲动和激怒。对此类罪犯进行个别谈话应当根据他们直言快语、动辄发火的个性特征，加强言辞语调的渗透，加大鼓舞力度，语气应当柔和平缓，态度应当热情冷静。对于粘液质气质为主的罪犯，由于其性格内向，勤于思考，感情表现缓慢而不明显，与他们谈话时，应当注重理性的分析，言辞畅快、语气温婉、态度随和，不能因其表面看来"无动于衷"而情绪急躁、声色俱厉，造成对方心理压力。罪犯的历史情况包括其履历情况、受教育情况、社会经历情况及受社会影响的犯罪心理情况等。这些情况是导致其犯罪和影响其供述及改造的外在因素。谈话因这些情况而异，有利于抑制消极影响、扩大积极影响，有利于各种谈话技术的有效运用。例如，在与因父母一贯放纵、溺爱而走上犯罪道路的罪犯谈话时，应当采用威严的语气、严肃的态度对其行为提出规范化要求，以改变其放荡不羁，遇事满不在乎的习气；在与因家庭缺失、父母不和而流入社会并导致犯罪的罪犯谈话时，则应当语气温和、言辞委婉、态度关切，使其感到民警温和可亲，从而改变其冷酷的个性和仇视社会的病态心理。

（二）因罪犯消极人生观的表现情况而异

消极、腐朽的人生观是导致罪犯犯罪和影响其改造进程的根本性原因。谈话针对罪犯所具有的不同人生观而异，有利于根除他们犯罪和反改造的思想根源，有利于"对症施治"地确定表达内容。例如，同危害国家安全的罪犯谈话，应当主要针对其唯心主义历史观和资产阶级反动政治观进行教育；同利欲型罪犯谈话则应针对其"一切为我"的价值观、"人为财死"的金钱观和损人利己的享乐观进行教育。

（三）因罪犯的犯罪情况而异

犯罪情况包括犯罪的目的、动机、性质、情节与后果，一次或多次犯罪，单独或团伙犯罪，属于主犯、从犯或胁从犯，刑罚期限、审理过程等情况，这些情况直接影响到罪犯的改造。谈话因罪犯的犯罪情况而异，有利于罪犯明确改造的目标、方向和途径，有利于谈话主体选择表达的内容、态度及言辞力度。例如，同初犯、偶犯谈话适宜采用沟通性谋略来开导、劝说，提醒罪犯不要重蹈覆辙，言辞应着重表现出渗透和鼓舞的力度，态度应温和；对惯犯、累犯、首犯、主犯则适宜多采用制服性谋略，严词训诫，晓以利害，制止其坚持犯罪的立场和传授犯罪伎俩；同短刑犯谈话应当打消其拖混刑期、放松改造的思想；同长刑犯谈话则应当多方鼓励，安定其改造情绪，增强其改造信心。

（四）因罪犯的不同改造表现而异

改造表现包括罪犯的认罪服法情况、劳动和学习的情况、遵守法律法规的情况、与其他罪犯的关系及对于监狱民警关系亲疏、远近的情况等。这些情况是罪犯认罪态度和改造观念的直接体现。谈话针对这些情况因人而异，有利于运用不同的谈话方法，运用唯实性原则对罪犯进行恰如其分的教育，以便收到良好的改造效果。例如，对认罪改造者应当进行训诫和制约性谈话；对胆大妄为者应当多以后果警戒；对胆小谨慎者应当多多激励，使其同反改造行为进行斗争。

（五）因谈话时罪犯的心理情况而异

罪犯在谈话时的心理及其变化千差万别，可大致归纳为紧张戒备心理、厌恶抵触心理、敷衍应付心理、懊丧悔恨心理、喜悦顺从心理等。这些心理及其变化反映出罪犯对个别谈话的认识和态度，并表现在一定的态势语言上。通常，紧张戒备心理表现为面部紧张、目光游移不定、语无伦次或沉默不语；厌恶抵触心理表现为横眉竖眼、面露愠色、恶语诘难或狂呼乱叫；敷衍应付心理表现为表情冷漠、目光躲闪、哼哈应答或答非所问；懊丧悔恨心理表现为垂头僵立或僵坐、目光晦涩黯淡、双眉紧锁、说话柔声软气或唉声叹气；喜悦顺从心理表现为眉目展开、面带微笑、目光有神、谈吐畅快、应答自然。这些不同心理表现及变化，为监狱民警的言语表达提供了准确的反馈信息，是监狱民警确定谈话内容、选择谈话方法和验证谈话效果的重要依据。例如，同入监犯谈话时，看到紧张戒备心理的态势语言表现，说明可能是罪犯对监狱性质、任务认识不清而惧怕，此时宜于和颜悦色地疏导，使其明白改造目的和方法；如果在对出监犯进行改造情况的总结性谈话时出现类似表现，说明对方心怀鬼胎，可能有某些害怕被发现的问题，此时需要运用谋略，盘根究底。又例如，罪犯从厌恶抵触的表现变化为顺从喜悦的表现，说明谈话取得了正面效果；从顺从喜悦变化为敷衍应付则说明产生了逆反心理，应尽快结束谈话或改变谈话内容和方式。

（六）因谈话时罪犯的言语表现而异

谈话时罪犯的言语表现各不一样，可以归纳为几种基本类型：抵触诘难型、巧言巴结型、狡辩抵赖型、忧伤缄口型、拙于表达型和坦然直抒型。这些言语类型与罪犯的犯罪情况、个性特点、改造态度等密切相关，因人而异才能运用适当的谋略方法和表达技巧达到谈话目的。例如，对抵触诘难型的罪犯应当以刚言硬语相震慑，弄清抵触原因；对巧言巴结的罪犯应以直言快语揭穿其虚伪态度，促使其踏实改造；对拙于表达的罪犯则以启发性言辞，引导其把话说清讲完。

二、根据罪犯容易产生思想变化的不同情势确定谈话时机

1. "十必谈"规定的情况出现时。通常有这些方面：罪犯刚刚进入监狱时，受到奖励和惩罚时，节假日或有喜庆事时，受到委屈、心绪不宁或遭遇困境时，由于受某人某事影响而被感动时，罪犯有转变迹象时，有反常情绪可能违规或又犯罪时。

2. 要选择罪犯情绪相对稳定的时间。除特殊情况外，一般不宜在罪犯极度烦恼、悲伤、盛怒、兴奋或忧虑时谈话。

3. 要根据谈话内容确定谈话时间的长短。一般的谈话可控制在30分钟左右，解决一两个亟待解决的问题，不宜面面俱到、包罗万象，更不应翻来覆去地重复，"马拉松"似的长谈往往只能收到事倍功半的效果。

三、根据罪犯不同作息时间合理安排谈话时机

1. 选择罪犯精力能够集中的时间，例如，饭后、睡前、劳动休班时间。在罪犯神经松弛、精力充沛时与其谈话，能使罪犯集中思想做好应答。

2. 要选择环境气氛、罪犯的心理与谈话内容相协调的时间谈话。例如，逢年过节罪犯心情愉快，思家心切，此时与其谈一些积极改造、回归社会、亲人团聚类的话题，能给罪犯以鼓舞；发生工伤事故后罪犯惊魂未定，此时与其谈遵守劳动纪律，注意安全的必要，有利于罪犯吸取教训；生产任务繁重的季节罪犯易产生畏难情绪，此时与其谈劳动改造的意义，有助于稳定其改造情绪。

四、根据不同环境氛围捕捉谈话时机

在个别谈话实际工作中，具体选择什么样的地点为宜，要根据罪犯个体的特点、所要解决问题的性质、教育时机、问题难易程度、采取什么方法等而定。

1. 选择双方都能听得见、听得清、听得准的地方谈话，避免嘈杂、喧闹和干扰过多。例如，工作繁忙的办公室、人来人往的过道、紧张忙碌的工地、车间都不适宜作为长时间谈话的场所。

2. 选择安全的环境，避免在没有安全保证的地点谈话。例如，不能选择公路、铁路边缘，空旷无人的山头、水边与顽固犯、长刑犯、累惯犯、危险犯和脾气暴躁、情绪反常的罪犯作制约性、训诫性谈话。例如，对疾病伤残的罪犯进行劝慰性谈话，宜在其病床前；对积极改造、态度转变明显的罪犯进行勉励性谈话，宜选择宽松、幽美的环境；对犯有严重错误的罪犯作制约性、训诫性谈话；对罪犯谈某些隐私性话题，不应在其他罪犯能听见的地方进行。

3. 选择严肃性程度不同的环境进行教育。在监狱内，不同的个别谈话地点、场所的选择，对罪犯产生的心理影响是不同的。比如，在狱内谈话室或民警谈话室谈话，可以增强谈话的严肃性，引起对方思想的重视，便于监狱民警直接掌握罪犯心理变化，例如，诫勉谈话、调查取证等需要到这类场所进行；在监舍值班室、工地值班室谈话，虽然都是室内谈话，但环境的严肃程度要低一个层次，可以使对方谈得轻松，便于双向交流，这类场所适合于布置任务、收集情况、辅导教育，等等；在工地场所或其他活动场所，可以使对方思想上消除警戒，很自然地谈论问题，接受教育。

学习情境33　方法技巧

在对罪犯进行个别谈话中应当注意运用谈话方法技巧，努力营造谈话氛围。监狱民警在谈话中必须尊重罪犯人格，加强情感沟通，拉近双方距离，使罪犯能敞开心扉，表露自己的真实心理状态。在谈话中允许罪犯阐述自己的意见和看法，保留自己的观点，坚持以理服人，不武断，不搞形式主义。

一、个别谈话方法

个别谈话主要有说理法、谈心法、商讨法、点拨法、触动法、劝诫法和调解法等方法。

（一）说理法

说理法是针对罪犯思想的主要矛盾，采取摆事实、讲道理的方式同罪犯谈话。对罪犯的教育必须坚持以理服人的原则。只有讲明道理，才能使罪犯从对相关道理的认识中体会到自己在教育和改造中存在的问题的不合理性。经过多方启发，分清了是非，才有可能按照正确的道理去认真改造思想，矫正恶习。运用这种方法要注意三点内容：一是道理的剖析要符合罪犯的实际情况，而不是风马牛不相及或者空洞地说教。二是言辞运用的深度要与对象接受的能力相适应，雅俗恰当，易于理解。重在动之以情，晓之以理，平心静气，循循善诱。三是要把道理说透，把笼统的道理经过分解，化成若干层次，分条逐项地联系罪犯实际进行细致分析，既要使罪犯对道理的整体性有深刻理解，也要使罪犯对构成道理整体的各个部分有明确认识，充分发挥道理的说服效应。要引导罪犯追求和坚持真理，对改造中发生的问题，要善于理性思考，明辨是非，分清善恶，区别美丑，不可盲目行事。

（二）谈心法

谈心法是一种轻松、自由、拉家常式的谈话方式，适用于初次谈话或每次谈话的开头。它能缓冲谈话气氛，消除罪犯的紧张、恐惧心理和对立情绪。谈心一般从罪犯爱好、兴趣以及所关心的问题开始谈起，密切情感联系，缩短心理距离，然后逐渐把话题引向正题，以有效地解决谈话所要解决的问题。谈心的目的是了解罪犯的一些基本情况，解决思想问题，最根本的要求是从关心罪犯出发，尊重罪犯人格、态度诚恳、与人为善、心理相容，从而达到谈话目的。

（三）商讨法

商讨法是以尊重、亲切的态度，商量、讨论问题的方式与罪犯谈话。它可以消除罪犯对民警的成见，减少交流障碍，为进一步深谈创造条件。对于自尊心强，叛逆心理明显的罪犯应采取这种友好的谈话法，谈话节奏应放慢，语气深沉，说出的话要雄浑有力，发人深省，给罪犯造成一个无可辩驳的气势。

（四）点拨法

点拨法是用暗示或言语提示来帮助罪犯明白某些道理。监狱民警根据罪犯违法和改造的具体情况，抓住主要矛盾和关键问题，从主观和客观两方面进行精辟的分析点拨，指出其违法和产生不利于改造言行的主要的、关键性原因，往往会使罪犯幡然醒悟，认清自己的罪错所在，迷途知返，并确立正确的改造态度和改造目标，起到立竿见影的教育效果。主要适用于善于独立思考，自我意识强，目空一切的罪犯，谈话的节奏可明显快些，语言清新，情调高雅，意力深宏，听后让罪犯感到十分亲切、自然、感人肺腑。运用这种方法的要领一方面要准确指出罪犯"迷途"的主、客观原因；另一方面，在指出罪犯罪错的直接原因时要着重分析其主观方面的根本原因，说明罪错的"偶然性"正是其思想认识上"必然性"的反映。

（五）触动法

通过严肃正规的态度、言辞激烈的表达、真心实意的说服，给罪犯以心灵上的强烈刺激与震撼，一针见血地指出善或恶的实质和利害的结果，促其受到激励或触动，进而趋利避害，弃恶向善，转变思想，积极行动，接受教育。主要适用于那些自我调控能力差，消极悲观，心灰意冷，惰性顽固，破罐破摔，混泡刑期，不能正视自己改造前途的罪犯。语气节奏可适当加快，运用谴责性言辞，严肃冷峻的态度和憎恶不满的语气直述罪犯思想言行的是与非、善与恶、利与害，说话分量加重些，声音也可相应激昂上扬。

（六）劝诫法

针对罪犯的顽劣错误思想和不良行为，进行警告劝导，指出后果的严重性，促其权衡利弊，悬崖勒马，改过自新。劝诫不等于简单训斥，而是要进行据事说理，晓以利害，提出警示，促其猛醒。对反改造分子，应开展有针对性的教育劝诫，只要他们对错误有所认识，愿意悔改，就应给予肯定；对由好变坏的罪犯，一旦出现错误的苗头，就应及时劝诫，使他们不致继续下滑。

（七）调解法

针对罪犯思想和行为的非原则性问题或感情纠纷问题，采取调解的方式同罪犯个别谈话，帮助罪犯消除心理障碍，达到预防矛盾激化的目的。

二、个别谈话技巧

（一）目标激励

个别谈话过程中常见的目标有：矫治目标。个别谈话是为了消除罪犯的疑惧心理和对立情绪，转变消极情绪和心理，建立适应性心理行为方式，培养罪犯的自尊心、自信心，转变思想，矫正恶习。发展目标。也称增长目标，着眼于帮助罪犯提高某些心理能力，培养或加强某些好的品质。行为习惯上，提高辨别是非能力，形成是非观念；完善人格上，提高其心理控制能力，增强社会适应能力，使其行为符合社会要求。预防目标。是为了使罪犯减少产生心理行为问题的潜在可能性，提高其心理健康水平。个别谈话是重新塑造罪犯灵魂的工程，使罪犯在除旧布新的过程中，不断地接受和逐步巩固新的思想行为，最终实现预防再犯罪的目标。

要有效地确定个别谈话目标，充分发挥目标激励作用，应做到：

1. 协商一致。对于目标的确定，要求遵循民警与罪犯协商一致、共同参与的原则。确定罪犯的个人目标，必须要求罪犯本人参与，监狱民警不要强加于他。罪犯自定目标对其具有最大影响力，罪犯参与的程度越深，义务感越强，对目标越认同，目标对罪犯的激励作用就越强。被认同的目标，容易成为他们个人行为的导向。如做一个守法的、自食其力的人的目标。除了进行思想政治教育外，还要进行许多具体的目标认同。如学习文化和劳动习惯与技能的目标、遵纪守法的目标、与他人和睦相处的目标等。在目标的方向上，应帮助他们自觉以社会公共目标、家庭目标等作为个人目标的导向。协商一致是个动态过程，要根据教育进程及时调整。

2. 大小兼顾。罪犯目标多为现实的、浅层次问题，而民警往往是关注长远甚至终极目标，要求民警大处着眼，小处着手。在目标的强度上，加强指导，防止目标过高，力所不及而挫伤行为动机。要使整个教育改造大目标化为若干个小目标，使大目标与罪犯小目标、长期目标与短期目标在实践中有机地结合起来。如解决罪犯人际交往的问题，可将大目标分解为学会信任别人、引导情绪宣泄、合理控制愤怒等小目标。

3. 明确具体。谈话中，一些罪犯的问题是以情感或感觉的方式表达的，如认为自己很后悔、很自卑、很郁闷等模糊问题，思绪混乱，目标模糊，甚至罪犯自己搞不清问题出在哪里，无明确目标。民警要进一步通过谈话，探寻问题的实质，帮助罪犯将抽象、模糊目标明确化、具体化，并通过具体步骤来实施。

4. 积极可行。目标设置要合理，与罪犯的切身利益要密切相关，并在谈话中以积极的言语来表达，发挥目标的激励作用。对罪犯期望的一些不切实际的目标，如刚服刑就想得到过高的考核分数，立即减刑、假释，与家人团聚等，民警要帮助罪犯重新修改、确定符合改造实际的可行目标，让他跳一跳够得着，努努力能达到。

（二）情理触动

一般来说，罪犯在监狱这个特殊环境实施强制改造，对监狱民警普遍存有戒心甚至敌意，这是接受教育的心理障碍。要消除这一障碍，就需要监狱民警在个别谈话中运用情感的力量，加强情感的沟通，既有利于罪犯主动、积极地去思考所要表达的思想内容，理解监狱民警阐释道理的良苦用心，又便于监狱民警把道理讲得更具体生动、富于感染力，消除对方的种种心理障碍，使其体会到监狱民警及监狱乃至整个社会，对其不是嫌弃的，现在所做的一切都是为他好；使其感受到监狱人道主义感化的温暖，看到人生的希望和前途，从而唤起其积极的情感，较为自觉地配合接受教育。个别谈话中的以情动人，关键要求监狱民警要有高度的责任感，热爱自己所从事的这项事业，以教育人、挽救人、改造人为己任。同时要求监狱民警要有真诚感，用真情实意的态度打动对方。另外要体现出关注感，对对方存在的实际困难和正当合理的要求，应关心和注意，在法律和政策允许的情况下，尽心尽力予以解决。

个别谈话既要重视以情动人，又要阐明道理。阐明道理要由小到大，由近及远。比如，联系罪犯个体目前处境讲道理，以设身移位的方式进行。如其犯罪给社会和他人带来什么危害，本人得到什么下场，给父母带来什么不幸，给妻子儿女带来什么痛苦。同时，以"假如你是一个受害者"或者"假如你家人是一个受害者"等来启发引导对方思考，从而促使其认罪悔过。在已有认识的基础上，根据罪犯个体的思想实际，在深入说理上下功夫，以解决其思想上存在的根本问题，促使其思想上的根本转变。

监狱民警把道理的阐释和情感的展现融为一体，使说理不仅通明透彻，而且真切感人，便于罪犯在情感的潜移默化中实现对事理的大彻大悟，这便是个别谈话中的情理触动的表达技巧。运用这种技巧，一是要选择情感意味浓的言辞来说理。二是要运用坦诚自谦、不居高临下、不自吹自擂的言辞来说理。这种言辞容易实现监狱民警与罪犯的心理相容，情感沟通。三是要运用具有情感色彩的感叹句、祈使句、排比句、反问句代替一般的陈述句、判断句来说理，以强化句子的表情效应，灵活多变的句式加上富于抑扬顿挫的语调，能鼓舞罪犯向往新生的情感。

（三）倾听技术

倾听罪犯的声音，了解其内心的苦恼和心理问题，才能知道罪犯的问题症结在哪里。倾听可以使罪犯把他们的思想和情感变得具体化，通过民警对其问题的倾听和理解，使罪犯对问题产生新的认识和理解，从而更加开放自己，乐于展现自我，更容易在谈话双方之间产生共同语言，进行交流，进而将罪犯的思路引向预定方向。倾听是个别谈话的基本功，从谈话开始，在整个过程中民警都必须认真倾听，不掌握这种倾听的技能，就无法取得好的谈话效果。

民警要做到主动听取，准确理解，适当参与。倾听不仅要用耳，还要用心，设身处地、全心全意地去听；不仅要听懂罪犯言语中表达的问题，还要听懂其省略的、没有表达的东西，真正理解罪犯所表达的内容和情感。防止忽视罪犯的问题，如认为罪犯所谈是小题大做，无事生非，对其问题轻视，不耐烦；防止有意无意干扰、转移罪犯话题，脱离谈话中心。不但要听，还要参与，并要有适当反应。反应可以是言语的，也可以是非言语的。例如，"嗯""接着说"或者微笑、点头、目光。

（四）语言艺术

民警与罪犯谈话要讲究语言艺术，具体应做到：

1. 声情并茂。根据谈话类型确定语音基调，如告知类谈话，语音平实、清亮，缓急、高低、轻重等变化不大；制约性谈话，语音激烈粗重、快疾有力，表现出愤怒的情感；训诫性谈话，语音稍高、略重、较快、有力，表现出不满的情感；勉励性谈话，语音高昂响亮，略上扬，较有力而富于变化，表现出喜悦期待的情感。语音语调与情感的配合，很难找到一个标准的模式，这里讲的只是一个大致的情况，需要监狱民警平时多讲多练，仔细揣摩，才能较为熟练地运用。

2. 深入浅出。尽量避免使用艰深、晦涩、难懂的词语，力求用浅近、直白、口语化的词语说话；选用大众化、表现力强的谚语、俗语、歇后语等阐释道理。一位监狱民警对罪犯说："承认错误、缺点要像竹筒倒豆子，改正错误、缺点要像快刀斩乱麻"，这类话语既浅显生动，又寓意深刻；在句式的选用方面要避免使用修饰和限制成分过多、结构过于复杂的长句，尽量把长句分解为几个一听就懂的短句。

3. 亦庄亦谐。可以适当运用比喻、拟人、夸张、引用、借代等多种修辞方法来增强叙事说理的生动性；可以选用名人名言、警句、俗语、歇后语等，使表达内容更加丰富多彩，发人深思；可以在表达中根据具体表达内容的需要，选用饶有趣味又能说明事理的故事、寓言、典故、名人轶事、诗词名句等扩大罪犯的知识面，激发罪犯探古知今的渴望和开发其想象力；在不妨碍表达内容严肃、庄重的前提下，加进适度风趣、幽默、耐人寻味而又引人入胜、使人发笑的语句，消除由于谈话时间较长而引起的沉闷感觉，活跃谈话气氛，使罪犯听之不疲，思维始终处于兴奋状态。

4. 激励并用。"激"是从反面对罪犯消极心理予以适度刺激，引起与罪犯消极心理相对的逆反心理，从而实施相应的正确行为；"励"即从正面给以鼓励以强化罪犯积极心理，从而实施良好行为。谈话时可以或"激"或"励"单独使用，也可以又"激"又"励"交替使用。具体应用时需根据罪犯改造情况和个性特点而定。一般而言，对性情温和、性格内向、有一定辨别是非能力和改造基础、力求上进的罪犯可用正面鼓励的办法，强化其改造基础，产生积极行为；对于性格外向、好胜心强、缺乏是非辨别能力和改造基础的罪犯，可用反面刺激，"正话反说"的办法，刺激其自尊心，使其产生"你说我不行，我就做给你看看"的逆反心理，把不利于改造的消极行为变成有利于改造的积极行为。

5. 态势得体。态势得体是运用行为语言来增强有声语言的表达效果的技巧。眼神、表情、手势、身姿和谈话时的仪表风度等态势，对谈话效果有不可低估的作用。得体的态势应准确表现监狱民警对罪犯以及谈话所涉及的人和事的情感和态度；得体的态势还应与语音语调相配合，强化监狱民警的谈话的言辞力度，体现出监狱民警的思想意向；得体的态势还应该是文明的、自然的和生动的，它给罪犯以鲜明感、直观感和艺术感，是监狱民警道德修养和人格品位的完美体现。

学习情境 34　处置措施

在与罪犯进行个别谈话后,针对发现的问题要及时处置,具体措施包括:

1. 对有心理障碍或者心理问题的罪犯,应向监狱的心理咨询中心转介或鼓励罪犯主动求助于心理咨询师。
2. 对因身体患病而影响改造的罪犯,应及时送医就诊。
3. 对因家庭变故而影响改造或长期无人接见的罪犯,应与家人及时联系,做好社会帮教。
4. 对罪犯之间关系紧张的罪犯,应制定好阶段性计划,因人而异,调整解决好罪犯问题。
5. 对有特殊学习需要的罪犯,如自学考试等,应及时与监狱教改部门联系,特事特办。

学习情境 35　谈话记录

谈话记录是民警单独对某个罪犯进行个别谈话的记录。监狱人民警察对罪犯进行个别谈话教育,应当认真做好记录,并根据罪犯的思想状况和动态,采取有针对性的教育改造措施。

谈话记录按记录时间分为追记式谈话记录和问答式谈话记录。追记式(摘要式)谈话记录是指谈话的当时不做记录,而是在谈话之后,立即回忆记录。罪犯汇报思想、认罪悔罪,以及对罪犯的个别批评教育、表扬鼓励等内容的谈话,适用于这种记录方式。其特点是比较概括,有利于谈话的持续进行和深入展开。问答式(详写式)谈话记录是指在谈话的同时边谈边记,详细记录下与罪犯的谈话过程、问答内容等。询问事件经过、调查取证、核实情况等使用这种记录方式。其特点是比较详细,一问一答,有利于谈话的真实还原。

谈话记录一般每个月 12 篇,每篇写一二百字。除时间、地点以外,主要包括如下几部分:

1. 罪犯基本情况。在写与罪犯第一次谈话记录时,应将罪犯基本情况详细记录清楚,包括"四知道"情况,罪犯的现实问题与处境,罪犯的思想症结,罪犯的犯罪原因，罪犯的心理状况、思想状态、改造表现等。在以后的谈话记录中，可侧重记录罪犯的心理状况，近期主要改造表现等。

2. 谈话事由。事由是引起民警找其谈话的罪犯行为表现，即针对罪犯的哪几方面行为表现需要谈话。如罪犯思想矛盾行为偏激，民警为掌握情况，便于下一步工作找其谈话；罪犯打架斗殴人际关系紧张，民警为解决问题，化解矛盾，排忧解难找其谈话；罪犯混泡刑期自卑消极，民警为鼓励改造，激发向上找其谈话；罪犯完不成劳动定额，民警为布置任务，明确责任，指导方法找其谈话；罪犯疑虑敌视监狱，民警为沟通感情，融洽关系找其谈话。

3. 情况分析。民警对罪犯行为表现的内在原因是什么，以及是如何开展个别谈话的等情况要加以记录。要结合对罪犯基本情况的了解和谈话事由的确定，有针对性地做好谈话情况的分析，先谈什么、后谈什么、用什么方法谈、可能遇到什么问题或意外情况、如何处理等，结合设计的对策预案，细致周到地准备，做到万无一失。

4. 谈话过程。详细记录与罪犯的谈话经过，包括谈话现场情况、对话内容，尤其注意记录罪犯的非言语行为，如沉默、哭泣、愤怒等表现。

5. 教育结果。主要记录经过个别谈话，取得了怎样的教育效果。主要针对谈话事由做好此部分的记录。包括罪犯有没有新认识，怎么认识的；民警希望通过谈话解决的问题是否解决；希望收集的信息是否得到；希望融洽的关系是否改善等。

6. 下步措施。此部分起着承上启下的作用，既是对谈话过程的回顾与总结，也是对下一步深入开展罪犯管理、教育、心理矫治等工作的具体指导和思路。民警应结合教育结果，有针对性地作好下步工作的具体安排，包括针对已取得的成果，如何趁热打铁，巩固深化；针对发现的问题及时解决，不拖延改造时机；针对预先谈话目的中未实现的部分应继续做好哪些工作，是"迂回曲折"，是"穷追猛打"，还是结合狱政管理、罪犯心理矫治等工作去"另辟蹊径"等。

训练与操作

训练与操作7　　对罪犯桂某的个别谈话

一、民警对罪犯桂某进行个别谈话的情况

罪犯桂某，男，某省某市人，1987年出生，2006年12月因聚众斗殴被判有期徒刑3年，2007年2月入监改造。对桂犯的改造民警可谓是"诊断"准确，

"用药"得当。桂某从小父母离异,跟随父亲生活,残缺的家庭生活使其养成了孤僻、偏执、脾气暴躁、不与他人交往、自由散漫的性格和不良的行为习惯,经常打架斗殴且不计后果,是典型的文盲加法盲。

初入监,通过对桂犯的心理测试,知该犯具有暴力倾向,分监区将其列为重点罪犯,加强教育转化,严格落实包夹监控措施,制定了具体的个别谈话方案,分步实施。找其谈话,该犯说:"我不想与你们谈,谈也没有用,反正在家我是无人管,你们最好也别管我。"初次谈话毫无收获。在后来的改造中桂犯果真我行我素,为了点小事经常与同犯吵嘴、打架。民警分析认为桂犯有些心理问题,需开展心理咨询和心理健康教育。分监区民警轮流找其谈心,找出问题的症结是桂犯从小失去母爱,人格偏失,缺少家庭的温暖与关爱,于是民警主动与其家人联系,要求其父亲到队会见。在初次会见期间,桂犯不与其父交谈,还未与其父说上几句话就吵了起来,气得其父欲哭无泪,产生了放弃的心理。民警了解情况后,对桂犯进行了严厉的批评,并做通了其父思想工作,要求其每个月来信一封,共同对其进行帮教。通过几个月的教育,桂犯有所松动,违纪减少了,劳动技能有了较大的提高。分监区民警见其情况有所转变,马上趁热打铁,及时找其谈话,对其进行鼓励性教育,肯定其成绩,另外指明改造方向,只要继续努力,不违规违纪,改造是大有希望的,减刑是大有机会的。在日常管理中采取宽严相济、区别对待的原则,对其小的违规违纪,及时指出并批评教育,计分考核上进行鼓励,使桂犯在希望中改造。

2007年6月发生的一件事,彻底使桂犯转变了思想。6月某天,桂犯生病,但因其个性强,不愿意请假,要求出工,民警知道后,及时找其谈话,对其进行大会表扬,并安排其休息一天。晚上,分监区民警亲自到伙房煮了一碗鸡蛋面,送到桂犯的床前。桂犯当晚,辗转反侧,难以入睡,值班民警及时与之谈话,耐心让桂犯倾诉,桂犯深受感动地说:"我在家都没有享受到如此待遇,在服刑期间能得到如此关爱,还有什么理由不好好表现来回报民警的教育呢?"从此以后,桂犯像变了个人,能自觉遵守监规纪律,事事表现积极,生产上主动向他人学习,提高自己的劳动技能,主动干脏活、累活,每天都能超额完成生产任务。通过几个月的努力,桂犯看到自己的努力有了丰厚的回报,工分在直线上升,使桂犯更加坚定了信心。此时民警再次出面与其父联系,要求到队会见,此次会见,桂犯主动汇报了自己的改造成绩,痛悔自己以前的过错。民警安排其非隔离会见,使其父子倾心交流,尽释前嫌。在后来的改造中,桂犯步入了积极改造的行列。2008年11月5日被依法减刑6个月。

二、民警对桂某进行个别谈话的评析

（一）民警做了充分的谈前准备

1. 掌握罪犯个体情况。民警充分掌握了桂犯的自然情况及犯罪情况，做到"四知道"。了解到该犯残缺的家庭生活使其养成了孤僻、偏执、脾气暴躁、不与他人交往、自由散漫的性格和不良的行为习惯，经常打架斗殴且不计后果，是典型的文盲加法盲。在罪犯入监初期，民警通过对该犯的心理测试，了解了该犯的暴力倾向，分监区将其列为重点罪犯，加强教育和转化工作。

2. 确定谈话目标主题。在充分掌握了罪犯个体情况的基础上，制定了具体的个别谈话方案，分步实施。初次谈话为了破冰，消除壁垒，但效果不佳；分监区民警轮流谈心，找出心理症结。

3. 制定谈话对策预案。在个别谈话过程中，遇到该犯有阻抗、不配合的情况，监狱民警按照预先方案，按部就班。在该犯对初步谈话不接受时，选择分监区民警轮流上阵的对策；在该犯与父亲出现矛盾时，采取批评教育的方式等。

（二）民警准确地把握了谈话时机

1. 根据罪犯不同个性特点选择谈话时机。掌握了罪犯的暴力倾向后进行初步谈话，同时，结合心理咨询和心理健康教育。不同的监狱民警的谈话角度和切入点均有差别，分监区的民警轮流谈心，从而综合分析找到该犯问题的症结。

2. 根据罪犯容易产生思想变化的不同情势确定谈话时机。案例中的桂犯从小失去母爱，人格偏失，民警在进行个别谈话的同时积极与其父亲取得联系，通过接见来实施感化教育，在初步效果不理想时，立即采取严厉的批评教育，情理结合，对罪犯产生触动。经过一段时间的家庭帮教，该犯的情况有所转变，监狱民警抓住时机进行鼓励性教育，巩固了教育成果，取得了阶段性胜利。

3. 根据罪犯不同作息时间合理安排谈话时机。在谈话取得成效后，实施感化教育的同时，监狱民警抓住该犯辗转反侧、夜不能寐的时机，趁热打铁，让罪犯将心里话说出，从某种程度上，相当于罪犯念出了悔过书与保证书。在后面的改造表现中，桂犯也以实际行动证明了这一点。

4. 根据不同环境氛围捕捉谈话时机。在该犯带病坚持出工后，监狱民警及时谈话，及时表扬，及时送病号饭到床前，个别谈话与感化方法并用，深化了教育成果。

（三）民警运用了丰富的谈话方法和技巧

1. 谈话方法。监狱民警在谈话过程中，充分运用了说理法、谈心法、商讨法、点拨法、触动法、劝诫法和调解法，通过批评教育、鼓励教育、表扬教育等方式取得了不同的谈话效果。

2. 谈话技巧。根据不同的情境，采取不同的谈话方式，设立了不同的激励目标。在教育阶段中，批评性教育是为了触动罪犯对亲情的感知；鼓励性教育是为了肯定其成绩；表扬性教育是为了赞许其优异表现。同时指明改造的方向，前进的目标。监狱民警采取宽严相济、区别对待的原则，对其小的违规违纪，及时提出批评性教育，计分考核上进行鼓励，使该犯在希望中改造。在对该犯的教育中，监狱民警灵活运用了情理触动和语言得体的谈话技巧，让罪犯既认知道理，落实行动，又感受亲情，体会到民警的爱心和帮助，如沐春风。

拓展训练20　　　　　　　　**范例习作**

罪犯吴某，男，32岁，投入改造前系某企业管理干部，因受贿、贪污罪被判刑10年。其改造表现差，常在服刑人员中散布为自己罪行开脱的言论，为"刑期过长"喊冤叫屈。投入改造4年后的一天，在车间劳动时，吴犯对与其一同劳动的服刑人员说："人若起早多犯事，想赚钱财遭风险，既然想发财，进了监狱我也不后悔。我才弄到5万多元就判了10年，平均5000元1年刑期，还不够我的工资，这生意做得不划算。把剩下的6年混过，我要变本加厉找补回来。"一名服刑人员将情况向分监区长反映后，分监区长指派民警王某对吴犯进行个别谈话。

问题：阅读此案例，写出个别谈话方案，并运用多种方法和技巧，写一段对吴犯较全面、系统的谈话稿。

思路：训练目的是掌握个别谈话中各种表达方法和表达技巧、设计出相应的谈话内容和教育方案。分析思路可从谈前准备、谈话时机、方法技巧、谈话记录等方面着手，并针对吴某特点有所侧重。

要点提示：如用"说理法"向吴犯分析其"刑期过长"的错误认识，批评其在其他服刑人员中喊冤叫屈，为自己的罪行开脱的抵制改造的行为；用"点拨法"分析吴犯"既然想发财，进了监狱我也不后悔"的错误观点及其思想根源，指明吴犯改正犯罪思想的关键；用"触动法"分析吴犯"把剩下的6年刑期混过，我要变本加厉找补回来"的错误想法的实质及其危害，并指明吴犯应有的正确想法。

拓展训练 21   **思考与练习题**

1. 解释词语：个别谈话、点警约谈制。
2. 在与罪犯谈话前应从哪些方面入手做好谈前准备？
3. 如何把握好与罪犯的谈话时机？
4. 在使用目标激励的谈话技巧时，应注意哪些问题？
5. 结合自身特点，谈谈如何加强与罪犯谈话技巧的把握。

拓展训练 22   **拓展阅读书目**

1. 王祖清、赵卫宽主编：《罪犯教育学》，金城出版社2003年版。
2. 杨四安主编：《司法口才》，中国政法大学出版社2005年版。
3. 张建秋：《个别谈话：沟通心灵的艺术》，江苏教育出版社2008年版。
4. 张峰：《矫正人生：预防与矫正违法犯罪人员实用方法》，湖北人民出版社2008年版。
5. 柳维主编：《罪犯心理矫治》，暨南大学出版社2009年版。

学习单元 9 个案矫治

学习目标

了解个案矫治的特点和内容、犯情分析、矫治方案、矫治实施、个案矫治报告等知识。懂得个案矫治的工作流程和操作方法。根据个案矫治的相关知识原理,较为熟练地开展个案矫治工作,解决相关问题,并作出一定的拓展思考。

个案矫治场景

知识储备

 知识储备 8　个案矫治的特点和内容

个案是指个别的、特殊的事件或案例。个案矫治是指基于刑事个别化原则,监狱根据罪犯本身的具体情况,设计个性化的教育矫治方案,采用有针对性的教育、调适、治疗、干预措施,并对其实际效果进行评估、优化,达到特定矫治目的的专门活动。"以人为本"的人本主义思想和个性差异性理论是采取个案矫治最重要的两大理论基础。"以人为本"对罪犯而言就是在法律允许的范围内要尽最大可能去促进罪犯的发展和回归，心理学上的个性差异性理论要求针对每名罪犯的矫治都应当与该罪犯的特定情况相适应。我国监狱一直很重视对罪犯的个别教育，重视因人施教，积累了许多个案矫治的成功经验，但尚需进一步科学化与专业化。现阶段应当特别注重罪犯个体分析、危险性评估、矫治方案编制与实施、个案心理调适与治疗、危机干预、矫治效果评价、重新犯罪预测等方面问题的研究与探索。

一、个案矫治的特点

1. 个案矫治的环境是特定的。罪犯只能在监狱这一特定环境下进行矫治活动。

2. 个案矫治的关系是特定的。监狱罪犯的个案矫治是建立在强制的前提和基础之上的一种从非自愿到自愿的服务关系。

3. 个案矫治的性质是特定的。改造罪犯是我国法律规定的刑罚内容和执行方式之一，体现了惩罚与改造相结合，以改造人为宗旨的方针。监狱施行的个案矫治是改造罪犯的具体化和技术化。因此，在法律层面上，监狱中的个案矫治属于刑事法律活动和行刑处遇的范畴。

4. 个案矫治的主体是特定的。依据我国宪法、刑法、刑事诉讼法、监狱法和其他法律法规的规定，监狱中的个案矫治的工作只能是由依法履行职务的监狱人民警察承担。被矫治的对象只能是被人民法院依法判处有期徒刑、无期徒刑和死刑缓期两年执行的罪犯。

二、个案矫治的内容

个案矫治工作主要由以下几方面内容构成：

1. 矫治人员。一般由一名主管和若干名民警组成个案矫治小组，必要时，心理医生、教育专家、戒毒专家、社会工作者等也可以参加个案矫治小组。小组的工作方式是通过举行定期或不定期的个案矫治小组会议，就罪犯的评估结论、分类与安置、服刑计划的制定、审查与修改、罪犯的减刑与假释等重大问题作出决策。

2. 测评工具。个案矫治所使用的测评工具主要有罪犯人身危险性、监禁适应、矫正需求、发展需求、矫正效果、重新犯罪预测等方面的量表或工具，能比较准确地检验出罪犯在相应方面的真实情况与水平。

3. 矫治方案。即个人处方式矫治方案。是指在个案矫治模式中，由个案矫治小组制定的关于罪犯个体的有针对性的、问题解决式的、目标和时间明确的服刑计划。

4. 矫治项目。是用来实现某一矫治目标的一套系统化、程序化、规范化、可操作性的干预课程。

5. 矫治档案。罪犯的基本信息、评估结果、个人处方式矫治方案、个案矫治报告等都放在该档案中按照信息档案管理技术进行管理和处理。

三、个案矫治的必要性

1. 有利于提高罪犯改造质量。
2. 有利于提高监狱民警的综合素质。
3. 有利于促进个案矫治的科学性。
4. 有利于完善罪犯矫治体系。

 学习情境36 犯情分析

民警可以通过查阅档案、问卷调查、上门走访、个别谈话、心理测验、信件物品检查等途径掌握犯情，并从犯罪原因、改造突破口、犯情预测等方面进行个案犯情分析，找出罪犯改造中的侧重点，初步确定适合每个罪犯最有效的教育方法，并作为拟订个案矫治方案的参考依据。

一、一般情况

主要包括罪犯的姓名、性别、年龄、籍贯、民族、文化、入监前的政治面貌、宗教信仰、入监前的职业与工作、婚姻状况、罪名、原判刑期、余刑等。

二、个人成长情况

罪犯的生长发育是否正常，如身高、体型，是否有什么样的疾病，先天的后天的疾病，在发育过程中与同龄人相比是否有活泼好动，或不善言谈、孤僻不合群等不太正常的现象；从小学到初中或高中阶段的学习成绩是好还是差，是厌学还是家庭经济困难等原因；在生活经历上，是否与父母生活，还是与爷爷奶奶等生活；家庭经济情况是好还是坏，与同学相比是好还是差，对家庭生活的影响是好还是坏等因素。

三、家庭和社会关系情况

包括罪犯家庭成员的情况及对罪犯的影响。如家庭成员中有无其他违法犯罪现象，是否曾出现过不良现象如自杀等，有无其他的心理障碍，与家庭成员的关系如何，家庭成员对罪犯的犯罪行为有怎样的认识和看法，罪犯入监后家庭哪些成员是否曾探视及探视的时间、频率、罪犯对探视的渴望和期盼程度，家庭成员不来探视的原因等，与罪犯较密切的社会人员，最喜爱和最不喜爱的人，对罪犯本人影响最大的人和事。

四、服刑改造情况

主要包括前科劣迹情况，本次犯罪事实、犯罪动机、主观恶习，认罪服法情况，受害人情况，家庭对其服刑教育的态度，心理测验情况，罪犯本人对本次服刑教育的认识和希望，申诉控告情况，现实表现，个人需求等。

五、人身危险性情况

罪犯人身危险性是指罪犯在监狱服刑期间可能给监狱管理或社会安全造成潜在的威胁，以及罪犯自身带来的影响其改造的不确定状态。包括违法犯罪行为、心理状况、生理状况、家庭状况、犯罪前的表现、犯罪后的表现等几个方面。罪犯人身危险性评估的等级类别可分为"五类三等"。五类即为积极类、稳定类、消极类、顽固类、危险类。其中，危险类罪犯又可根据危险性程度分为A、B、C三等。A等为具有现实性危险的罪犯，B等为具有一般性危险的罪犯，C等为具有潜在性危险的罪犯。

学习情境37　矫治方案

民警以犯情分析为基础，结合个体罪犯的改造需求及影响因素，为每一个罪犯制定一个切实可行的个案矫治方案。个案矫治方案包括罪犯个体情况分析评估、目标设定、步骤措施、民警对罪犯的指导重点及罪犯注意要点等内容，可分为总体方案和阶段性方案。总体方案由民警和罪犯共同制定完成，把民警对罪犯的教育目标同罪犯的自我改造要求有机结合起来；阶段性方案是总体方案的分解，可以是一个也可以是多个。

一、犯因分析

从个人因素、社会因素、自然因素等方面进行分析、揭示犯罪的原因，为确定个案矫治目标提供依据。

二、矫治目标

矫治目标应依据罪犯犯因性问题存在的维度来设定，可能是一个目标，也可能是多个目标。在多个目标的情况下，应根据问题的严重程度及问题对当前行为的影响程度，确定达到目标的顺序。

三、步骤措施

整个矫治方案可分三个时期：

1. 入监初期，主要任务是稳定罪犯的情绪，适应监管改造环境，帮助罪犯认识犯罪的原因，树立改造信心和改造目标。

2. 服刑中期，主要任务是完成设定的各项目标，进行心理训练，消除犯罪要因。

3. 即将出监时期，主要任务是巩固矫治成果，罪犯总结反省，民警进行回归适应、就业等相关指导性教育。

学习情境38　矫治实施

个案矫治的实施方法主要有个案教育、环境调适、心理治疗、危机干预等。

一、个案教育

由学习障碍造成的认知水平低下，是犯罪的一个重要原因。个案教育是依据罪犯存在的不同的学习障碍，制定有针对性的教育方案并付诸实施的活动，以此提高罪犯认知水平，使其成为守法公民。

二、环境调适

引起犯罪的环境问题，主要有多元文化、群体、家庭结构和模式、生态环境等。监狱不可能去直接改变社会环境和为每一名罪犯建立适宜的改造环境。因此，环境调适的核心是心理调适，要通过对罪犯进行必要的心理调适介入，促进其形成正确的认知并改善行为，促进人格发展和再社会化，从而积极地适应环境。

三、心理治疗

心理异常是一些犯罪的重要原因，通过心理测量和沟通技术，认识罪犯存在的引发或可能引发犯罪的心理犯因性问题，并针对该问题进行相应心理治疗，是实现使罪犯成为守法公民目标的一个重要内容。民警可依据自己偏好的理论和技术，针对罪犯的心理问题，给予相应的心理治疗服务。

四、危机干预

罪犯服刑期间，往往丧失一定资源或对资源的有效利用，因而在面临生病、家庭变故、人际关系等各种服刑生活事件时，出现自杀、行凶或犯罪等危险性应激反应。干预即是在服刑人员面临危机而可能产生危险性行为时，利用咨询、沟通、倾听或救助、支持、替代等技术和方法，提高服刑人员的适应性进而促使个性品格的健全发展，达到维护监狱安全秩序、预防犯罪的目的。

学习情境39　个案矫治报告

个案矫治报告，也称为个案分析，是对某一罪犯个体的犯罪事实、犯罪原因、犯罪思想的形成和发展以及个性特点等方面的情况作全面的矫治，并提出科学合理的矫治方案的一种书面报告。个案矫治报告可以加强教育改造工作的针对性、计划性、有效性，有利于提高改造工作的质量。写作、积累、整理、保存个案矫治报告，是监狱业务建设的重要内容，是一项重要的基础工作。

一、个案矫治报告的一般结构

个案矫治报告的一般结构包括标题、前言、主体三部分。

（一）标题

个案矫治报告的标题有单标题和双标题两种形式。单标题由事由和文种构成，如《关于贪污犯苏××犯罪思想形成和发展的分析报告》。双标题由正标题和副标题构成，正标题提示主旨，副标题说明分析对象及性质，如《"心理缺陷导致严重犯罪"——对少年犯万××的个案矫治》。

（二）前言

这部分介绍作为个案矫治对象即特定罪犯的基本情况，文字要简洁、精练。包括罪犯的身份事项、违法犯罪史、入监（或接受矫治）后的现实表现等。通过对特定的罪犯个体身份事项、违法犯罪史和服刑改造的有关信息的介绍，目的在于解决该犯"是什么"的问题。

（三）主体

这一部分包括罪犯的主要犯罪事实、综合分析和矫治方案三个内容。

1. 主要犯罪事实。要以判决书为依据，把罪犯作案的时间、地点、被害人、作案的原因（目的、动机）、过程（情节、手段）、后果等要素交待清楚。

2. 综合分析。这一部分是个案矫治报告的实质性内容，主要是通过对收集来的信息资料进行思想加工并形成文字，解决该犯"为什么"会犯罪的问题。它要把经过调查、了解而收集起来的大量的个案信息资料，进行分类整理，分析研究，判别各类材料中哪些材料是典型材料，哪些材料是一般材料；要辨析出材料的表象和实质。在分析研究时，要先分析后综合，先在思想中把分析对象分解为各个方面或属性，分别加以认识，然后再把它们结合起来，获得整体性的认识。经过这样的认识过程，就舍弃了非本质的属性，抽象出了本质的精髓。分析包括定性分析、定量分析、状态分析、因果分析等。在分析时，要根据分析对象的特点加以正确选择。在写法上，要把分析研究的过程和结果，根据归属，或以犯罪原因的构成要素为依据，采取并列式结构来安排层次；或以犯罪思想产生和发展为轨迹，采取递进式结构来安排层次。在表现形式上，既可以使用小标题，也可以使用序号，大层次下边还可以有小层次。如《心理缺陷导致严重犯罪》这份个案矫治报告在"犯罪原因"分析这一部分就采用以序号为外部标志、以并列式结构为内部特征的结构形式，从四个方面分析了少年犯万××的犯罪原因，结构严谨而完整。

3. 矫治方案。这一部分内容的写作，主要是根据对罪犯违法犯罪原因、个性心理特征和可改造性的分析和把握，解决"怎么办"的问题。导致罪犯犯罪的社会因素和个体心理因素及行为特征是千差万别的，制定矫治方案时必须注意因人而异、因案而别，要"对症下药""标本兼治"；在提出矫治措施和办法时，要考虑可行性和可操作性。要大处着眼，小处着手，既要提出整体方案，又要制定出具体措施。在行文时，既要阐明矫治方案的指导思想，又要有针对性地阐明矫治途径和具体措施。在形式上，可采用分条列项的表现方式，以达到条理清楚的表达效果。

二、个案矫治报告的写作要求

1. 要尽可能详尽地占有资料，这是分析个案和写作个案矫治报告的基础。要获取详尽的资料，必须进行深入而全面的调查。收集的资料包括罪犯的档案材料、自传、日记、书信、发言记录、个别谈话记录等。

2. 要有科学的分析，这是保证个案矫治报告质量的关键。要坚持辩证的分析方法，对具体问题作具体分析。分析时，要善于从成堆的材料和纷繁的现象中，发现事物及现象之间的因果联系，把握事物的特殊矛盾，找出问题的症结所在，为提出矫治方案做好准备。

3. 要提出切实可行的矫治方案，这是写作个案矫治报告的基本出发点和归宿。矫治方案必须切合罪犯的实际，既要有针对性地对罪犯的行为进行矫治，更要有针对性地对罪犯的思想予以转化；矫治方案还必须具备可行性，要依据主客观条件提出切实可行的措施，不要纸上谈兵。

训练与操作

训练与操作8　　　　　罪犯李某个案矫治方案与实施

一、犯情分析

（一）基本情况

在某监狱关押的罪犯李某，29岁，初中文化，已婚，有一个女儿，住某市皮革厂宿舍，捕前系皮革厂下岗工人，家庭生活困难，仰仗父母退休工资生活。因犯故意伤害罪，被判处有期徒刑3年，刑期自2005年7月14日起到2008年7月13日止。主要犯罪事实如下：李某于2005年5月某日在酒店因争一个特色菜与另一桌的陈某、钱某发生争执，在争执中李某拿起啤酒瓶朝陈某头部砸去，致使陈某重伤。罪犯李某曾在17岁时因聚众斗殴被判刑2年。

李某在日常生活中对妻子非常粗暴，有明显的家庭暴力倾向。在与朋友的交往中，常常因为难以控制自己的情绪而使交往关系破裂，一般维持交往关系的时间不长。李某对自己的这种表现非常不满意，因为自己的情绪吃了很多亏，办坏了很多事情，连自己都不明白是怎么回事，往往把好事变成坏事，他试图改变自己，但结果总是不理想。李某在上小学之前，因为父母都上班，于是被放在爷爷奶奶家。爷爷奶奶因为忙农活，给他的照顾很少，常把他放在比他大5岁的表哥家，经常受到威胁和欺负。回到家后，常受到父母的责罚和打骂。

（二）对李某的评估

李某对各种监管制度和监规纪律不能较好地适应和主动服从，主要是不能控制自己的情绪，常常与他犯发生冲突和矛盾，在处理这些事情时常常使用暴力，人际关系非常紧张。EPQ测验显示，该犯的气质类型属于胆汁质。这种类型的人一般情绪非常不稳定，脾气非常暴躁，遇事易激动。结合李某的各种信息整体分析判断可以认为，李某的犯罪要因与其性格特点有密切的关系，不能控制自己的情绪，容易产生愤怒的情绪体验，对愤怒的情绪不能很好地解决，与犯罪之间有着直接的因果关系。所以针对李某的矫治，应该以对情绪的控制为主。

二、矫治方案

（一）犯因分析

李某的犯罪原因主要有：个人缺乏安全感形成于幼年，在依恋的情感最关键的时期被送往农村，强制失去父母的爱；在农村，没有得到很好的照顾，没有父母的替代人物，受到表哥的威胁、欺负和伤害；在小学阶段，父母的管教方式粗暴，经常受到责罚和打骂，学会了对自己的情绪不加任何控制地发泄；在以后的社会生活中因愤怒发泄和使用暴力常能满足自己的安全、自尊需要，使自己的这种行为方式不断得到强化。

（二）矫治目标

总目标：减少攻击行为克服情绪冲动，增强安全感，从而有效消除犯罪要因，把李某改造成为守法公民。阶段性目标：认识到犯罪的要因在于自己对愤怒情绪缺乏控制，难以克服行为攻击性；全面深刻认识到自己的攻击性行为产生的原因和后果；完成情绪的各种训练项目；通过训练作业的完成达到能够较好地识别、控制自己的情绪；使自己的攻击行为逐渐减少直至基本上消除。

（三）步骤措施

整个方案分三个时期。一是入监初期：从2005年1月5日起到2006年6月止。这一时期的主要任务是稳定服刑人员李某的情绪，适应监管改造环境，认识自己犯罪的原因，树立改造信心和改造目标。按照入监教育计划，进行入监教育和入监队列训练，对李某进行心理测验。二是服刑中期：从2006年6月底到2008年9月底。这一时期的主要任务是完成设定的各项目标，进行情绪和攻击行为的训练，彻底消除李某的犯罪要因。对李某犯罪要因的矫治借鉴戈尔茨坦的愤怒控制训练程序，把矫正分为九个阶段，每个阶段大约3个月的时间，并根据李某的训练效果作相应的调整。三是即将出监时期：从2009年10月到2010年11月。这一时期的主要任务是巩固矫治成果，使李某对自己进行全面的总结反省；进行心理健康、回归适应、就业等相关指导性教育；根据出监教育的效果和服刑人员矫治质量评估的结果，形成对李某的回归鉴定书。

三、矫治实施

矫治的实施主要是综合运用个案教育、环境调适、心理治疗、危机干预等方法。以下是对李某犯罪要因矫治的九个阶段愤怒控制训练程序。

（一）第一阶段：准备

1. 动员、认同，开始参与。使李某充分认识到自己对情绪难以控制的危害和严重后果，增强李某进行控制情绪训练的信心和主动性。主要内容包括：讲解情绪控制训练课程的主要目标、方法、步骤和最终达到的效果；让其反思自己的犯罪行为与情绪控制之间的关系；与之进行交谈，提高其对愤怒和攻击行为的消极后果的认识。

2. 锁定目标，认同规则。在李某提高认知，有一定积极性的基础上，同他一起制定控制情绪的目标，以及在实施训练、达到目标过程中的具体要求和规则。让李某明确个案方案的时间、步骤、主要方法，特别要求李某要有自己的心灵成长日记。

3. 讲解愤怒的基本常识。要真正让李某了解愤怒的基本常识，使之明白冲突情境产生的三个步骤：一是什么原因引起的某个问题，什么因素加剧这个问题使其演变成冲突；二是在整个过程中你自己有什么反应；三是发生什么后果（包括对自己和对他人）。

4. 讲解不同的愤怒减弱技术。通过讲解和演示、李某和其他罪犯的参与、角色扮演、情境再现等形式，让李某认识、熟悉、理解、掌握这些技术，以便在出现类似的情境时，能够使用愤怒控制技术。

（二）第二阶段：讨论激发因素

这个阶段主要训练与愤怒激发因素有关的内容。

1. 复习第一阶段的内容。提醒李某通过控制自己的情绪发泄和对别人的攻击行为，可以有效地增加自己的个人力量。可以举例说明增强控制力对成功的重要作用，并向李某简要重复增强个人力量的途径、有关愤怒的基本常识。然后要求李某认真总结回顾第一阶段自己情绪的变化和自己的行为反应。

2. 介绍心灵成长日记。要向李某展示心灵成长日记的样品，朗读其中的不同条款，然后解释这个日记的重要性；可以再现过去一段时间内发生冲突的精确细节；能够帮助自己了解什么因素会使自己愤怒，自己面对这些情境时，心理、情绪和行为是如何应对的，当时别人的反应如何，有什么好的或不好的效果，总结反省自己不妥当的地方。要求李某在心灵成长日记中填写遇到问题的情境、解决的方法以及在这种情境中如何产生愤怒或者攻击行为的情况。可以通过具体的实际例子，指导李某如何将这个实际的例子填写到心灵成长日记中去，使李某学会如何正确地填写心灵成长日记，能够把自己最近遇到的烦恼填写进去。然后检查日记，纠正对讲解的错误理解。

3. 讨论激发因素。让李某明白，每次的冲突情境都有激发因素，即行为、后果和冲突情境。这个阶段要让李某真正认识激发愤怒的内部因素和外部因素。外部因素是指一个人为了激怒别人而进行的行为，内部因素是指个人面临外部因素时产生的思维活动和自我言语。

4. 角色扮演。通过示范，帮助李某进行角色扮演，并对李某使用激发因素的情况进行反馈。可以选择李某《心灵成长日记》的问题情境进行角色扮演，也可以选择体育比赛中犯规行为、同伴和成年人说谎行为等问题情境，在角色扮演的过程中要学会识别内部的激发因素。

5. 简要回顾。在这个阶段训练快要结束时，要简要回顾训练的内容和成效，要重复心灵成长日记的用法，提醒李某重视心灵成长日记的作用，简要回顾激发因素的含义和种类。

(三)第三阶段：认识减弱因素

这一阶段集中解决与愤怒减弱因素有关的问题。

1. 复习第二阶段的内容。让李某通过填写完毕的心灵成长日记，回顾上一阶段提到的激发因素，要仔细地检查心灵成长日记的填写是否正确，对于能够成功识别内部激发因素的地方，要给以强化。

2. 讨论增强信号。情绪爆发和愤怒的产生以及攻击行为的驱动都有明显的信号，例如，肌肉紧张、紧握拳头、咬牙切齿、呼吸改变等。适当地举一些例子，让李某认识到根据身体信号判断是否产生愤怒，以便采取自我控制的措施来减弱愤怒。然后通过角色扮演，识别自己和合作者表现出的身体警告信号。

3. 识别减弱因素。在能够识别愤怒警告信号的基础上，可以开始学习使用愤怒减弱技术，以便在发现自己产生了愤怒情绪时，能够用它来降低自己的愤怒唤醒，增加自我控制和个人的力量。愤怒情绪的减弱因素有三种：一是深呼吸。进行缓慢深入地呼吸，可以使人在压力情境中作出比较适度的行为反应。可以举例说明深呼吸的作用，提醒李某在意识到自己的愤怒信号时，通过深呼吸来缓解紧张，减轻紧张身体的症状。然后，让李某进行角色扮演，并根据激发因素+身体线索+深呼吸的顺序，对角色扮演的情况进行反馈。二是倒着计数。倒着计数是一种自动降低唤醒水平的方式，可以在压力情境中减轻紧张、增强个人力量，使个人获得一定的时间，思考如何作出最有效的反应。让李某进行角色扮演，并根据激发因素+身体线索+倒着计数的顺序，对角色扮演的情况给予反馈。三是愉快想象。减轻紧张的第三种方法是在宁静的场景中进行想象。例如，想象正躺在海滩上，阳光温暖，微风拂面。鼓励李某想象能够获得宁静与放松的场景，帮助李某进行角色扮演，并根据激发因素+身体线索+愉快想象的顺序，对角色扮演的情况进行反馈。

4. 简要回顾。在这一阶段快要结束时，对识别愤怒的激发因素和身体信号的情况、使用三种减弱因素的表现进行评论。布置作业，让李某在未来的一段时间内，使用三种减弱因素来处理可能会引起愤怒的冲突情境。让李某写好心灵成长日记，在心灵成长日记内描述使用减弱因素处理冲突情景的情况，注明使用了哪一种减弱因素。

(四)第四阶段：提示语

在这一阶段要集中解决与提示语有关的问题。

1. 对上个阶段回顾。通过布置的作业，回顾上一阶段的愤怒减弱因素。在心灵成长日记中记录成功地使用了一种或者多种减弱因素的情况要给予积极的反馈和强化。

2. 介绍提示语。提示语是指能够帮助个人成功地应付各种压力情境的自我语言活动。可以让李某写出一个清单，列出他在最近的冲突情境中使用过的提示语。一些提示语可以反复使用，适合于所有的愤怒情境。例如，别着急、放松、冷静、镇定等。

3. 角色扮演。可以根据激发因素＋身体线索＋愤怒减弱因素＋提示语的顺序，让李某根据心灵成长日记中记录的冲突情境进行角色扮演。角色扮演的重点是要逐渐地从大声说提示语过渡到小声说提示语，最后达到心中无声地说提示语的结果。根据其表现情况进行必要的反馈。

4. 简要回顾。在本阶段结束时，对整个阶段进行总结，强调提示语的作用，常见的提示语主要有哪些，在什么情境下使用等。布置作业以强化记忆提示语，在遇到容易使自己情绪冲动、愤怒和可能产生攻击行为时，主要使用哪些提示语，并要求在心灵成长日记中记录冲突情境和使用提示语的情况。

（五）第五阶段：自我评价

这个阶段主要解决与自我评价有关的问题。

1. 巩固上一阶段的内容。通过检查在过去一段时间内李某使用提示语处理自己情绪冲动和烦恼的情况，对使用提示语的情况进行评价。让李某自己分析，然后给予必要的提醒。

2. 学习自我评价。自我评价的作用在于：判定自己处理某种冲突的情况，如果处理得好就奖励自己；帮助自己发现能够更好地处理冲突的办法，可以提供一些现成的语言帮助李某借用这样的语言进行自我奖赏，例如："我真的保持了冷静""我确实控制了自己"等，或者在冲突情境中不能保持自我控制时可以借用这样的语言来训练自己，例如："我需要更多地关注情绪的激发因素"。可以让李某根据心灵成长日记的记录，写出一系列在冲突情境可以进行自我奖赏和自我训练的提示语。

3. 角色扮演。按照激发因素＋身体线索＋愤怒减弱因素＋提示语＋自我评价的顺序，进行角色扮演，对角色扮演的表现要给予必要的反馈。

4. 布置作业。要求在心灵成长日记中记录冲突后的自我评价的提示语。

（六）第六阶段：事先思考

这一阶段主要解决与事先思考有关的问题。

1. 复习回顾上一阶段的内容。通过检查在过去一段时间内，使用自我奖赏性提示语和自我训练性提示语处理烦恼的记录，对自我评价进行评价。

2. 介绍事先思考。事先思考是通过判断目前的行为可能引起的后果来控制冲突情境中产生愤怒情绪的一种方法。一是要区别长期效果和短期效果，鼓励李某更多地考虑长期后果。例如，反映短期效果的话是"我给他一拳，他马上就会闭嘴"，反映长期效果的话是"如果我给他一拳，我就会被处罚，一个月的成绩全部泡汤"。可以要求李某列出一个清单，记录下在过去两个月内特定的攻击行为对自己和他人产生的短期后果和长期后果。二是最后解释攻击行为的内部后果和外部后果。例如，外部后果包括被扣分，受到批评处理，影响与他人之间的关系等；内部后果包括自己的感觉不好，失去自尊等。让李某自己列出进行攻击行为的各种消极后果，列举使用自我控制的各种积极后果。

3. 角色扮演。一是使用心灵成长日记中纪录的冲突情境，作出"如果—那么"式的事先思考、范例，例如，"如果我进行攻击行为，那么就将面临被扣分，受到禁闭等行政处分"。帮助李某进行角色扮演。二是愤怒控制链。对现在为止已经讲述的愤怒控制链进行示范："激发因素＋身体线索＋愤怒减弱因素＋提示语＋自我评价＋事先思考"。然后进行角色扮演，尝试使用愤怒减弱因素和事先思考。

4. 复习回顾。在训练结束时，要评论事先考虑的理由、攻击行为的不同后果以及"如果—那么"式事先考虑的益处。然后布置作业：在未来的一个阶段，在两种不同的冲突情境中事先思考，并将自己在冲突情境中进行"如果—那么"式自我提示的情况记录在心灵成长日记中。

（七）第七阶段：愤怒行为的循环

这一阶段要集中解决与愤怒行为有关的问题。

1. 回顾复习上一阶段的内容。通过检查在过去一段时间内李某在心灵成长日记中记录的面对冲突情境时使用"如果—那么"式自我提示语的情况，并根据使用的情况给予必要的反馈。

2. 学习愤怒行为循环。一定的情境或人，使李某产生愤怒情绪，李某的表现又使别人产生愤怒或攻击行为，这就是愤怒行为循环。可以列举可能会产生愤怒情绪的例子，例如，谩骂别人，拿别人的相貌开玩笑，揭别人的短，在众人面前暴露别人的隐私等。然后，让李某思考并列举多种可以使别人产生愤怒情绪和攻击行为的言语、行为或其他事情，并设计一定的情境进行反复的练习。

3. 角色扮演。通过角色扮演，演练已经讲过的各种愤怒控制技术。按照激发因素＋身体线索＋愤怒减弱因素＋提示语＋自我评价＋事先思考＋愤怒行为循环的顺序，进行角色扮演。根据其表现情况进行必要的反馈。

4. 简要回顾。在训练快要结束时，要评论李某识别出来的，往往会惹怒别人的行为，提醒他记住已经达成的协议，在未来一段时间内，至少改变所识别出的三种行为中的一种。

（八）第八阶段：完成练习

这个阶段主要解决与完成训练有关的问题。

1. 总结复习第七阶段的内容。评论愤怒行为循环，与李某讨论改变自己愤怒激惹行为的情况。

2. 技能演示。在将近三个月的时间内，要进行各种愤怒控制技术的角色扮演活动，使用在技能演示课程中学会的其他一些技术。

3. 评价心灵成长日记。检查李某填写完的心灵成长日记，对使用各种愤怒控制技术以及开始使用技能演示的情况，进行总结、指导和强化。

（九）第九阶段：巩固提高

这一阶段的主要任务是让李某熟练地运用已经掌握的各种愤怒控制技术，使之成为自己面对各种冲突情境时的应对方式和处理情感危机的行为习惯。

1. 评估愤怒训练的成果转化及帮带实施。全面梳理和评价李某的心灵成长日记，从中发现李某在面对冲突情境时的各种反应方式；找出常见的对于李某来说容易产生愤怒情绪的各种情况；找出李某的应对习惯；总结出李某发生改变和进步的地方。

2. 针对李某存在的不足和缺陷，重新制订相应的训练计划，对没有掌握的技术，反复进行强化训练。

3. 对李某设置不同的冲突情境，进行实地考察。

4. 对李某在服刑期间和其他服刑人员进行交流和处理控制情绪的情况予以全面的考察。

拓展训练 23　　　　　　　　**范例习作**

罪犯张某，男，44岁，小学文化程度，抢劫罪，死缓。1989年6月入监。入监后，张犯常因改造生活中的琐事，与同监罪犯李××发生矛盾，以至斗殴伤人，事务犯周××就当着几个老乡的面将其训斥了一顿。张犯声称每次看到该名事务犯，就全身发抖，血往上涌，有一种强烈行凶的报复心理，还扬言要把李××的头拍了，要打周××等。十多年中，几乎每年都要用砖块或者木棍打伤3～4人，成了全监有名的"反改造尖子"。1999年笔者担任政治教导员后，组织开展了一系列"攻坚"活动，并亲自担负了张犯的"攻坚"任务，从此开始了针对张犯的长达10年的跟踪矫治历程。

通过走访谈话、阅档得知,张犯为人好讲义气、好打抱不平、易冲动烦躁,绰号"张大炮"。幼时家庭贫穷,父母在"文革"中遭到打击双双早亡,无同胞兄弟姐妹,仅与其养母相依为命;但生活中非常要强,自被打后觉得在老乡面前丢了面子,多次报复,也因为报复行凶多次受到禁闭处理。

1. 张犯是典型的冲动型人格障碍患者。①情绪急躁易怒,存在无法自控的冲动和驱动力。用他自己的话说,就是"冲动时,血直往头上涌,大脑一片空白,什么也不顾,什么都不知道了"。②性格上常表现出攻击、鲁莽和盲动性。他最喜欢的口头禅是"老子把你'扳'了它!"。③冲动的动机形成有时是有意识的,有时是无意识的。④行动反复无常,可以是有计划的,也可以是无计划的。行动之前有强烈的紧张感,行动之后体验到愉快、满足或放松感,无真正的悔恨、自艾或罪恶感。每次行凶后,还自认为很有道理。⑤心理发育不健全和不成熟,经常导致心理不平衡。⑥容易产生不良行为和再犯罪的倾向。他常说,社会对不起我,我恨不得地球毁灭!⑦有自伤自毁行为。张犯在入狱前曾经谈过恋爱,由于女方父母不同意,一对恋人双双喝下剧毒农药,女方因为抢救无效死亡,从此,张犯的性格更加暴戾。张犯具有上述七个方面的思想和行为特征,打架行凶次数多,持续时间长,情绪以阵发形式爆发,具有明显冲动、攻击行凶的行为特征。

2. 张犯攻击型人格障碍产生的原因。攻击型人格的犯罪者中,脑电波异常者多,特别是颞叶的慢波活动与正相尖波比正常人高10%~20%,内分泌腺和雄性激素分泌较多。张犯除可能有以上生理原因外,更主要的是心理、家庭和社会的原因。他是个孤儿,从小就在寄人篱下中艰难生存,由于常遭打骂,心理受到压抑,长期郁结于内心的不满情绪一旦爆发出来,往往会选择较为激烈的行为来发泄积怨。遇到不平事就会拔刀相助,打抱不平。他从小受人欺侮,有强烈的自卑感,说谎、骗人。吹牛和使用暴力既可自卫,又能满足自尊心。进入青春期,自以为已经长大成人了,而且特别热衷于男子汉角色的认同和片面理解,强调男子汉的刚毅、果断、义气、力量、善攻击等特征。因此,在同龄人面前,特别是有异性在场时表现出较强的攻击性,以证明自己是一个男子汉。例如,他主动辍学在家,用自己放牛挣来的钱,供姐姐(养母的女儿)上学,就觉得自己很有男子汉气概。另外,社会底层的阴暗和不平等,使他过早地体验到"老实人吃亏"的道理,养成做什么事都不服输的习惯,挫折越大越可能激发攻击行为。

针对张犯的实际情况,采取了行为疗法的系统脱敏疗法、标记奖励疗法、厌恶疗法、自信训练疗法、行为塑造疗法、示范疗法等一系列具体的实施方法,并且将情感矫治的元素始终贯穿其中,以期取得事半功倍的效果:

1. 对其开展心理健康教育,进行深入细致的心理访谈,要求该犯正确对待服刑中遭遇的挫折,增强承受力。①要求他遇到事情要做到大事化小、小事化了,互相尊重,宽以待人,培养必要的涵养。②遇到挫折,可以直接找监区长或教导员谈。③根据该犯的生产劳动能力,要求该犯积极发挥自己的特长,争取较大成绩获得民警的肯定和表扬,同时可以获得心理上的快慰感。

2. 鼓励其多参加监区、分监区开展的文体活动,让其体内的内在能量寻找一个正常的释放渠道。与其堵之,不如导之。

3. 注重升华作用。教育其即使受挫,也要把精力用在学技术、学文化上去,化解攻击的能量。

4. 运用行为治疗的系统脱敏技术,克服行为的冲动性。首先,通过其口述,找出一系列让其感到冲动的事件,让张犯给出他对这些情境事件感到的 SUD,即主观干扰程度。然后按各事件的 SUD 将它们排列为一个等级,这个等级称为冲动事件层次。

治疗开始,首先用暗示性语言或者音乐让张犯放松三五分钟。然后,继续指示张犯:"当你感觉非常舒适和轻松时,就请抬起右手的食指示意一下"。当张犯开始做这一动作时,让他想象冲动事件层次中 SUD 程度最轻的事件,并报告在该情境清晰地出现在头脑中时,他所体验的 SUD 程度。然后指示其再次进入放松状态,重复前面的过程,再次想象刚才的事件,报告 SUD 程度。

这样多次反复,如果张犯对这一冲动事件报告的 SUD 逐渐下降至某一较低水平且不再下降时,则可以认为张犯对这一事件的冲动已经消失。然后依次递进换用冲动事件层次中的下一个事件,直至张犯对所有事件的冲动均基本消失。

5. 注重发挥情感在人格矫治中的作用。为了拉近民警与张犯的心理距离,首先从关心其生活入手,数九寒天,民警给其送去御寒的棉被;春节将至,民警从自己的工资中拿出 100 元,汇到该犯的零用钱账户上面,帮助他购买日用必需品,使其感受到"不是亲人、胜似亲人"的温暖。真心实意的关爱,融化了其冷漠无情的心灵坚冰,张犯从此愿意将心里话向民警倾诉,每次民警都能够做到耐心倾听,并且运用倾听技术,让其释放紧张、焦虑和烦躁的情绪,为下一步心理治疗进行铺垫。

在发挥情感矫治的作用时,还采取了以下几个方面的措施:①建立分管民警、分监区长、教导员立体式的关爱教育模式。每当张犯冲动的时候,只要有一名民警提示他:你再冲动,我就把丁政委请来!张犯立马就会收敛,进而平静下来。②挫折教育。要求张犯每当在快要发脾气时,原地站立默想,嘴里默念"镇静,镇静,三思,三思"之类的话,同时舌头在口腔内搅动十圈。通过时间缓冲,帮助自己的头脑冷静下来。③榜样引路。学习身边好的行为榜样,从积极的方面纠正自己的偏差行为。④运用激励机制，调动罪犯内在的积极因素。在张犯有了明显的进步后，1999年监狱依法为张犯呈报减刑10个月的奖励，对张犯鼓舞很大，谈话问他再想不想打架时，张犯深有感触地说："有时候也想打，但是我不会再打了。"此后又分别于2001年、2005年再次获得减刑奖励。2008年1月减刑1年。

更为可喜的是，张犯在改造生活中每当遇到应激事件，不再冲动或者即使有冲动的欲望，但是能够克制。例如今年春节期间，张犯在观看他犯下棋时，因为多嘴，被何犯一拳头将门牙打松，张犯不仅没有还手，还忍痛向何犯赔礼道歉，连说对不起。再如，一次王犯用桶打开水，张犯劝止他，王犯恼羞成怒，将一桶开水向他泼去，将张犯的脚烫起了泡，张犯当时没有出手殴打王犯，而是将情况报告给了值班民警。

问题： 根据上述范例材料写一份个案矫治报告。

思路： 训练目的是掌握个案矫治报告的写法，分析思路可从标题、前言、主体等方面着手。

拓展训练24

思考与练习题

1. 个案矫治的特点和内容是什么？
2. 如何进行犯情分析？
3. 如何制作个案矫治方案？
4. 如何实施个案矫治？

拓展训练25

拓展阅读书目

1. 陈光中主编：《刑事诉讼法教学案例》，法律出版社2007年版。
2. 夏宗素主编：《矫正教育学》，法律出版社2007年版。
3. 郭建安、郑霞泽主编：《社区矫正通论》，法律出版社2004年版。
4. 王祖清、赵卫宽主编：《罪犯教育学》，金城出版社2003年版。
5. 宋行主编：《服刑人员个案矫正技术》，法律出版社2006年版。
6. 连春亮：《罪犯心理矫治策论》，华文出版社2004年版。
7. 陈立成：《罪犯心理障碍》，群众出版社2008年版。
8. 连春亮、张峰：《人文关怀下的罪犯心理矫治》，群众出版社2006年版。
9. 于爱荣等：《服刑人员改造质量评估》，法律出版社2005年版。
10. 陈兴良：《刑法的价值构造》，中国人民大学出版社1998年版。

学习单元10　环境陶冶

学习目标

主要是了解环境陶冶的内涵和任务，懂得环境陶冶的工作流程，了解监区改造环境布置的特点、规律和注意事项。根据相关的知识原理和岗位职责要求，组织开展环境陶冶教育活动，布置适宜罪犯改造的监区环境。

服刑人员文化节

知识储备9　环境陶冶的概念和任务

一、环境陶冶的概念

按教育资源渠道的不同，罪犯教育有主导教育与辅助教育。相对于课堂教学主渠道教育，对应有环境陶冶的辅助教育；相对于狱内主渠道教育，则对应有社会帮教的辅助教育。环境陶冶的基本原理是教育者自觉地利用环境对受教育者进行积极影响，即有目的有计划地设置和利用各种情感和环境因素，让受教育者受到潜移默化、耳濡目染的影响、感化和熏陶。因此，环境陶冶教育也称为"隐性教育""陶冶教育"或"环境教育"。对罪犯的环境陶冶主要有物质性环境陶冶、制度性环境陶冶和行为性环境陶冶，是监狱在执行刑罚的过程中，为矫正罪犯不良习气、培养罪犯健全人格、促进罪犯身心健康和发展、提高罪犯改造质量，而开展的文化宣传活动、文艺体育活动、艺术和美育活动以及监狱主体建筑、文化设施、美化物态、规章制度等。

在罪犯教育过程中，环境陶冶教育工作的开展，通常是以监区文化建设为载体，其内容主要包括：组织罪犯开展丰富多彩的文化、体育等活动，创造有益于罪犯身心健康和发展的改造环境；办好图书室、阅览室、墙报、黑板报，组织开展经常性的读书、评报活动，监狱图书室藏书人均不少于 10 本；根据自身情况，成立多种形式的文艺表演队、体育运动队等，组织罪犯开展文艺、体育活动；根据条件，组织罪犯学习音乐、美术、书法等，开展艺术和美育教育；建立电化教育系统、广播室，各分监区要配备电视，组织罪犯收听、收看新闻及其他有益于罪犯改造的广播、影视节目；根据教育改造罪犯的需要，美化监区环境，规范监区环境布置；在国庆节、国际劳动节、元旦、春节和重大庆祝、纪念活动时，以及每月的第一天，组织罪犯参加升挂国旗仪式。

二、环境陶冶的任务

环境陶冶教育工作任务主要有对罪犯的认识导向、情感陶冶和行为规范等三个方面。

（一）认识导向

健康文明的监区文化蕴藏着明确的改造目标、良好的道德规范和抑恶扬善的改造风尚。使罪犯置身于这种氛围，可以激发其对改造、对生活的信心，减少或消除消极情绪，从而树立正确的人生观、价值观和荣辱观。通过借助语言、文学、体育、艺术等工具，开展丰富多彩的群体活动，倡导优良的风气，对罪犯进行熏陶和感染，使他们在一种不知不觉的氛围中，自我感受和领悟"做什么"和"怎么做"，从而发挥环境陶冶的认识导向作用。

（二）情感陶冶

一个环境建设好的监狱，透露出浓烈的文化气息和生机活力，它体现出罪犯教育者的价值取向、志趣爱好及文化素养，不仅使罪犯得到美的享受，而且使罪犯获得熏陶和感染，深刻地影响着罪犯的思想品德、生活行为方式的选择。通过美化监区环境，开展丰富多彩的文化体育活动，借助美的事物、美的情境，激起罪犯对美的情感体验，净化心灵，陶冶情操，并自觉约束自己不合乎道德的行为。

（三）行为规范

监狱建立的学籍管理制度、活动管理制度、生活秩序和环境管理制度、考核奖惩制度，以及"三课"教育管理制度在内的制度体系等制度文化形成的罪犯教育氛围，必然起到指向、约束、矫正、激励、整合与保障作用。同时，监狱一系列健康的、积极的、丰富多彩的监区文化，对罪犯健康人格的形成和身心健康的发展起着潜移默化的作用。一方面，狱内各种文化载体所迸发的启迪能量，对罪犯不仅能起到警示、教育、引导和抑制作用，而且也能激发起上进心理，促使他们积极改造，早日成为守法公民和有用之人。另一方面，通过监区文化建设因势利导地疏导罪犯心理，逐渐淡化或减轻因刑罚而造成的紧张与痛苦心理，从而使罪犯逐步适应狱内的改造生活，规范服刑行为，走上弃恶从善之路。

学习情境40　组织开展监区文化宣传活动

一、组织罪犯读书、评报

（一）组织罪犯读书

在罪犯中开展读书活动，通过读、写、感，提升罪犯自身的素质和形成社会、生活新的认识，是鼓励罪犯自觉改造，稳定罪犯情绪，提升罪犯服刑素质和培育良好的情操的有效途径。主要工作过程环节有：

1. 组织。监区应建立相应的组织领导机构，加强组织、协调、引导和活动的评价工作。机构成员要经常深入罪犯，通过个别交流、座谈讨论等途径切实掌握罪犯的需求动态，确定读书活动主题，制订切实可行的计划。在具体实施上，既可以以监舍成员或互监小组为单位，组织所有罪犯进行读书，由文化程度较高、语言表达能力较强的罪犯负责朗读，其他罪犯认真倾听；也可以通过成立读书兴趣小组的形式，由罪犯自发成立相应的读书兴趣小组，开展读书活动。

2. 宣传。绝大多数罪犯文化程度较低，不会主动热情投入。应借助宣传栏、板报、横幅、标语、广播、电视等媒介，广泛宣传发动，营造读书氛围。并通过阶段性的评比，把活动引向深入，提高罪犯的积极性和集体荣誉感。

3. 辅助。通过大型图书进大墙、开办图书超市、举办赠书仪式、举办读书讲座、开展法律援助、现场心理咨询等配套辅助性活动，丰富读书活动内容，激发罪犯的兴趣。

4. 展示。通过举办读书演讲比赛、辩论比赛、写作比赛等竞赛活动，为罪犯提供展现自我的平台，尽情抒发感情，探讨个人的社会认知，悔悟罪行，提升罪恶感，促进正确的世界观、价值观和人生观的形成。

5. 总结。通过组织罪犯读书汇报会，让罪犯交流读书心得体会，普遍受到教育。

（二）组织罪犯评报

一般以学习小组为单位开展。主要工作过程环节有：

1. 确定主题。在开展评报活动前，负责组织评报活动的民警对所评报刊的内容要有一个全面的、深入的、细致的了解，应非常明确通过这次评报活动应收到什么效果，达到什么目的。根据改造罪犯需要，确定罪犯评报主题，并做好活动方案。

2. 组织学习。组织罪犯认真学习报刊上的有关文章作品，并通过导读帮助，突出重点内容，使他们对报刊的内容有一个正面的理解和认识，以便在评报中能把握总体方向。必要时，可以组织罪犯收听收看视听资料，加强学习效果。

3. 撰写体会。让罪犯撰写学习体会文章。

4. 讨论交流。组织罪犯开展小组专题讨论，谈体会，说感受，相互启迪，深化理解。

5. 总结提高。通过对罪犯学习体会文章进行专项评比，民警就罪犯讨论情况作中心发言，评报活动回顾总结，监狱小报专版宣传等形式进行总结提高。

宣传板报

二、组织罪犯收听、收看广播、影视节目

组织罪犯收听、收看广播、影视节目要做到:

1. 广播站、电视室的钥匙应牢牢地掌控在民警的手中,切忌将广播站、电视室的钥匙交由罪犯保管。组织罪犯收听广播新闻、广播节目、监狱(监区)领导讲话或通过广播对罪犯进行教育和心理干涉等,都必须由当班民警组织罪犯集中收听,罪犯应严格按规定的位置就座。收听结束后,当班民警应作简明扼要的小结,然后布置罪犯进行小组讨论。

2. 每天晚上7点,应由当班民警准时组织罪犯集中收看中央电视台新闻联播节目,罪犯在收听、收看广播、影视节目时,应严格按规定的位置就座。

3. 应有选择性地组织罪犯收看电视节目和电影,这些影视节目既包括对罪犯有教育意义、能激发罪犯积极向上的,也包括能使罪犯学到职业技术和职业技能的,当然也包括一些纯娱乐性的、丰富罪犯业余生活的。在组织罪犯收听、收看广播、影视节目时,当班民警必须全部到岗到位,由民警指挥、组织罪犯集队入场,并严格按规定的位置就座,防止罪犯起哄和聚众闹事。对一些影响较大、能触及罪犯心灵的广播、影视节目,在组织罪犯收听、收看后,还可以组织罪犯写心得,谈体会,开展小组讨论,以巩固和扩大教育的效果。

三、组织罪犯升挂国旗仪式

组织罪犯升挂国旗仪式,是一件十分庄严、神圣的大事,必须周密安排。

1. 根据《国旗法》,升挂国旗应当符合以下规定:

(1) 举行升旗仪式。升挂国旗时,可以举行升挂国旗仪式。举行升挂国旗时,在国旗升起的过程中,参加者应当向国旗肃立致敬,并可以奏国歌或者唱国歌。

(2) 升挂国旗,应当将国旗置于显著的位置。列队举持国旗和其他旗帜行进时,国旗应当在其他旗帜之外。国旗与其他旗帜同时升挂时,应当将国旗置于中心、较高或者突出的位置。在外事活动中同时升挂两个以上国家的国旗时,应当按照外交部的规定或者国际惯例升挂。

(3) 在直立的旗杆上升降国旗,应当徐徐升降。升旗时,必须将国旗升至杆顶;降旗时,不得使国旗落地。下半旗时,应当行将国旗升至杆顶,然后降至旗顶和杆顶之间的距离为旗杆全长的1/3;降下时,应当行将国旗升至杆顶,然后再降下。

(4) 不得升挂破损、污损、褪色或者不合规格的国旗。

2. 各监狱和监区必须相应组织成立一支专业的升挂国旗的旗队。有条件的监区最好选择一些年富力强且以前在部队服役过的民警担任旗手和护旗手(当然

如果条件不具备,也可以选择一些年富力强且以前在部队服役过的罪犯担任旗手和护旗手)。旗队必须进行定期的、严格的训练,训练内容和方法可以参照北京天安门广场国旗护卫队的训练内容和方法来实施,以适应每次升挂国旗仪式的需要。

3. 入监队和各监区每周都应组织罪犯唱国歌,并把国歌作为每次大合唱比赛的指定歌曲,这样在升挂国旗仪式时,就可以同时唱国歌升国旗,并确保每个罪犯都会唱国歌。

4. 每个监区应以分监区(二级管理的监狱以管区)为单位,经常组织罪犯进行队列训练,队列训练必须由民警担任指挥,监狱每年至少举行一次队列比赛,监区每半年至少举行一次队列比赛,这样就可以确保在升挂国旗仪式时,队列整齐。

5. 升挂国旗仪式应根据各监狱的实际情况具体组织实施。有条件的监狱可以在同一场地组织全监狱的罪犯举行升挂国旗仪式,当班民警必须全部参加,仪式应由当班的监狱最高行政领导主持,各监区按事先规定的位置,组织罪犯按规定时间由民警带队跑步入场。升旗仪式结束后,主持升挂国旗仪式的领导应作简要的讲评,然后再由各监区民警将罪犯集队带回各监区。不具备在同一场地组织罪犯举行升挂国旗仪式的监狱,应以监区为单位组织本监区的罪犯举行升挂国旗仪式,当班的监区民警必须全部参加,仪式应由当班的监区最高行政领导主持,各分监区(或管区)按事先规定的位置,组织罪犯按规定时间由民警带队跑步入场。升旗仪式结束后,主持升挂国旗仪式的领导应作简要的讲评,然后再由各分监区(或管区)民警将罪犯集队带回各分监区(或管区)。

6. 有条件的监区可以成立乐队,乐队应经常进行训练和排练,能非常熟悉地掌握演奏国歌的技巧,在升挂国旗仪式时,可以同时奏国歌和唱国歌,这样效果更好。

学习情境41　组织开展监区文艺体育活动

一、组织罪犯开展文艺活动

罪犯文艺活动的内容丰富多彩、形式不拘一格。内容上,根据不同的标准可以划分为综合性文艺活动和专题性文艺活动,前者如监区文化艺术节、国庆、春节文艺汇演等,后者如"百歌颂中华"大合唱比赛、专题课学习演讲比赛、诗歌朗诵比赛等；形式上，既可以是舞台文艺，也可以是人人参与的大众文艺；类型上，包括相声、小品、歌舞、魔术、插花、手工艺制作，等等。组织罪犯开展文艺活动要做到：

1. 成立各式各样的文艺活动兴趣小组。监狱应根据各监区的实际和罪犯的特长，统筹兼安排，分别在各监区成立各式各样的文艺活动兴趣小组。如声乐小组、器乐小组、相声小组、小品小组、合唱团、舞蹈队、醒狮队、秧歌队、手工艺制作小组、书画社，等等，这些兴趣小组的成员，既可以是入监前就有文艺特长的罪犯，也可以是入监后有文艺兴趣、爱好的罪犯。对这些文艺活动兴趣小组，负责基层罪犯教育工作的民警，一方面要鼓励和支持他们开展形式多样、丰富多彩、内容健康的业余文艺活动；另一方面，要邀请监狱或社会上的专家、学者对他们进行定期或不定期的业务培训，以培养他们的持续兴趣和提高他们的演艺技巧。

2. 有条件的监狱应成立罪犯艺术团。首先，应抓好艺术团骨干队伍的建设，一方面，在全监狱范围内抽调有文艺特长的民警进行培训，进一步提高民警的文艺专业素质和文艺活动组织能力；另一方面，在全监狱范围内抽调有各种各样艺术特长或在艺术方面有培养前途的罪犯，集中时间进行罪犯文艺创作、演艺技能培训。其次，应投入足够的资金，购置适宜罪犯艺术团正常演出需要的音响、灯光、乐器、服饰、道具等文艺演出用品。再次，邀请社会上的专家、学者对艺术团的民警和罪犯进行定期或不定期的业务培训，以提高他们的文艺组织能力、文艺创作能力和演艺技巧。最后，应确保有足够的时间和空间，让艺术团专心地创作和训练。

3. 定期或不定期地邀请社会上的文艺工作者到监狱开讲座，向罪犯传授文艺方面的知识，教罪犯如何进行文艺欣赏，指导监狱开展形式多样、丰富多彩的文艺活动。也可以邀请社会的文艺工作者到监狱进行文艺演出或举办手工艺作品展等，启迪罪犯的文艺创作思维，丰富罪犯的业余文艺生活，陶冶罪犯的情操。

4. 在组织开展罪犯文艺活动时，既要考虑活动内容的健康性、教育性、可操作性，又要考虑娱乐性、可观赏性和现实性，最好选择一些贴近罪犯现实生活的体裁，使罪犯在娱乐活动中受到潜移默化的教育并能最大限度地丰富罪犯的改造生活，陶冶罪犯的情操。当然最主要的是在确保监管安全的前提下组织开展罪犯文艺活动。

二、组织罪犯开展体育活动

罪犯体育是指监狱通过对罪犯进行体育知识教育，并组织开展体育活动，以活跃罪犯生活，增强其体质，促进其改造的教育活动，它是罪犯监狱生活中的重要内容,对罪犯教育改造有着积极的促进作用。罪犯体育包括健身体育、娱乐体育、医疗体育和竞赛体育,课目内容主要有田径、球类、体操、导引养生和棋牌类等。罪犯体育与学校体育、群众体育之间,既有联系,又有区别,它们在运动技巧和竞赛规则等方面都是一致的,但罪犯体育又有自身的特殊性和局限性。组织罪犯开展体育活动要坚持全面发展原则、渐进性原则、适应性原则、经常性原则和因地制宜原则。

(一) 罪犯体育活动的具体形式

1. 早操。早操内容可根据季节气候的变化采用慢跑、徒手操、器械操、柔韧练习、呼吸练习等为主的形式。早操的运动负荷不应过大。组织多以分监区、班、组为单位,进行集体操练。

2. 正课。正课是体育活动的基本方式。对罪犯进行体育教育,不能采用"放羊式"教学,应按照训练计划规定的时间、内容和要求进行。通常以分监区、班、组为单位组织实施,每次不得少于1小时。教学过程由准备、实施、结束三部分构成。准备部分主要有组织工作,一般性和专门性准备活动。组织工作内容有整理队伍;检查人数、场地、器材;下达课目、提出要求等。一般性准备活动内容包括跑、跳练习、徒手操以及游戏等。专门性准备活动主要有与本课内容相关的肌肉群、关节、韧带和器官得以充分活动。一般应选择与实施部分训练内容、结构相似的模仿性、辅助性或诱导性练习。实施部分是一堂课的主体,主要通过讲解要领,传授各种技术动作,反复练习达到锻炼身体和掌握体育知识、技术和技能的目的。该部分运动负荷应稍大,强度应根据不同年龄、健康状况采用适合的量。正课的主要内容应安排,如球类、田径、单杠、双杠、徒手体操、轻器械操、乒乓球、羽毛球等。结束部分主要是做一些放松性的活动以及简单的讲评。

3. 受限制条件下的体育活动。受限制条件是指处于特殊监管和劳动而使活动受限的情况,如禁闭、田间劳作、矿井作业等。在这种情况下的体育活动应根据当时所处的条件,采用适宜的活动内容。如禁闭期间的罪犯,应做伸展肢体、深呼吸、下蹲起、体前屈、转体、活动颈、手、腿各关节等。田间劳作罪犯不存在肌力衰退现象,应以关节活动、深呼吸、疲劳肌肉的反向拉伸为主。在厂矿从事不同工种的罪犯应采用不同方法。重体力者,应以各种姿势的负重练习、提肩练习、提高心血管系统的耐力性练习等为主。地下作业者,因缺少阳光照射,新鲜空气供给不足,应增加腿部力量和心肺功能的体育活动,如长跑、负重深蹲、屈膝跳等。

4. 闲暇期的体育活动。利用闲暇休息期间进行的体育锻炼,内容和形式不限，可以单独或集体进行。运动形式多样，如球类比赛、棋牌游戏、单、双杠等。

（二）罪犯体育比赛的组织

1. 因地制宜制定详细的体育比赛方案。

2. 广泛动员，组织好有一技之长，且改造表现较好，没有明显的抗拒改造言行和破坏情绪的罪犯报名。

3. 精心组织，合理安排，科学指导好每一场比赛，教育参赛罪犯要发扬"友谊第一、比赛第二"的精神，赛出水平、赛出风格，同时还应组织和引导好罪犯观看比赛，做文明观众。

4. 认真总结比赛的经验教训。

醒狮队表演

学习情境42　组织开展罪犯美育活动

罪犯美育是指监狱通过组织罪犯学习音乐、美术、书法、绘画等，开展艺术和美育活动，培养罪犯树立正确的审美观念，提高罪犯的审美情趣，让罪犯真正能够感受美，懂得鉴赏美和学会创造美，从而促进罪犯身心健康的发展，达到教育改造罪犯成为社会主义守法公民的目的。其中，矫正罪犯不良审美观念和审美情趣是实施罪犯美育的前提和基础;提高罪犯美的感受力、鉴赏力、创造力是主要内容;全面教育罪犯、改造罪犯、塑造罪犯是宗旨。罪犯美育的内容有自然美教育、艺术美教育和社会美教育。组织罪犯开展美育活动的主要工作是:

一、开设罪犯美育课程

在罪犯中系统地开设美育课,向罪犯传播美的知识,用美的事物陶冶和教育罪犯,不断完善罪犯的知识结构。

1. 教育罪犯树立正确的审美观。树立正确的审美观,是罪犯美育的首要任务。罪犯审美观是指罪犯对客观世界的把握,具体地说是指罪犯从审美角度对审美对象进行判断和评价的标准。对于绝大多数罪犯来说,他们往往没有正确的审美观,情趣低下,美丑不分,善恶颠倒,荣辱易位,因而谈不上什么美的追求、美的鉴赏,美的创造更是无从谈及。所以对罪犯进行审美教育时必须把审美观问题同世界观、人生观以及道德观、价值观等放在同等重要的位置。

2. 培养罪犯的审美感受能力。罪犯的审美感受能力是指通过教育使罪犯对美的事物有良好的感知能力。它是整个审美能力中最初始、最基本的能力,是罪犯鉴赏美、创造美的前提。对绝大多数罪犯来说,由于其文化程度偏低,加之缺乏艺术熏陶的社会生活环境,因而这种审美感受能力相当低下,但审美感受能力主要来自于后天的培养教育。所以,要对罪犯实施审美教育,提高其审美情趣,必须引导其加强审美感觉器官的训练,以提高其对各种美的事物的感受能力。

3. 培养罪犯的审美鉴赏能力。罪犯的审美鉴赏能力是指罪犯在审美感受的基础上进一步鉴别美、欣赏美、领悟美和评价美的能力。审美鉴赏能力主要包括两个方面:一是对事物美丑的辨析能力;二是对美的形态的特征、范畴和程度的识别能力。现实生活中,万象纷呈,美丑混杂,所以首先能够辨识美丑,才能逐步达到较高一级的审美境界。绝大多数罪犯,恰恰是分不清美丑,更不知何以为美,何以为丑,所以往往以丑为美,以美为丑。如有的罪犯把不劳而获的偷窃行为看成是有本事;把诈骗行为看成是高智商;把伤害、杀人看成是寻开心、找刺激、闹着玩、真男子汉;把哥们义气看成是英雄主义;等等。这些都是他们在社会生活中美丑混淆,善恶颠倒的突出表现。这些罪犯,他们不想也不会去欣赏自然的美和艺术的美。所以,对这些罪犯必须加强文化知识、思想道德和艺术素养教育,以端正其美丑和善恶观念,然后才能使他们的审美能力逐步提高。

4. 培养罪犯美的创造能力。培养和提高罪犯美的创造能力,是美育的实践任务。罪犯美的创造能力是指罪犯按照美的规律去创造美的事物的能力。这种美的创造能力,既包括艺术创造能力,也包括物质生产劳动、日常生活和精神文化活动中的各种美的创造力。罪犯是社会的破坏者,他们或者破坏了自然美,或者破坏了社会美。通过实施审美教育,激发他们美的创造力,主要包括两个方面:一是鼓励其在生产劳动中去创造,如革新生产工具、改造工艺、革新种植方式等;二是引导其以新的审美观念、美的行为、健康、文明的语言去建设和创造新的生活,以形成一个有利于全面自新、全面改造的服刑环境。

5. 培养罪犯以审美的态度对待自然、对待社会和对待自我。一是培养罪犯以审美的态度对待自然。人类应建立一种审美的自然观,建立起人与自然和谐的审美关系。二是培养罪犯以审美的态度对待社会。社会性是人的根本属性,社会美包含更多的理性内容,人与社会之间应建立一种和谐发展的审美关系。

二、邀请社会上的专家、学者到监狱开讲座

邀请专家、学者给罪犯传授美育的基本理论、基本知识和基本的审美技巧和审美方法。

一方面,要积极主动与当地的书法协会、工艺、美术协会等相关部门联系,争取他们对监狱教育改造罪犯工作的理解和支持。另一方面,要结合本监狱罪犯的实际、兴趣、爱好和当地书法协会、工艺、美术协会的特色,有针对性地邀请社会上的专家、学者到监狱开讲座,辅导和现场指导监狱相关书画、手工艺兴趣小组、协会等开展相应的活动。

三、经常在监狱开展书法作品展、美术作品展、手工艺作品展等活动

开展书法、美术、手工艺作品展等活动的主要做法是:

1. 要组织一定数量的、有欣赏价值的书法、美术、手工艺作品。一方面,可以从罪犯平时的书法、美术、手工艺品创作中收集。另一方面,充分利用社会资源,邀请社会上有书法、美术、手工艺品爱好和收藏的,且热心支持监狱教育改造罪犯工作的知名人士、学者带作品到监狱来参展。

2. 要精心地组织、科学地布置每一个展览厅。对每一件参展的作品,都要以科学的态度,合理地摆放到它应有的位置,以提高其视角的效果和整体的展览水平。

3. 要邀请社会上真正懂得书法、美术、手工艺作品鉴赏和评论的专家、学者到监狱来进行现场点评,对专家、学者的点评,应认真地做好记录和录音,并及时地组织形成展览的解说词,安排口才好的罪犯认真准备,为开展作解说,以提升罪犯的审美鉴赏能力,达到展览的应有效果。

4. 精心地组织和安排好罪犯、罪犯家属、社会各界人士进行参观。参观期间,一是要做好解说工作,二是要加强对罪犯的管理、教育和引导,以便有序地进行。

四、组织罪犯观看自然美、艺术美、社会美的影视、录像

让罪犯体会和欣赏美的自然、美的艺术和美的社会（人类心灵的美）。由于罪犯在服刑改造期间，相对与社会隔绝，不可能组织他们到社会上去亲身体会和欣赏美的自然、美的艺术和美的社会（人类心灵的美）。但可以通过组织他们观看自然美、艺术美、社会美的影视、录像，让他们间接地欣赏祖国和世界美丽的大好河山；欣赏古今中外的艺术作品；感受人类美的心灵和人与人之间的和谐发展。

学习情境 43　参与布置监区改造环境

要为罪犯营造良好的改造环境，做到规划合理，设施齐全，环境美化，监区整洁，建设美丽监狱。监区改造环境内容主要有：监狱主体建筑，包括大门、岗楼、道路、教学楼、监房、厂房、食堂、家属会见室、心理咨询中心等；监狱文化设施，包括各种教学设施、文艺体育设施、交流会展设施等；监狱美化物态，包括草坪、花木、假山、喷泉、雕塑、楹联、亭台、名言、警句等。布置监区改造环境要做到：

一、遵循规范、以人为本

监区改造环境的布置，特别是监狱主体建筑和文化设施的建设，必须符合相关的法律、法规和监狱监管改造的要求，做到以人为本。建设部、国家计委批准的《监狱建设标准》（2002 年 12 月 3 日　建标［2002］258 号）第 30 条规定，监狱内医疗用房、教学用房、伙房、餐厅等应根据建设规模和监狱管理体制，参照现行国家标准《民用建筑设计通则》（JGJ37－87）、《综合医院建筑设计规范》（JGB49－88）、《中小学建筑设计规范》（GBJ99－86）、《饮食建筑设计规范》（JGJ64－89）等有关规范、标准，按实际需求设计。监狱主体建筑和文化设施的建设必须符合以下标准：

1. 新建监狱绿地率不宜小于 20%，扩建和改建监狱绿地率不宜小于 15%。

2. 监狱大门分设通车和行人的大、小门，大门宜宽 6m，高 4.5m，大门内设二门，宜电动 AB 开闭，小门人行通道应设带封顶的护栏。

3. 门卫值班室应设在监区大门一侧，并应安装防护装置，外门应为铁门。室内应设通信报警装置，并设有可在室内控制大门开闭的装置。

4. 岗楼宜为封闭建筑物，岗楼四周应挑平台，平台应高出围墙 1.5m 以上，

并设1.2m高栏杆。岗楼一般应设于围墙转折处，视界、射界良好，无观察死角，岗楼之间视界、射界应重叠，并且岗楼间距不大于150m。岗楼应用铁门防护及设置通信报警装置。

5. 监舍对外窗均应设防护铁栅栏。监舍管道、电线均应暗装，出口及插座均应设带锁的铁箱；监舍内灯控开关应设在民警值班室内。

6. 监狱的家属会见室宜设于监区大门附近，应使家属和罪犯各行其道。会见室中应分别设置从严、一般和从宽会见的设施；其窗地比不应小于1/7，室内净高不低于3.0m。家属会见室靠监区内一侧的窗及禁闭室外窗均应设坚固的铁栅栏，家属会见室靠监区内一侧的门及禁闭室外门应为铁门。

7. 禁闭室应集中设置于监区内，自成一区，离监舍距离宜大于20m，并设值班和预审室，单间禁闭室室内净高不低于3.0m，单间使用面积不宜小于6.0㎡。禁闭室内不应设电器开关及插座，应采用低压照明（宜采用24V电压），照明控制应由民警值班室统一管理。

8. 监狱的标志应醒目、统一，标志上宜有警徽及监狱名称的中文字样；在有少数民族文字规定的地区应按当地规定执行。监区内建筑高度应符合当地规划要求，且不应超过24 m。

二、讲究艺术、突出重点

监狱是刑罚执行场所，布置监区改造环境应充分考虑对罪犯能起到威慑性的警示作用，使罪犯时刻不忘自己服刑改造的身份，如标准的监狱高墙和电网、威严的哨楼、醒目的标语和警句，时刻都在提醒罪犯，积极改造有前途，抗拒改造无出路。但建筑其实是一种实用艺术，通过建筑群体、建筑物的形体、平面布置、立体形式、结构造型、内外空间组合、装修和装饰、色彩、质感等方面的审美处理形成一种综合性实用造型艺术。监区是罪犯日常生活、学习和劳动的场所，监区改造环境的布置也具有极强的艺术性。监区改造环境与罪犯心灵直接相通的特点，直接给罪犯以诸如轻灵或沉思、宁静或活泼、激动或繁丽、淡薄或威严、清丽或庄重等不同的感受，以便激起罪犯强烈的感情火花。因此，在布置监区改造环境时既要讲究艺术，又要突出重点。

（一）突出文化阵地建设

文化阵地建设也即基本硬件建设，是监区文化建设最基本的要求。各监狱应根据实际普遍建立四室（图书室、展览室、电化教育演播室、广播室）、二场（文艺演出场、体育运动场）、二队（文艺表演队、体育运动队）、一楼（教学楼）、一报（监狱改造小报）、一中心（服刑指导中心）；监区建立三室（学习阅览室、心理咨询谈话室、文体活动室）、二栏（阅报栏、宣传栏）、一报（墙板报)、一园(学习园地)、一牌(亲情寄语牌)。

(二) 突出文化环境建设

1. 加大绿化建设力度,大力美化监区环境。把绿化、美化、净化贯穿于监区文化建设的始终。力争把监狱建设成现代化的花园式监狱,可以在罪犯中实行树木、花草认养、挂牌管理制度,充分调动罪犯参与监区文化建设的自觉性。

2. 加强环境人文文化建设,净化监区人文文化环境,统一制作名言警句上墙上报上栏。在罪犯学习、劳动、生活"三大现场",根据罪犯不同的教育阶段的教育特点,分别制作不同内容的名言警句上墙上报上栏。

3. 根据节日情况和社会重大活动的需要,将吉祥物、活动标志、时尚代言物等通过剪纸、绘画、根雕、书法等艺术形式悬挂和张贴在监狱内的醒目位置。

4. 女子监狱和未成年犯管教所,可根据女性和青少年的特点,鼓励支持女犯和未成年犯自己动手制作个性化的"亲情寄语牌",在床头挂上孩子或母亲的照片和生日时间,唤起他们的爱心,用手工艺品装饰监舍,一舍一景,温馨优雅,催人上进。

5. 在狱内竖起雕塑,如把皋陶、孔子、雷锋等人物雕像请进监狱,增添监狱的文化气息和文化底蕴。

训练与操作

训练与操作9 以年级(大队)为载体,模拟组织"监区文化艺术节"

操作过程如下:

一、制定一份详细的"监区文化艺术节"活动方案

内容包括:开展"监区文化艺术节"活动的目的、意义;开展"监区文化艺术节"活动的时间安排;开展"监区文化艺术节"活动的组织机构;开展"监区文化艺术节"活动的内容、方法和具体组织实施步骤;开展"监区文化艺术节"活动的具体要求和注意事项。

二、模拟动员

可组织本年级或大队的学生进行模拟动员。内容包括:讲清开展这次"监区文化艺术节"活动的目的、意义,时间安排,组织机构,内容、方法和具体组织实施步骤及具体要求和注意事项。号召全监狱的民警和罪犯思想上务必高度重视这次"监区文化艺术节"活动;行动上积极参与到这次活动中来;组织上要一切行动听指挥,紧紧围绕开展好这次"监区文化艺术节"活动来做好各自的

工作。

三、模拟文艺活动

1. 模拟组织罪犯成立形式多样、丰富多彩的各种文艺团体。如在本年级（或大队）成立声乐小组、器乐小组、相声小组、小品小组、合唱团、舞蹈队、醒狮队、秧歌队、手工艺制作小组、书画社，等等。主要吸收有文艺特长和对文艺有兴趣、爱好，有发展前景的同学参加，并定期邀请学校有文艺特长的老师进行辅导和指导。

2. 模拟组织成立罪犯艺术团。如在本年级（或大队）成立学生艺术团，专门抽调一些有各种各样艺术特长或在艺术方面有培养前途的同学参加，并充分利用业余时间从事学生文艺创作、训练和表演。

3. 模拟邀请社会上的文艺工作者到监狱开讲座，向罪犯传授文艺方面的知识，教罪犯如何进行文艺欣赏，指导监狱开展形式多样、丰富多彩的文艺活动。也可以邀请社会的文艺工作者到监狱进行文艺演出等，启迪罪犯的文艺创作思维，丰富罪犯的业余文艺生活，陶冶罪犯的情操。如邀请学校有文艺特长的老师对本年级（或大队）成立学生艺术团进行辅导和指导，向学生传授文艺方面的知识，教学生如何进行文艺欣赏，指导学生艺术团开展形式多样、丰富多彩的文艺活动，启迪学生的文艺创作思维，丰富学生的业余文艺生活，陶冶学生的情操。

4. 模拟组织罪犯开展各种文艺演出活动。如在本年级（或大队）的学生中组织开展形式多样、丰富多彩的文艺演出活动和比赛活动，如"综合性文艺汇演""百歌颂中华"大合唱比赛、专题课学习演讲比赛、诗歌朗诵比赛等，邀请学校有文艺特长的老师与学生同台演出，现场献艺。

四、模拟书法、美术、手工艺作品展

首先，由学生自己制定出一份详细的模拟组织罪犯开展书法、美术、手工艺作品展的实施方案。内容包括：开展展览的目的、意义，时间安排，组织机构，内容、方法和具体实施步骤以及具体要求和注意事项，从中选出几份优秀的在本年级（或大队）示范和点评。其次，由学生自己组织本年级（或大队）的学生开展书法作品比赛、美术作品比赛和手工艺作品比赛，邀请学校有书法、美术和手工艺品制作等方面特长的教师担任评委，评出一定数量的、具有一定欣赏价值的书法、美术、手工艺作品准备参展。再次，由学生到社会上（包括省内外的书法、美术、手工艺制作专家、学者、本校教师、教师家属、外校学生）去筹集一定数量的、较高质量的书法、美术、手工艺作品供参展使用。最后，邀请学校有书法、美术和手工艺品制作等方面特长的教师或社会上知名的书法、美术、手工艺制作专家、学者对参展的作品进行点评,并由学生自己组织整理编写出详细的解说词。然后,有目的、有组织、有计划地分批组织教师、学生、学生家长及兄弟院校的学生观看展览,由口头表达能力较好的学生负责解说。

五、模拟布置监区改造环境

1. 在模拟参与布置监区改造环境时,学生应非常熟悉监区改造环境的布置规范性要求,特别是监狱主体建筑和文化设施的建设,必须符合相关的法律、法规和监狱监管改造的要求。

2. 模拟参与布置监区改造环境,应针对模拟开展"监区文化艺术节"活动的内容来进行。①模拟统一、规范、制作监狱内的标语和警句。如通过电脑制图,模拟制作监狱内的标语和警句。主要内容包括两方面:一方面是提醒罪犯时刻牢记自己的身份,如在醒目的位置书写"你是什么人?""这是什么地方?""你来这里干什么?"等;另一方面是激励罪犯奋发向上,提醒罪犯积极改造有前途,抗拒改造无出路。②对模拟监狱的罪犯家属会见室进行布置和装饰。根据罪犯的不同处遇等级进行设计,对严管级罪犯的家属会见室在布置和装饰上既充分体现监狱的威严,又充分体现以人为本的亲情,对宽管级罪犯家属的会见室在布置和装饰上多体现关爱、和谐;在模拟监狱的罪犯家属会见室可以设置罪犯改造表现情况狱务公开宣传栏(或安装电子屏幕触摸查找系统),让罪犯家属能直观了解和适时掌握自己亲人在监狱服刑期间的改造表现。③对模拟监狱礼堂、教室、心理咨询室和各监区的阅览室等进行布置和装饰。如学生可以站在一名监狱基层教育民警的角度来考虑,在学校的礼堂、教室、餐厅、心理咨询室和阅览室等场所,进行仿真模拟,参与布置监区改造环境。分别悬挂名人名言、警句、书法、绘画作品和摆设手工艺作品等,这些作品既可以是名人名家或学校教职员工之作,又可以是出自学生之手的作品。④对模拟罪犯开展书法、美术、手工艺作品展的展览厅进行布置和装饰,充分体现艺术性。如学生可利用校园开展书法、美术、手工艺作品展的展览厅进行仿真模拟,在展厅的布置和装饰上给罪犯以诸如轻灵或沉思、宁静或活泼、激动或繁丽、淡薄或威严、清丽或庄重等不同的感受,以便激起罪犯强烈的感情火花;给罪犯真、善、美的感受,让罪犯赏心悦目,使罪犯在潜移默化中受到教育和启迪。

拓展训练 26　　范例习作

某监狱在新中国成立60周年国庆节期间开展了一次主题为"歌颂伟大的社会主义祖国"的书法、美术作品展。期间共展出罪犯创作的书法作品106件，美术作品113件，社会知名人士、专家、学者参展的书法作品56件，美术作品60件。观看展览的罪犯3000多人，民警600多人次，罪犯家属1000多人，社会团体26批，300多人次，并邀请了省内知名的书法、美术专家、学者对参展作品进行点评，对全监狱罪犯进行了一次别开生面的爱国主义教育，深受罪犯、罪犯家属、民警和社会的广泛好评。

第一，监狱为了成功举办这次纪念新中国成立60周年国庆节书法、美术作品展，于1998年1月就制定了开展这次书法、美术作品展的具体实施方案：

1. 开展"这次纪念新中国成立60周年国庆节书法、美术作品展"活动的目的、意义。

2. 开展"这次纪念新中国成立60周年国庆节书法、美术作品展"活动的时间安排。

3. 开展"这次纪念新中国成立60周年国庆节书法、美术作品展"活动的组织机构。

4. 开展"这次纪念新中国成立60周年国庆节书法、美术作品展"活动的内容、方法和具体组织实施步骤。

5. 开展"这次纪念新中国成立60周年国庆节书法、美术作品展"活动的具体要求。

第二，各监区积极响应监狱的号召，分别在监区内开展"迎接新中国成立60周年书法比赛"和"迎接新中国成立60周年美术比赛"，邀请省内一些书法和美术方面的知名专家、学者及监狱开展"纪念新中国成立60周年国庆节书法、美术作品展"活动领导小组成员担任评委，相继评出书法作品106件，美术作品113件，供这次纪念新中国成立60周年国庆节书法、美术作品展活动参展。

第三，监狱教育科的同志分别走访了省内一些书法和美术方面的知名专家、学者，争取他们对监狱举办这次纪念新中国成立60周年国庆节书法、美术作品展的支持，共筹得社会知名人士、专家、学者的书法作品56件，美术作品60件，供这次纪念新中国成立60周年国庆节书法、美术作品展活动参展。

第四，邀请省内知名的书法、美术专家、学者对参展作品进行点评，并组织整理编写出详细的解说词。然后，有目的、有组织、有计划地分批组织民警、罪犯、罪犯家属、社会团体观看展览。

问题： 根据范例提供的材料，谈谈民警应如何组织罪犯开展书法、美术作品展。

思路： 训练目的是组织罪犯开展文艺活动的工作项目或任务，分析思路可从制定展示方案、组织展览作品、科学指导、组织引导罪犯观看展览和总结经验教训等方面着手。

拓展训练 27　　　　　　　范例习作

某监狱共有 9 个监区，9 个监区以监狱总部为中心形成独立的关押点，共关押了 6000 多名罪犯，最近的监区距离监狱总部 2 公里左右，最远的监区距离监狱总部 6 公里左右，监狱于 2009 年 11 月 1 日至 12 月 31 日组织罪犯开展了一次监区与监区之间的篮球比赛。监狱首先成立了以分管罪犯教育的副监狱长为组长，成员包括教育科、狱政科、生活卫生装备科、侦查科、心理矫治科领导和各监区分管罪犯教育工作的副监区长组成的比赛领导小组，同时设立专门办公室，办公室主任由教育科科长担任，成员包括教育、狱政、侦查、心理矫治、生活卫生装备科等有关部门的民警和各监区教育民警、医护人员及有关工作人员，具体负责制定开展这次篮球比赛的规则、赛事安排和组织实施方案。为了比赛的公平和公正，还专门成立了裁判组和仲裁委员会，裁判组由有裁判员资格的民警和罪犯共同组成。为了让每个监区的罪犯都能现场观看到一些赛事，比赛在每个监区都设有赛场。经过两个月的精心组织，这次篮球比赛达到了预期的目的，取得了圆满成功。

问题： 根据范例提供的材料，谈谈民警应如何组织罪犯开展篮球比赛。

讨论： 组织篮球比赛需要哪些条件？裁判员、记录员由谁担任合适？参赛的程序如何确定？如何确保比赛秩序的稳定？比赛中出现争吵、斗殴如何处理？

思路： 训练目的是掌握组织罪犯开展体育活动的工作项目或任务，分析思路可从制定比赛方案、组织罪犯报名、科学指导比赛、组织引导罪犯观看比赛和总结比赛经验教训等方面着手。

拓展训练 28　　　　　　　范例习作

某监狱为庆祝建监 50 周年，建监庆典前夕在服刑人员中举办了以"认罪悔罪践于行，拥抱健康新人生"为主题的教育改造成果展示系列活动。展示内容有：特色教育综合展示、"习艺作品展"、《新路历程》教育改造工作画册、《新路历程》文艺专题汇报会等。其新颖的创意、鲜明的特色、富有感染力的表现手法，真实、形象、生动地再现了该监多年来丰硕的教育改造成果。

问题：根据范例提供的材料，谈谈民警应如何组织罪犯开展教育改造成果展。

思路：训练目的是掌握组织罪犯开展综合性大型活动的方式、方法，分析思路可从制定活动方案、组织罪犯积极报名、教育引导罪犯了解身边罪犯的教育改造实例、总结自身教育改造经验教训等方面入手。

拓展训练 29　　　　　　　　思考与练习题

1. 环境陶冶教育的任务和内容是什么？
2. 如何组织实施罪犯文化宣传活动？
3. 如何组织罪犯开展体育活动？
4. 如何组织罪犯开展文艺活动？
5. 如何组织罪犯开展美育活动？

拓展训练 30　　　　　　　　拓展阅读书目

1. 王祖清、赵卫宽主编：《罪犯教育学》，金城出版社 2003 年版。
2. 王长江、王其全主编：《美育概论》，中国建筑工业出版社 2004 年版。
3. 高莹主编：《矫正教育学》，教育科学出版社 2007 年版。
4. 王秉中主编：《罪犯教育学》，群众出版社 2007 年版。
5. 魏荣艳主编：《罪犯教育学》，中国民主法制出版社 2008 年版。
6. 贾洛川主编：《罪犯教育学》，广西师范大学出版社 2008 年版。
7. 周雨臣：《罪犯教育专论》，群众出版社 2010 年版。

学习单元11　社会帮教

学习目标

掌握社会帮教的特点、任务以及社会帮教的形式和方法。根据社会帮教的基本原理，开展社会帮教活动，并处理好相关问题。

社会帮教现场

知识储备

知识储备10　社会帮教的特点和任务

社会帮教是指监狱积极争取社会各个方面和社会各界人士的支持，配合监狱开展有益于罪犯改造的各种帮助教育活动。它是监管改造机关普遍采用的一种行之有效的基本教育手段。监狱应当积极争取社会各个方面和社会各界人士的支持，配合监狱开展有益于罪犯改造的文艺帮教、知识帮教、技术帮教、就业帮教等各种社会帮教活动。要进一步强化教育改造工作的社会性，注意发挥社会和家庭在罪犯改造中的作用，动员和利用社会力量，参与、支持罪犯改造工作。要与社会有关部门合作，签订帮教协议，开展联合办学、设立流动图书馆和狱内法律服务机构等，建立起多层次、全方位的社会帮教体系。

一、社会帮教的特点

（一）综合性

犯罪是一种复杂的社会现象，就其产生的原因来说，有多方面的条件因素在综合起作用，是多因素的"社会综合征"。罪犯的转化也是需要在社会多方面积极因素的影响下通过自身完成，这就决定了社会帮教的主体不是单一的，而是多方面的。监狱外主要承担组织、计划、协调等职能，其他相关社会力量，如各种社会职能部门，社会知名人士、帮教志愿者、罪犯亲属、改过自新的刑满释放人员，等等，都有帮教责任。

（二）开放性

传统的罪犯教育带有较为浓厚的封闭性色彩，社会帮教则是把狱内教育与社会教育有机连结起来，从社会大环境中积极寻求对罪犯进行教育的有利因素，以增强罪犯适应社会的能力。这是罪犯教育工作适应新时期社会发展的必然要求，"闭门自教"显然跟不上形势发展的需要。

（三）易受性

即罪犯社会帮教容易被罪犯所接受。社会帮教形式多种多样，形象生动，可感性强。例如，邀请公、检、法机关工作人员为罪犯答疑解惑，可以使罪犯受到启发，安心改造；邀请社会知名人士来监狱帮教，可以使罪犯感受到社会的温暖，鼓起新生勇气；利用罪犯亲属来监狱进行规劝教育，容易拉近教育距离。总之，罪犯社会帮教相对于其他教育方法而言，生动直观，可信度高，易于被罪犯接受。

（四）实效性

一方面，社会帮教的不少做法能及时解决罪犯眼前的实际问题，如婚姻问题、孩子问题、家里老人问题，等等，这样更易引发罪犯深刻的思想感受，必然也易于收到好的教育效果。另一方面，社会帮教与罪犯刑满释放后的接茬帮教密不可分，这方面的工作做好了，会为巩固罪犯改造成果，使罪犯刑释后真正重新融入社会打下坚实的基础。

二、社会帮教的任务

（一）发挥罪犯教育的综合优势，增强罪犯改造信心

监狱作为刑罚执行机关，其法定职责就是惩罚改造罪犯。但是改造罪犯仅仅依靠监狱自身的力量是不够的，必须是多途径、多渠道对罪犯施以综合影响，把

狱内强制性教育与社会上多形式、多内容的帮教活动有机地结合起来,借助政府部门、社会团体、罪犯亲属等各方面的力量,群策群力、优势互补。借助社会力量对罪犯进行教育,极大地丰富完善了罪犯教育体系,发挥综合优势。同时,多种形式的帮教活动能够使罪犯体悟到国家和社会的温暖,直接感受到亲人和社会真诚的关切、殷切的希望,极大地调动改造积极性,使其在希望中加速改造。

(二) 促使罪犯反省自身罪行,促进认罪服法

通过社会帮教对罪犯进行认罪服法教育,更具有直接性和权威性。如通过组织受害者或亲属到监狱进行"受害者之声"等演讲,使罪犯亲身体验到犯罪对受害者或亲属的身心危害和精神折磨,直接危害和间接危害,进而促进罪犯深刻反省、责己思悔,增强认罪服法意识。

(三) 丰富罪犯的精神生活,促进罪犯再社会化

社会帮教具有内容丰富、形式多样的特点,监狱可以通过文艺演出、座谈会、讲座等形式,开展送温暖、送知识、送技术等不同主题的帮教活动,使罪犯及时感受到时代信息、开阔眼界,调节狱内服刑的单一生活节奏,形成刺激罪犯积极改造的"活力点"。同时,随着罪犯对社会的了解及与亲友沟通的加深,会促进罪犯再社会化。

(四) 争取社会的理解和支持,促进监狱工作的整体发展

监狱的进步和发展离不开社会各方面的支持。通过社会帮教,依靠社会力量改造罪犯,能够增强监狱工作的开放性,提高监狱工作的透明度,增进社会各方面对监狱警察工作的理解,认识到监狱人民警察工作的艰苦性、危险性和任务的复杂性、艰巨性,从而促使社会各方面对监狱工作给予大力支持,有利于形成全社会支持、参与,全体公民关心、帮助罪犯转变的齐抓共管的监狱工作新格局,从而推动监狱工作全面发展。

学习情境

学习情境 44　　签订帮教协议

帮教协议是监狱与有关党政机关、基层组织或个人,为了正常开展好社会帮教工作,明确各自的责任而订立的书面契约。监狱应当与罪犯原所在地的政府、原单位(学校)、亲属联系,签订帮教协议,适时邀请有关单位和人士来监狱开

展帮教工作，建立经常化、制度化的社会帮教模式。自北京于20世纪80年代中期首创由监狱管理局与各城区人民政府签订帮教协议以后，各地相继推广，并在实践中不断完善。签订帮教协议可以将帮教活动的内容、形式及各方的权利、义务、监督检查等长期地固定下来。帮教协议有的是监狱与帮教方的"双方协议"，但大多数是由监狱、帮教者（即社会组织、各界人士）和帮教对象（即罪犯）三方签订。

一、帮教协议的结构

帮教协议的结构与一般的"合同"类似，主要由五个部分组成：

1. 协议名称。
2. 签订协议各方的名称及简称。
3. 签订协议的目的。
4. 协议的项目、条件、责任及有效期。
5. 协议各方签字盖章并署明签订日期。

二、帮教协议的主要内容

1. 帮教方承诺在哪些时间、以哪些形式、给予帮教对象哪些内容的帮教。如定期通信、会见，促使罪犯稳定改造情绪，认罪服法，积极改造等。

2. 监狱方承诺为帮教活动的正常开展提供必要的组织和实施条件。如及时向帮教方提供帮教对象的情况，为帮教活动的开展提供适宜的场所、时间和其他条件等。

3. 帮教对象保证主动认真地接受帮教，积极改造。如定期以书面形式或口头方式如实汇报自己的思想状况和改造表现。

三、帮教协议书的拟写与签订

帮教协议书的拟写与签订应注意：

1. 必须符合国家法律法规和党的政策、社会主义道德规范。
2. 协议书的内容要写得明确，用语要准确，以免发生歧义。
3. 修改协议书应事先征得签约各方同意，如签约后才发现有错误或遗漏，需经签约各方同意后，逐份作同样修正，并在修正处加盖各方公章，如果文面上无法修改，可另签订"修改协议"。
4. 协议书的签订者应该具备法人资格的，必须具备法人资格。代表单位在协议书上签字的人，必须是该单位的负责人或受单位正式书面委托的全权代表。

学习情境 45　规劝教育

一、亲情规劝教育

亲情规劝教育是指利用罪犯和其亲属间的亲情关系，加深罪犯的积极情感体验，达到用亲情感化罪犯，调动罪犯改造积极性的一种教育形式。亲情规劝教育既体现了社会主义人道主义，对罪犯的人文关怀，展示我国现代监狱的文明形象；又发挥情感的纽带作用和驱动作用，安抚罪犯心灵，使其在狱内情绪稳定，心态正常，有利于监狱安全稳定，有利于提高教育改造质量。开展亲情规劝教育主要有以下几种形式：

（一）设立亲情电话

亲情电话专供罪犯同家人联系，让罪犯与家人经常交流感情、沟通信息、消除疑虑。亲情电话由专职部门管理，通话人需办理审查登记手续，对通话内容进行监听记录。该教育形式对稳定罪犯的思想和情绪有很好的效果。

（二）开设亲情餐厅

罪犯与亲属共餐会见，需持会见证、身份证，按指定地点就餐。在亲情餐厅里，民警不介入、不陪餐，符合条件的罪犯可以在此与探视亲人共进餐、共叙情（不准饮酒），餐饮价格低于市场价，对特困罪犯可以免费。时间一般掌握在1~1.5小时左右。这种教育形式旨在让罪犯在享受天伦之乐中受到亲情教育。

（三）节日感情慰藉

抓住春节、中秋节等节日，组织罪犯办文艺节目、收看电视、吃饺子、品月饼，并邀请罪犯亲属来狱共度节日，让罪犯充分享受亲情的温暖。

（四）开设亲情公寓

对少数改造好、符合条件的罪犯，准其与父母、配偶和子女在亲情公寓同居一天。可以利用罪犯心灵上尚有的期盼人间亲情这一特点，唤起和激发罪犯积极健康的情感体验。通过亲人的期盼、嘱托、希望，启动罪犯内心的改造动力，发挥"爱心"的助改帮教作用，调动罪犯主动改造、自觉改造的积极性。

（五）组织电视家访

监狱派人定期到罪犯家中对其亲属的工作生活情况进行录像，然后回狱为罪犯播放，以消除他们的疑虑、担心和思亲之苦。

二、社会人士规劝教育

监狱应当适时邀请有关单位和人士来监狱开展帮教工作，对罪犯进行规劝教育。根据拟定的教育计划，有目的地邀请社会人士来监作教育报告，可以邀请各级党政机关的领导、社会先进人物、被害人以及一些在社会上取得成绩的刑满释放人员。

邀请社会人士，要从改造教育工作的实际出发，需要宣讲哪一方面的教育内容，就邀请哪一方面的人士来作报告。邀请时，要简要说明罪犯的有关情况，提出报告的内容和要求，让报告人做好充分心理准备。报告时，要向罪犯简要介绍报告人的身份，使罪犯更好地接受规劝教育。有些著名社会人士的录音、录像报告，如对罪犯有教育意义的，可以向罪犯播放。对于社会人士写来的信件，要向全体罪犯宣读，或者登在黑板报上，使他们听到社会对他们的亲切规劝，对他们的殷切希望，使他们知道社会并没有抛弃他们，从而使他们收到鼓励和鞭策。此外，在特定情况下，有些人同罪犯有一定的关系，如原是恋爱对象、自己的老师，或是单位同事、同班同学等。如果他们诚心来看望和规劝罪犯，也要抱着欢迎的态度。

学习情境 46　罪犯参观汇报

一、参观

监狱可以组织罪犯到社会上参观学习，接受教育。走出去参观学习，是根据教育改造的需要，有计划地组织罪犯走进社会、接触实际生活，运用具体生动的事实来说服、教育罪犯的一种有效方法。通过参观，罪犯能够亲眼看到、亲耳听到、亲身感受到，因而直观性强，具有很强的说服力。罪犯目睹社会主义国家在改革开放、发展社会主义市场经济中的巨大建设成就和一片欣欣向荣、蒸蒸日上的繁荣气象，深刻了解发展经济与维护稳定的辩证关系，从社会各界、人民群众忘我的奋斗、辛勤的劳动中得到启发，从而激发出爱党、爱国、爱中华、爱人民的社会主义真挚感情，坚定告别过去、悔过自新、重新做人的信心。运用参观法要做到：

（一）参观要有明确的教育目的性

要针对需要解决的罪犯思想认识问题，确定参观内容，有选择、有计划地进行。

（二）要事前对被参观的对象进行了解

参观的内容主要是现代化建设的伟大成就，有教育意义的革命事迹和展览会等，地点不宜太远。

（三）做好安全防范

参观前要与有关单位取得联系，事先落实安全防范措施，参观时要确保秩序稳定。对参加参观活动的罪犯应有所选择，要向罪犯说明参观的目的、地点和要求，简要介绍参观对象的情况，交待纪律，强调注意事项。

（四）保证参观活动的教育质量

在参观过程中，民警既要参与又要作具体指导，还可以邀请专门人员为罪犯作讲解；参观结束后要求写心得体会和小结，组织各种形式的汇报会、交流会、讨论会，以巩固和扩大参观的教育效果。

二、汇报

在民警的动员组织下，罪犯应将自己的改造表现实事求是地向亲属或社会有关单位部门进行汇报，以求得他们的理解和帮教。汇报法对于争取社会和罪犯亲属的支持，鼓励和促进罪犯的改造，有一定的作用。汇报法主要有口头汇报、书面汇报、媒体汇报和汇报演出四种形式。

（一）口头汇报

在亲属或社会人士来监狱会见时，罪犯口头汇报自己的改造情况。汇报的内容主要是当前的思想情况和实际困难，让他们有所了解，以便有针对性地规劝和帮教。

（二）书面汇报

帮助罪犯与亲属、社会建立通信联系，让罪犯定期汇报改造表现情况，特别是抓好年终一封信活动。指导罪犯对一年来在改造中取得的成绩和存在的问题进行全面总结。汇报写好后，由民警在信上签署意见，然后统一寄出。罪犯接到亲属、社会的回信，信上有鼓励，有规劝，也有希望，对罪犯是一种极大的安慰。

（三）媒体汇报

指导罪犯利用光盘等现代化电子信息技术媒体，制作反映罪犯改造活动成果的音像、软件、电子邮件、网页等，以形象、直观、生动的多媒体介质方式，向罪犯亲属和社会汇报，可以收到很好的效果。

（四）汇报演出

组织罪犯艺术团到社会上进行演出，在对社会公众进行法制教育的同时，罪犯也感受到社会的发展变化，从而受到形势教育。

学习情境47 社会救助服务

一、帮教志愿者服务

帮教志愿者是指义务为监狱改造工作提供支持性服务的人。要充分利用社会力量，建立一支相对稳定的帮教志愿者队伍，积极争取政府机关、社会团体、企事业组织和热心社会公益事业、关心监狱工作的各类社会人士参与，为教育改造罪犯提供服务。监狱应当鼓励和支持社会志愿者参与对罪犯进行思想、文化、技术教育等方面的帮教活动，并为其帮教活动提供便利。

（一）帮教志愿者的条件

1. 必须具有一定的帮教能力。即不仅能用正确的思想引导罪犯，还能运用相关的法律知识帮助罪犯认识问题，并具有一定的文化修养和文明的言谈举止，这就要求帮教者必须具有较高的思想、法律、文化水平。

2. 必须具有较多的业余时间和较充沛的精力以及对罪犯进行帮教的热情和信念。

（二）帮教志愿者的工作内容

1. 充分发挥心理疏导、心理干预、法律援助等作用，积极帮助罪犯认清违法犯罪的危害，增强罪犯的认罪服法意识，塑造罪犯健康人格。

2. 协助监狱人民警察做好罪犯的家庭工作，沟通罪犯与原籍所在地区的联系，对确有特殊困难的罪犯，帮助其解决或缓解实际问题；向罪犯传递社会发展变化的各类信息，帮助罪犯缩短与社会发展的认识差距；对即将刑满释放的罪犯，给予思想观念、文化学习或就业技能等方面的指导、帮助。

（三）帮教志愿者的主要活动形式

1. 帮教志愿者与监狱、被帮教罪犯三方签订《帮教协议书》，使社会帮教工作实现常态化。被帮教罪犯由监狱依据案由、刑期、犯罪主要原因、认罪悔改表现、转化程度和家庭情况等因素确定。

2. 帮教志愿者以通信为主，与被帮教罪犯开展"结对"帮教，平时以通信为主，应不定期会见罪犯进行帮教。特殊情况可通过监狱教育改造科预约与罪犯进行电话交流。

3. 帮教志愿者可运用文艺演出、法律咨询、专题讲座、体育比赛、演讲辩论等形式，活跃罪犯文化生活，提升罪犯改造积极性。

（四）监狱应处理好与帮教志愿者之间的关系

1. 监狱要明确在教育改造罪犯上监狱与帮教志愿者之间的主次关系。对罪犯进行教育改造要以监狱为主，社会力量帮教为辅。监狱不能因为帮教志愿者对罪犯进行帮教而放松对罪犯的教育改造工作，也不能因强调对罪犯的教育改造以监狱为主而排斥帮教志愿者对罪犯的帮教，主管民警对帮教志愿者的帮教必须具体了解，使管教与帮教在总体上贴近、同步。

2. 监狱对帮教志愿者的帮教活动要提供一些条件。监狱应该让帮教志愿者及时了解年度教育改造工作的主要要求；适时组织主管民警、帮教志愿者总结帮教工作经验，研讨问题，不断改进工作；与地方合作，对帮教志愿者开展业务知识培训；向志愿者介绍被帮教罪犯的个人、家庭、改造表现等情况，提出在哪些方面进行帮教的建议。

3. 建立社会帮教情况通报制度。监狱应及时通报的情况主要有罪犯的季度"计分考核"结果和等级管理的处遇，被帮教罪犯的奖惩，被帮教罪犯的监外执行、假释、刑满释放等基本情况。帮教志愿者应及时反馈的情况主要有罪犯思想状况，罪犯或家庭的不稳定因素，其他特殊情况。

心理矫治帮教服务

二、法律援助服务

法律援助工作是指监狱在政府法律援助机构的指导协助下，利用自身资源，成立法律援助工作机构，为本监狱罪犯提供法律咨询、代书、诉讼代理、刑事辩护等无偿的法律服务。在监狱开展法律援助工作，是司法行政系统贯彻落实科学发展观、坚持以人为本的客观要求；是保障人权、维护社会公平正义、促进社会和谐稳定的重要举措；是提高教育改造转化质量、维护监狱安全稳定的迫切需要。监狱应当为罪犯获得法律援助提供帮助，联系、协调当地法律援助机构为罪犯提供法律援助服务。

（一）法律援助工作的任务

1. 开展法律援助宣传工作。各监狱要借助法律援助工作，采取多种方式，组织开展针对罪犯的法制宣传工作，宣传内容上要对法律援助范围、条件、申请和办理法律援助事项的程序、受援人权利义务等内容进行宣传，明确法律援助的政府性、无偿性。同时要对监狱法律援助工作机构职责进行宣传。

2. 开展法律援助咨询活动。重点做好法律援助接待咨询工作。要根据罪犯的需求，开展法律咨询活动，坚持日常咨询与定期组织咨询活动相结合的工作方法，对所有罪犯提供咨询。

3. 受理法律援助事项。所在地法律援助中心要在监狱建立法律援助申请制度，拓宽申请渠道，方便罪犯申请法律援助。对于经济困难的罪犯免费提供诉讼代理、刑事辩护等无偿服务，维护罪犯的合法权益。

（二）法律援助工作的开展

1. 端正认识，加大宣传力度，提高法律援助知晓率。法律援助的范围、法律援助的程序、法律援助的条件及法律援助的目的和意义等方面，都要让罪犯了解清楚。为使广大民警和罪犯充分认识法律援助工作的目的和意义，监狱应充分运用墙报、巡回图片展、标语、黑板报、编印《监狱法律援助手册》、开辟法律援助专栏等形式宣传《法律援助条例》，营造监狱法律援助氛围，为监狱开展法律援助工作奠定思想基础。

2. 建章立制，规范运作，建立法律援助工作制度。监狱应制定服刑人员法律援助申请审批程序、服刑人员法律援助须知等相关的规章制度，并规范法律援助的申请、审批等法律文书格式及登记、统计等配套表格，为法律援助的规范运行和正常运作提供制度保障。

3. 健全机构，加强协作，健全法律援助工作网络。要使监狱法律援助工作真正常态化，就必须有健全的工作网络，确保法律援助的有序展开。

（1）监狱成立实体机构，配备人员。发挥监狱法律援助工作站的作用，使其成为监狱所在地的法律援助中心和各监狱之间的纽带，及时处理监狱内部发现的问题及反馈的意见。

(2)建立队伍。在监狱管教部门和押犯监区中明确法律援助工作负责人和联络员,对罪犯中需要法律援助的对象进行摸底,分门别类登记造册,建立档案,有计划地给予安排法律援助。

(3)规范运作。法律援助要由求助罪犯向监狱提交书面申请,进行登记,监狱登记造册归类。属于检察院受理范围的,由检察院审查决定是否立案;不属于检察院受理范围的交给律师协会,律师协会向罪犯提供法律事务所及律师名单,罪犯选定律师后,签订委托授权书,经监狱确认后送交,律师代理罪犯委托事务正式开始。

4.整合资源,确保法律援助的顺利开展。应该充分利用法律援助中心的资源,采取多种途径向罪犯提供法律援助。

(1)定期组织咨询活动。由工作站人员、律师与罪犯进行面对面的沟通,有利于律师更直观地了解罪犯的法律困惑所在,更好地为其解决问题。

(2)充分利用监狱所在地的法律援助中心求助咨询电话。一方面,罪犯提出的问题要有普遍性,另一方面,也从监狱对罪犯思想的掌握考虑,可以将一对一的咨询扩大到多对一的咨询,利用免提或电话系统,使一个人的咨询相当于所有人的法律学习,可以有效避免律师重复劳动,也有助于监狱方随时掌握动态,及时处理不利局面。

(3)建立法律援助中心与监狱之间的信件"直通车"。有些罪犯的问题涉及隐私,不愿在公众面前提出,而希望采取书信的方式。法律援助中心和监狱法律援助工作站应当建立起顺畅的通道,方便罪犯和法律援助中心之间的信件来往,如确有需要,援助中心可指派律师与罪犯单独面谈,了解情况。

(4)编写罪犯问题解答教育册。法律援助中心针对罪犯在法律方面的基本问题或是定罪量刑方面的问题进行总结性的回答,附有关法律条文编写成册,发给罪犯,成为他们平时生活中的"工具书",帮助提高罪犯法律意识,更好地维护其合法权益。

三、贫困犯救助服务

罪犯中有的子女失学,有的父母年迈失养,有的家庭遭受自然灾害生活无保障,这些问题成为影响罪犯改造的重要因素。为了缓解贫困罪犯家庭的困难状况,解决他们的后顾之忧,促其安心改造,需要对这些贫困犯采取一些救济措施。

1.通过设立帮扶基金、社会赞助等方式多方筹措并发放贫困帮扶基金,改善罪犯生活质量,缓解他们因生活困难而带来的不稳定思想情绪。按时按量及时发放被服及生活用品,保证罪犯最基本的生活需要;实行招标采购制度,确保罪

犯购买的物品质优价廉；严格执行"实物量"标准，并在此基础上改善罪犯伙食；定期召开生活困难罪犯座谈会，听取意见和建议。

2. 加强监狱与社会的沟通协调。监狱应放眼社会，与有关部门建立密切的联系，在解决贫困犯家庭生活、子女就学、社会帮扶等方面形成合力，从而缓解罪犯心理压力，提高改造质量。

3. 提高民警化解罪犯困难的积极性、主动性。要实行民警分片承包制度，对分管范围内的贫困犯，要主动关心帮助，让他们感受到民警的关怀，化解心中的坚冰，避免心理危机。

训练与操作

训练与操作 10　　某监狱与有关单位和服刑人员签订的帮教协议书

帮教协议书

为落实《监狱法》，深化"三个延伸"工作，搞好社会治安综合治理，加强对在押犯的教育，促进其加速思想改造，某监狱（甲方）与服刑人员家属、亲友和愿意致力于挽救服刑人员的有关单位或个人（乙方），签订对服刑人员的如下帮教协议：

甲方：

1. 正确执行《监狱法》，认真贯彻执行政府和上级制定的规章制度，坚持依法、严格、文明、科学管理，运用说服教育方法做耐心细致的思想工作，促使服刑人员认罪认错，悔过自新。

2. 对服刑人员不断进行法制、道德、人生观、前途、理想教育，启发他们剖析自己的罪错，矫正恶习。

3. 组织服刑人员学习文化和劳动技能，为其将来回归社会就业创造条件。

4. 努力为服刑人员创造一个良好的改造环境，在现有基础上，逐步改善，美化环境，搞好生活管理，使服刑人员吃饱、吃得卫生，有病给予及时治疗。

5. 民警按政策办事，一视同仁；不吃请、不受贿，不接受馈赠。

6. 服刑人员家属、亲友或原在单位来访时，要如实介绍服刑人员的表现，交换帮教意见。

乙方：

1. 定期写信或来监狱探望帮教对象，多做疏导工作，鼓励其恢复自尊心，帮助其树立正确的人生观，积极配合监狱做好思想工作，促使其安心改造。

2. 在处理家庭、婚姻和亲友关系上，不给他们以不良的刺激，多做有益于他们学习、改造的事。

3. 发现帮教对象有不利于改造的思想或有继续犯罪犯错的迹象，不掩盖、不袒护，及时与监狱取得联系，配合民警做好工作，以免酿成大错。

4. 教育服刑人员遵守监规监纪，在服刑期间，安心改造，服从管教。

5. 来监看望时，不得带违禁品，不得给服刑人员现金。

6. 教育服刑人员树立劳动观念，积极参加劳动，在服刑期间，学会1～2门技能，为释放后就业打下基础。

服刑人员要做到：

1. 努力学习政治、文化、技术，各项考试争取良好成绩；通过学习，要不断提高思想觉悟，加深对自己罪错的认识；要痛改前非，以有理想、有道德、有知识、爱祖国、守法纪为标准，努力做一个对社会、对社会主义现代化建设有用之人。

2. 遵守监规纪律，服管服教；不利于改造的话不说，不利于改造的事不做；不逃跑、不打架斗殴、不违规闹事，处处以《监狱服刑人员行为规范》要求自己。

3. 严格要求自己，明辨是非，敢于同一切违规违纪现象作斗争；排除干扰，保持良好的改造氛围；要积极主动地向民警揭发他人的不法行为。

4. 积极参加劳动，不投机取巧，树立劳动观念，矫正好逸恶劳恶习，养成劳动习惯，学会劳动技能。

5. 摆正和民警的关系，要把民警视为帮教自己的贴心人，向民警说心里话，主动求得民警的帮助。

以上协议，经协商签订。在执行中，要相互监督，共同完成。

甲　　方（签字）×××
乙　　方（签字）×××
服刑人员（签字）×××
（一式三份，各保存一份）
××××年×月×日

训练与操作11　　帮教志愿者帮教讲话

各位领导、各位来宾、各位在座的姐妹们：

大家好！

为庆祝"三八"妇女节,我有幸来到女子监狱,与各位领导、朋友们、姐妹们共度这一神圣的节日,内心非常高兴。

我叫×××,曾是×局退休职工,1994年我遭遇了一场车祸,得到了左邻右舍无微不至的关怀,由此心中就萌生了奉献爱心、回报社会的想法,从此,我就成了一名帮教志愿者。通过这些年来的爱心救助活动,我意识到:在大墙里面,也有一批特殊的人员,因为自己曾经的失足在服刑改造。他们同样是我们社会主义大家庭中的一分子,在党和政府以及监狱民警的关怀、帮助下,也在逐渐地弃恶从善,渴望新生。他们同样需要社会的关爱,需要帮教志愿者伸出温暖的援手。2004年的"三八"节,我走进了女监,给服刑人员进行帮教,并与改造压力大的服刑人员结为"帮教对子",与女监结下了不解之缘。从此,我对女监民警高度的事业心和社会责任感有了更深层次的认识,对女监"化腐朽为神奇"的事业有了更深层次的理解,也更坚定了我帮教女性服刑人员的决心和信心。

今天,来到这里,我非常高兴地感受着来自现代化文明监管制度的人文气息,你们良好的精神面貌告诉我:在女监这块育人净土上,在女监民警的正确教育、引导下,你们正在重塑自我、重新做人!

面对姐妹们,我深感自身的责任和义务,也许帮教志愿者的力量是微不足道的,但是我相信爱的力量会凝聚所有的姐妹,为自己铺设一条早日回家的路。同为女性,我很理解女性犯罪对自身、对家庭、对社会所带来的种种危害。你们或许都曾经以"半边天"的身份拥有一个温暖安乐的家庭,无拘无束地享受着人世间的亲情;或许正处于大好年华,准备在事业上大显身手,为自己的理想打拼……却因为自己的罪错,使父母缺少了女儿、丈夫缺少了妻子、孩子缺少了母爱,又有多少家庭因为女性犯罪而支离破碎,飘摇动荡。你们心中的牵挂、思念与悔恨是无法用言语来表达的,所以女性服刑人员更值得我们帮教志愿者去关注;同为女性,我更为你们所痛心、愧惜,帮教志愿者会用内心的真情去消融你们心中的坚冰,用真实的行动去实现你们心中的愿望,竭尽全力地让你们得知亲人的消息,消除你们改造中的后顾之忧;同为女性,我更加理解帮教志愿者无私奉献的心愿,我们就是要用爱心去慢慢感召大家,陪伴你们走出犯罪的沼泽地,迎来人生的春暖花开;同为女性,我们不会轻言放弃,不会让任何一个姐妹掉队。女监民警和帮教志愿者会紧密地结合起来,构筑一道预防、消除犯罪的铜墙铁壁,让法制观念在每一个人心中生根,让和谐的乐章奏响在社会主义大家庭的每一个角落。

姐妹们!作为一名帮教志愿者,我真切地感受到了女监领导及民警的良苦用心,她们舍小家、顾大家,默默无闻战斗在监管一线上,日复一日和你们在一起生活、劳动。她们的父母也需要孝敬、孩子也需要关心，但是她们把一腔热血倾注在监管事业中，把无微不至的关心给予了在座的每一位服刑人员，希望你们倍加珍惜党和政府所提供的良好改造环境，不要辜负女监民警的期望，在这所阳光女监中认罪悔罪、服从管理、扎实改造、早获新生。

姐妹们！我们帮教志愿者曾到你们的家乡看望你们的亲人。每到一处，我们都会看到，无论是城市还是农村，都正在发生着翻天覆地的变化，特别是社会主义新农村建设开展得如火如荼，具有现代化气息的乡村展示出一派欣欣向荣的景象，新一届中央政府减免了农民的有关赋税，使广大农民更加富裕、生活更加富足；各地城市社区建设，也为姐妹们刑释后顺利回归社会奠定了基础。没有歧视、没有冷漠，有的是"一人有难、大家支援"的社会主义精神文明新风尚，和谐社会、小康社会的建设为你们再创新生活提供了更加广阔的舞台。

姐妹们！党和政府用宽容的胸襟包容了你们，期待着你们重新做人；女监民警和我们帮教志愿者用真情召唤你们走上正确的人生之路；你们的亲人也在望眼欲穿、等待着你们回家团圆，希望这一份份殷切的期盼能够转化成你们改造路上的无穷动力，勇敢地向着新生活的目标迈进！

再次感谢女监民警的信任、支持！

预祝在座的姐妹们改造顺利、早返家园！预祝你们在回归社会之后，用勤劳、踏实的态度为自己打造一个更加美好的明天！

谢谢！我的话讲完了！

拓展训练

拓展训练31   **范例习作**

目前，河南省各监狱都在积极建立法律援助工作站，罪犯遇到涉法问题请不起律师、打不起官司，难以用法律武器维护自身的合法权益等问题，都可以在监狱内解决了。

河南省各监狱将借助法律援助工作，采取各种方式，组织开展针对罪犯的法制宣传工作。宣传内容将包括法律援助范围、条件，申请和办理法律援助事项的程序，受援人权利义务等，明确法律援助的政府性、无偿性。各监狱将印发法律援助明白卡，做到罪犯人手一份，确保在监狱内法律援助知晓率达到100%。

此外，监狱法律援助机构将根据罪犯的需求，开展日常的法律咨询活动，监狱所在地法律援助中心将负责组织律师到监狱开展集中法律援助咨询活动。

在监狱开展法律援助应援尽援工作，既是贯彻落实"首要标准"的具体体现，也是落实司法部关于监狱教育改造工作法制化、科学化、社会化方针的具体体现，是对罪犯理性化、文明化教育改造之路的探索。要让他们感受到法律不仅具有惩罚性，还是维权的最有力武器。

根据河南省司法厅的要求，监狱所在地法律援助中心要在监狱建立法律援助申请制度，方便罪犯申请法律援助。省司法厅有关人员表示，罪犯申请事项符合法律援助事项范围的，一律给予法律援助。同时，发现罪犯家属符合法律援助条件的，将引导其到相应的法律援助中心申请法律援助。

监狱法律援助机构认为申请事项符合法律援助条件的，受理后将把案件指派给本监狱公职律师办理；本监狱没有公职律师的，可报监狱所在地法律援助中心审查受理。罪犯申请异地法律援助的，由监狱所在地省辖市法律援助中心负责协调，向有管辖权的法院所在地的法律援助中心提出申请。

河南省各监狱将选派两名以上政治素质高、具备法律专业知识的工作人员，成立法律援助机构，全面开展针对罪犯的法律援助工作。

问题：根据范例提供的材料，分析监狱应如何开展法律援助工作。

思路：训练目的是掌握监狱法律援助工作的工作项目，分析思路可从法律援助工作的宣传、法律援助机构的成立、法律援助事项的受理等方面着手。

拓展训练32　　　思考与练习题

1. 解释词语：社会帮教、帮教协议、亲情教育。
2. 社会帮教的特点有哪些？
3. 社会帮教的任务是什么？
4. 应如何利用亲情对罪犯进行教育？

拓展训练33　　　拓展阅读书目

1. 刘世恩主编：《中国罪犯改造理论与实践研究》，吉林人民出版社2002年版。
2. 费广和等主编：《犯罪与矫治》，群众出版社2005年版。
3. 高莹主编：《矫正教育学》，教育科学出版社2007年版。
4. 张峰：《矫正人生》，湖北人民出版社2008年版。

学习单元12　分类教育

> **学习目标**
> 主要是让学生了解分类教育的内容与方法，不同类型罪犯的特点和教育对策。能够根据分类教育的知识和要求，因人施教，较为熟练地开展分类教育工作，处理好相关问题。

顽危犯攻坚转化竞标大会

知识储备11　分类教育概述

分类教育是根据不同类型罪犯的特点，分门别类地实施有针对性的教育。分类教育是个别教育的抽象化和集体教育的具体化。相同的性别、年龄、犯罪性质、刑期、人生经历、心理特征和思想行为特点的罪犯一般都有大致相同的需要，针对罪犯的特点和需要实施有针对性的教育，是分类教育的核心内容。

要将分类教育与分类管理有机结合起来，根据罪犯分类类型将其分入不同监狱的不同监区，细化处遇措施，结合罪犯性格特点、成长背景、犯罪类型、恶性程度等制定有针对性的、个别化的管理教育矫治计划。要根据不同类型罪犯的特征，阐明法律规定，剖析犯罪危害，深挖犯罪根源，矫正罪犯恶习，促进每类罪犯的行为养成，提高教育改造质量，确保监狱的安全稳定。

按照不同标准，罪犯可以划分为很多类型，罪犯类型化存在客观困难。司法部《监狱教育改造工作规定》第 20 条规定，监狱应当根据罪犯的犯罪类型，结合罪犯的危险程度、恶性程度、接受能力，对罪犯进行分类，开展分类教育。据此，本书主要阐述盗窃犯、顽危犯、邪教犯、未成年犯、女犯、老病残犯、少数民族犯、外籍犯等常见的不同类型罪犯的特点和教育对策。

 学习情境 48 **盗窃犯的教育**

盗窃犯是以非法占有为目的，秘密窃取数额较大的公私财物，依法受到刑罚处罚的人，是我国监狱在押罪犯中人数较多的罪犯群体，且仍有上升趋势。由于盗窃犯罪一般都会具有行为上的动力定型，因此反复性大，重新犯罪率相对较高，是监管改造工作的难点之一。

一、盗窃犯的特点

（一）贪婪自私，追求物质享受

盗窃犯的错误认知突出，主要表现为信奉"金钱是万能的""自私是人的本性"、"人为财死，鸟为食亡"等错误观念，崇尚"人生在世，吃喝二字"的错误价值观。在认识上偏激、极端、夸大，形成了反社会的错误意识，许多人具有严重的犯罪"合理化"意识和认识倾向。不能正确对待社会上的一些不公平现象，往往把社会上不公平竞争、不正之风、分配不公平等消极现象看作社会主流。他们在入狱后，仍然迷恋"今朝有酒今朝醉"的腐朽生活；劳动改造中他们怕苦怕累，能滑就滑、能躲就躲，无病呻吟，出工不出力；在与同犯的人际关系中，也表现为自私自利，以极端的利己主义为核心，背离社会公德。

（二）罪责感弱，身份意识淡薄

绝大多数盗窃犯没有犯罪羞耻感和悔罪感，不承认或不愿承认所犯罪行的社会危害性。他们把自己犯罪的原因推向社会环境，强调环境的影响，不认为自己被判刑改造是罪有应得，悔恨的不是犯罪，而是自己的"失手""不幸"落入法网，甚至有的认为是自己倒霉。罪犯的角色意识缺乏，改造意识淡化，对监狱的严格管束和改造非常反感，表现为消极抵抗、大错不犯、小错不断，违反监规纪律的现象突出。

（三）意志薄弱，积习深重难改

盗窃犯意志品质的薄弱性表现在两方面：其一，盗窃犯延迟满足需要和抗拒诱惑的自制力差。他们的个人欲望强烈，常常经不起物质引诱，极易因外界物质的诱惑，畸形的个体需要发生膨胀，从而导致行为失控进行狱内盗窃犯罪。其二，盗窃犯的犯罪意志很顽固。他们入狱前均有多次作案成功的体验，尝到了犯罪的"甜头"，满足了个体的不良需要，也养成了犯罪恶习。正因如此，在惯犯、累犯中，盗窃犯罪人所占的比例最大，而且一旦养成习惯，形成动力定型，那么矫正难度增大。其中一部分盗窃犯缺乏吃苦耐劳的意志，自控能力和自我约束能力差，经受不了严格的监规纪律的约束，常常表现出改造行为的盲目性和改造过程的反复性，犯罪心理结构已经定型。而且见钱眼开，见物手痒，千方百计地把别人的东西弄到手，劣根性很难根除。

（四）改造投机，功利意识严重

为了逃避改造，早日出狱，他们把长期犯罪过程中形成的投机、欺骗、两面手法运用到改造生活中来，千方百计搞投机、找捷径。其具体表现：一是以金钱开路，找关系，以求突破法律的约束，在减刑、假释、保外就医、离监探亲等方面获得实惠。二是在改造中以两面手法，伪装积极，欺骗民警。民警在场时表现积极主动，反之则消极怠工，我行我素。三是在罪犯之间吃喝拉拢，拉帮结派，互相利用，互相包庇，以欺骗民警，捞取实惠，逃避改造。

二、对盗窃犯的教育

（一）强化法律知识教育，深挖犯罪危害

针对不少盗窃犯认罪浅层化、悔罪表面化的特点，要组织引导盗窃罪犯深刻反省问题，深挖犯罪根源和危害，认罪悔罪。一是学习刑法条文，了解盗窃犯罪的构成要件，开展"以案说法"等活动，让盗窃犯站在法律的角度去感受"勿以恶小而为之，勿以善小而不为"，促使其认罪服法。二是要组织罪犯经常性地开展"谈犯罪危害"活动，既可以用"群体累加法"，以监区或分监区为单位，总计盗窃行为对社会、对他人以及对财物造成的危害，增强罪犯的罪责感；也可以用"角色转换法",让罪犯进行"假如我是受害者"的讨论反思,以加深罪犯的罪恶感;还可用"连锁叠加法",用身边或其他典型案例,说明犯罪危害造成的连锁反应。让罪犯既看到自己犯罪数得清的物质性危害,又看到数不清的精神性危害。三是要结合法律知识教育,使罪犯理解法律的正义性和不可侵犯性及犯罪应受惩罚的必然性和合理性,改变他们"认关系不认法律""认倒霉不认罪恶""混改造不讲悔过"的错误心态,使罪犯正确地对待刑罚,自觉地接受改造。

（二）强化劳动改造教育,矫治懒惰行为

多数盗窃犯都是由于懒、贪才变成了阶下囚,其中"懒"是发生质变的根本,而治懒只有充分运用劳动改造这一手段才能达到目的。要全面实施对罪犯的强制性劳动,在组织罪犯进行生产劳动过程中,有意识地对他们进行组织性、纪律性教育和创造性劳动的教育。要把"劳"与"教"紧密地结合起来,做到"劳"中有"教",寓"教"于"劳"。要引导罪犯在体味劳动的艰辛的同时亲身体验劳动创造世界的喜悦和光荣,要借助劳动中集体组织的协作配合特征,让罪犯在劳动中重新认识人与人之间的关系,获得团队精神、协作配合的新意识,在劳动实践中感受到自我价值,磨炼意志,重塑灵魂。

（四）强化行为规范教育,增强自我约束

盗窃犯大都自由放荡,贪图钱物。要从"生活规范化,言行规范化,劳动强度化,各项活动制度化"等方面进行管理教育。严厉打击狱内偷盗,打击传播犯罪手段、方法和技巧的行为,防止罪犯之间交叉感染。对那些恶习较深的惯窃犯,要严密防范,严格控制一些关键的工种和岗位,不轻易让他们有单独接触财物的机会。通过规范化管理教育,从根本上改变他们的认知结构、思想情感和行为方式,培养他们的自律能力,为罪犯自觉接受教育改造创造良好的条件。

学习情境49　顽危犯的教育

顽危犯是顽固犯和危险犯的总称。在实践中,通常将那些有行凶、脱逃、自杀倾向的罪犯称作危险犯;把那些一贯不服从管理,逃避学习,不守纪律,消极怠工,严重抗拒改造的罪犯称作顽固犯。一般来说他们都是主观恶习深,反社会、反改造心理强烈,反改造活动明显而持续,富有抗改或作案经验,胆大妄为,铤而走险的罪犯,虽然人数不多但破坏性、危害性极大。对监管场所安全稳定潜在的危害之大,在犯群中的负面影响之深,却绝不可小视,顽危犯的教育转化是分类教育工作的重中之重,难中之难。只有牢牢抓住这个重点,扎实做好顽危犯教育转化工作，才能更好地掌握教育改造工作的主动权，才能更好地维护监管场所的安全稳定，提高罪犯整体改造质量。

一、顽危犯的特点

（一）缺乏变通，具有顽固性

由于错误的人生观、价值观、道德观、法制观，使得顽危犯习惯于以阴暗、冷漠的眼光看待社会和人生，从反面去观察和思考问题，由此激发出对社会的愤懑情绪，表现出思维和角色固着。他们往往认为自己与众不同，我行我素，固执己见，除亲密的朋友之外，对一般人缄默冷淡，落落寡合，亲和动机低，不爱与人交往，常常拒绝他人的关心，常怀疑虑心理，也不听从民警的教育和亲属的规劝，心理行为上表现为意志消沉、颓废沮丧，缺乏变通性。

（二）情绪偏执，具有冲动性

顽危犯心理健康水平相对较低，消极心理严重，是自杀、自残的高危人群。他们常呈现出自我调控能力低，性格上野蛮、残忍、懒惰、自私、莽撞；情感冷酷、心情暴躁、易生烦恼、鲁莽冲动、思想偏激、气量狭小、桀骜不驯的病态心理；面对困难和挫折欠沉着、冷静；容易受环境支配，心神摇摆不定，喜悲情绪骤变明显，不容易恢复平静，焦虑情绪较严重；特别是他们的不良需要得不到满足或仇恨心理爆发时，亲人病故、配偶离婚或失恋，与同监罪犯或民警冲突时，容易产生对抗行为，有的为了实现脱逃等目的，不仅敢于将监视或阻拦他们的犯人杀害，而且敢于铤而走险实施暴力袭警、杀害干警。

（三）意志薄弱，具有反复性

在服刑过程中，顽危犯表现出改造意志薄弱、抗改意志亢进、厌烦正常改造。在行为表现上持续的时间很长，或屡教不改，或出现反复，顽固性突出。有的喜欢找茬打架，以显示自己与众不同；在民警、亲人的教育感化之下，部分顽危犯表现出渴望亲情、改邪归正、向往自由生活的常态心理。然而刑期长的罪犯，必须经历一个艰难漫长的过程，需要不断磨炼自己的意志，需要持之以恒的真诚改造，然而有的顽危犯由于自由散漫惯了，很难适应严格的纪律约束，他们时好时坏，缺乏定力，具有反复性；稍遇挫折就"破罐子破摔"，脚踩西瓜皮，滑到哪里算哪里，对前途、对未来缺乏信心，甚至表现出绝望。

（四）角色淡化，具有纠合性

顽危犯的角色和身份意识严重淡化，不以犯罪为耻，反以为荣，有的还津津乐道犯罪生活，大肆炫耀自己的犯罪丑行，在狱内拉帮结伙，共同抗改。有的煽动闹事，集体消极怠工，威胁民警，搞地域帮派斗争，伙吃伙喝，谈论消极话题，回忆过去的犯罪体验，预谋对抗改造，甚至结伙逃跑等。

二、对顽危犯的教育

顽危犯认定、转化工作的程序是：分监区应当依照顽危犯的认定标准，采取集体讨论确认并上报（填写《顽危犯认定审批表》）—监区、监狱教育、狱政部门及监狱主管领导审批—挂牌招标攻坚—中标民警实施包管、包教、包转化—建立顽危犯个人专档（及时记录顽危犯的表现及变化情况）—认定顽危犯的转化（填表报批）。2011年合肥监狱积极探索顽危犯教育改造新路径，专门出台了《顽危犯教育转化暂行办法》，采取切实可行的措施对顽危犯进行挂牌攻坚，并以季度为单位举办顽危犯教育转化研讨会，年终还对具有典型意义的顽危犯矫治个案进行集中发布。这一举措的推行，不仅使该狱顽危犯教育矫治转化率有了较大幅度提升，也使一线执法民警的教育矫治能力得到了明显提高。目前全国通行的操作程序如下：

（一）精心组织，分层转化建网络

顽危犯的教育转化工作离不开强有力的组织领导。监狱要成立由分管领导任组长的教育转化领导小组，选择具有亲和力的、改造经验丰富的教育科长、狱政科长、副监区长为小组成员，主要负责对教育转化工作的组织、部署、监督和考核。监狱教育科负责协调并逐一落实教育转化顽危犯的工作计划或方案，逐级组织顽危犯攻坚转化竞标活动，适时构建监狱、监区、分监区三级攻坚网络，建立健全顽危犯分层转化制度。

顽危犯教育转化的具体工作主要由监区（分监区）承担。监区、分监区要相应成立由基层主要领导任组长的教育转化工作实施小组，吸收基层副职领导和教育干事为小组成员，由实施小组集体研究、分析，确定施教方案，负责对顽危犯的具体指导、实施转化工作，然后尽量选择在罪犯中有一定威望的、有能力的民警承包转化工作，实施小组成员分别挂钩并具体参加转化工作，实施连带责任制。对于监区或独立分监区难以转化的攻坚对象，要及时上报到监狱，由监狱组织攻坚人员配合进行集体攻坚，形成上下联动。

对顽危犯的教育转化不仅要责任到人，还要签订工作责任状。选准选好承包民警，要解放思想，追求实效，突破传统；充分鼓励转化教育能力强、责任心强的民警，特别是党员民警，投入到顽危犯的教育转化工作中去。主要有两种方式：一种是监区领导指定专人负责，其他民警协助，实行包控管、包教育、包转化。另一种是挂牌攻坚（竞标），体现能者为之、分层分级、部门联动的工作原则，必要时还可借助亲情和社会力量参加攻坚转化。

（二）攻坚克难，对症下药促转化

1. 调查分析情况。通过监区领导、管教股长、分监区长、管理民警、周围的罪犯等不同层次了解列入顽危犯的具体细节情况,日常行为模式,与周围人群之间的关系,性格特征及兴趣爱好等;通过调阅罪犯的档案、心理测评报告等,掌握犯罪事实、经过、案件审理及判决情况、顽危的性质、恶劣程度以及入监改造过程全貌;通过个别谈话直接掌握罪犯的情况;通过对罪犯的学习、工作、生活经历的调查分析,了解顽危原因。

2. 制定实施方案。转化方案内容主要有:建立信任关系、确立改造目标、教育激励措施、改造信息反馈、方案措施调整等。实施转化过程中要夯实基础,对攻坚组成员召开专题会进行布置,坚持管理与教育相结合,运用个别教育、心理矫治、集体会诊及定期召开攻坚组讨论会等形式,做实做细每一项教育转化工作。对顽危犯的教育感化更需仔细斟酌,讲究策略,努力创造契机,在找准教育切入点的基础上,沉着应变,稳中求胜。要加强调查研究,准确分析顽危犯思想症结,增强转化顽危犯工作的针对性和有效性。顽危犯每月接受个别教育次数一般不少于3次,遇有重大问题或发生变故随时谈,并有详细的谈话记录。实施顽危犯集体会诊制度,坚持监区半月、监狱每月一次会诊,研究转化顽危犯工作。

(三) 相关工作

顽危犯的认定与撤销,由监区或者直属分监区集体研究,提出意见,分别报监狱教育改造、狱政管理部门审核,由主管副监狱长审定。

1. 顽危犯的认定。一般有下列情形之一的罪犯,认定为顽固犯:拒不认罪,无理缠诉的;打击先进,拉拢落后,经常散布反改造言论的;屡犯监规,经常打架斗殴、抗拒管教的;无正当理由经常逃避学习和劳动的;其他需要认定为顽固犯的。有下列情形之一的罪犯,认定为危险犯:有自伤、自残、自杀危险的;有脱逃、行凶、破坏倾向的;有重大犯罪嫌疑的;隐瞒真实姓名、身份的;其他需要认定为危险犯的。

2. 教育专档管理。严格落实台账记录工作,详细记录改造信息、教育措施、转化进度等内容。档案中包括判决书复印件、罪犯改造评估表、罪犯心理测试量表、顽危犯审批表、罪犯教育转化方案、罪犯谈话记录、顽危犯思想汇报、顽危犯表现月考核、顽危犯转化撤销审批表、顽危犯转化后跟踪考核记载等。

3. 顽危犯的撤销。撤销的条件是:认定为顽危犯的情形已经消失;经罪犯改造评估为良好;经心理测试为健康;邪教类的顽危犯转化即撤销。顽危犯教育转化后,必须逐个写出工作总结,装入监狱案例库。已转化的顽危犯设定3～6个月的巩固期,巩固期内出现反复、重新被认定为顽危犯的,应视为没有成功转化,应继续或重新组织教育攻坚。

学习情境50　邪教犯的教育

邪教犯是冒用宗教、气功或其他名义，以制造散布迷信邪说为手段，神化首要分子，实施危害社会行为而触犯刑律，依法关押在监狱的犯罪分子。

一、邪教犯的特点

（一）思想顽固，性格偏执，反复性大

邪教犯中大多练功时间长，中毒深，思想上依然坚持其邪教立场，或今天假转化明天又反弹，反复无常；或以绝食等恶劣手段抗拒改造、顽固坚持邪教的歪理邪说，顶撞民警，不认罪、不服判、不服管教，表现出"死猪不怕开水烫"的赖皮相，抱着"不转化也要出监，将对抗进行到底"的顽固思想。他们面对民警、亲人苦口婆心的教育规劝置若罔闻，这些罪犯虽然为数极少，但教育转化的难度很大；有的邪教犯即使转化了，又出尔反尔，重蹈覆辙，严重扰乱了正常的监管秩序，威胁着监狱的安全与稳定。

（二）病态自尊，无罪恶感，自我评价高

邪教组织内部大搞教主崇拜和精神控制，对自己危害国家、危害社会、危害家庭的行为，不认为是犯罪；有的敏感多疑，经常想象自己会受到民警的伤害和摧残；有的自以为是，常炫耀自己真、善、忍，是无私、无我之人；甚至以"世人皆浊我独清，世人皆醉我独醒"自居，表现出一种令常人无法理解的邪劲儿，而邪教类罪犯正是凭着这股邪劲儿，不惜以身试法，利用邪教组织破坏法律实施。

（三）愚弄信徒，借机敛财，掩饰性强

邪教犯的犯罪心理非常复杂。有因为祛病强身、锻炼身体而痴迷邪教的；有精神空虚，想得道成仙、祈求神灵保佑、"上层次""求圆满"而信邪教的；更有借机敛财，从中渔利，搞非法经营的；还有的则是仇视社会，以邪教为幌子宣传、煽动不明真相者攻击政府，企图颠覆国家政权的。

二、对邪教犯的教育

（一）构建寓管于教、寓教于管的工作格局，实现管教融合

在教育转化邪教罪犯的工作实践中，要切实把管理、教育融为一体，做到寓管于教、寓教于管、管教融合，按照"先稳后转，稳中求转，攻心为上，多法并举"的工作思路，采取"集中关押，分区管理，全员参与，专人包教，重点突破，逐步转化"的工作方法，依法管理，文明施教，使教育改造的有效性体现在

转化罪犯思想、促使邪教犯与邪教彻底决裂。特别要注重抓好入监初的思想稳定阶段，思想学习转化阶段和转化后的思想灌输、人格重塑阶段工作。要组织他们参加劳动，并不失时机地向其灌输科普知识，讲解人的价值、社会责任、家庭责任、社会伦理道德等，以此复苏其做人的良知，最终得到人性上的回归。

（二）构建多措并举、攻心为上的教育模式，实现认知行为的转化

1. 专题教育，重塑认知模式。抓好法制教育，心理健康教育，道德、伦理、人生观教育，形势、政策、爱国主义教育等专题教育。通过组织罪犯学习我国现行主要法律制度及取缔邪教组织的有关规定，使罪犯重塑认知模式，重新认识自己的行为，对犯罪思想和行为进行分析、批判，促使他们的思想逐步发生转化。在罪犯中广泛开展以"爱心、孝心、诚心、同情心、责任心、感恩心、荣耻心、宽容心、正义心、进取心"为主要内容的教育活动，定期开展"十心"活动月，使罪犯在激励中矫正思想，在快乐中升华境界。

2. 典型引路，攻破心理防线。主要是利用已转化的邪教罪犯作现身说法教育，规劝未转化的罪犯赶快悔悟，同邪教彻底决裂。这种典型揭示对于瓦解、攻破其他邪教罪犯的心理防线有很强的冲击力，能够产生"拨亮一盏灯，照亮一大片"的教育成效，是教育转化邪教罪犯工作中非常有效的方法。

3. 亲情教育，促使人性复苏。邪教罪犯有一个共同特点——感情麻木，对他人漠不关心，缺乏责任感。要抓住他们改造生活中所遇到的困难或者困惑这些契机，真诚地教育、帮助他们，以情动情，以情移情，有意识地拉近民警与他们之间的心理距离，拉近他们与家人和社会之间的距离，从而打破他们封闭的心理外壳，冲击他们极端自私的思维定势，使他们麻木的情感从潜意识中逐步复苏。

4. 社会帮教，点燃重生希望。邀请罪犯原单位、学校、家属、朋友，以及已转化人员来监帮教，内外形成合力，聚集反邪教的强大的社会力量，对罪犯进行规劝帮教，为保持他们的思想长期稳定奠定扎实的基础。加强出监教育，将"如何应对回归后可能遇到的困难、阻力""如何抵御反转化诱惑""如何尽快适应社会生活"等作为对已转化邪教罪犯进行出监教育的主要内容，促使他们在出监后尽快融入正常的社会生活中；并及时跟进回访，与社会有关部门共同做好接茬帮教工作，进一步激发他们对生活的希望，唤起对家庭和社会的责任感。

学习情境 51　未成年犯的教育

未成年犯是指因触犯国家刑律而被依法判处刑罚的，已满14周岁、不满18周岁的罪犯。未成年犯正处于长身体、长知识的阶段，他们的思想尚不定型，可塑性强，反复性大，具有特殊性。对未成年犯的改造，要根据未成年犯的生理、心理、行为特点，以教育为主，贯彻"教育、感化、挽救"的方针。对未成年犯进行思想、文化、技术教育的教学时间，每年不少于1000课时。

一、未成年犯的特点

（一）独立意识强，身份意识差

由于未成年犯的生理和心理尚处于发展的关键时期，他们大多属于心理断乳期，往往表现为认知能力的不成熟、不稳定，容易呈现出思想观念混乱的明显特征。

（二）缺乏罪责感，行为养成差

主要表现在不认罪、不服判，缺乏罪责感和愧疚感，甚至将责任推给社会、学校、家庭。服刑改造期间没有明确的目标，得过且过，混刑度日，怕过艰苦的改造生活，难以忍受行为上的管束，缺乏良好的行为习惯。

（三）改造反复大，自控能力差

未成年犯独立意识和自我意识日益增强，但缺乏自我控制能力，遇事容易冲动，做事不计后果，头脑简单，行为盲从。渴望亲情关爱，向往自由生活，但情感易变，往往在民警的推心置腹的谈话教育后，悔恨感激不已，表示要痛改前非，然而改造表现时好时坏，反复性大。

（四）表现欲望强，集体观念差

未成年犯中独生子女所占的比例越来越大，他们在家庭中被娇生惯养，不习惯被限制，过分强调自我，劳动中讨价还价，集体生活中标新立异，在狱内高消费，讲排场，张扬"个性"。自我表现欲望受到妨碍时，很容易导致抵触、对抗情绪，顶撞民警。

二、对未成年犯的教育

（一）强化"三课"教育，提高认知水平

未成年犯大多数没有完成九年义务教育的学业，未成年犯管教所应该将文化知识学习、职业技能培训列为日常教育改造工作的首要任务。一方面，资助、劝导适龄未成年人回到学校，完成义务教育学业；另一方面，对已完成义务教育或年龄偏大的未成年人，免费提供劳动技能培训使其掌握生存发展的一技之长，并帮助他们与社会无缝对接——就业或创业，使其成为自食其力、遵纪守法的公民。

（二）强化同伴教育，传递积极影响

未成年人通常愿意听取年龄相仿、知识背景、兴趣爱好相近的同伴、朋友的意见和建议。要利用未成年犯的趋众倾向，围绕未成年犯喜欢的恋爱、网络、金钱等问题，开展参与式的同伴教育，形成积极的同伴影响，进而促使他们树立正确的世界观、人生观和价值观。与大学生建立"信对信、手拉手"的一帮一活动，营造积极的同伴文化；对有影响力和号召力的未成年犯进行有目的的培训，使其掌握一定的知识和技巧，然后由他们向周围的未成年犯传播正性的知识和技能，有意识地营造积极的同伴影响；开展丰富多彩、寓教于乐的同伴教育，使未成年犯在活动中去感悟、去体会积极的情感和文化，培养积极的、良性的互动、互助群体。

（三）强化感恩教育，培养积极情感

如利用未成年犯18岁生日的契机，组织他们过集体生日，与民警和亲人一起包饺子、分蛋糕，举行成人宣誓仪式，共同庆贺他们的成长与成熟，时刻记住"母难日"，永远不忘感恩时。积极主动为未成年犯搭建沟通亲情的桥梁，重建亲子关系，引入社会帮教，让未成年犯感受亲情的温暖，感受社会的关爱，对未来坚定信心，充满希望。

（四）强化情绪管理，塑造健全人格

未成年犯情绪化特征比较明显，要结合改造实际，导入情绪管理的教育，引导他们认识情绪以及情绪的种类、了解情绪对人的影响，学会调控、管理情绪，做自己情绪的主人。通过在监舍设置"心理晴雨表"，定期组织有周期性情绪障碍的罪犯开展团体心理训练等形式，积极疏导预防，逐渐使未成年犯养成理智的行为习惯，塑造健全的人格。

学习情境52　女犯的教育

女犯是指因实施犯罪行为而触犯刑律，依法受到刑罚处罚，在监狱服刑的女性罪犯。女性犯罪主要有杀人、伤害、抢劫等暴力犯罪，盗窃、诈骗、贪污、拐卖人口、贩毒等财产犯罪，重婚、强奸及强迫、引诱、容留妇女卖淫犯罪等婚姻家庭和性犯罪几种类型。

一、女犯的特点

（一）情感脆弱，罪责感强

有些女犯由于激情性犯罪，杀害或者伤害了自己的恋人、情人、亲人，当情绪恢复正常后，她们无法相信也不愿意接受受害人死亡的结果，情绪情感极其脆弱，心理负荷已达极限，大多罪责感强，悔恨交加。在改造过程中有的女犯会积极争取亲人的谅解，真诚忏悔，用实际行动争取社会和亲人的宽容接纳；有的女犯则整日以泪洗面，消极度日，甚至迷信受害人会来寻其报仇。

（二）心胸狭隘，敏感多疑

女犯一般都情感细腻，对人对事都比较敏感，有的心胸狭隘，遇到不顺心的事和涉及个人利益时，爱斤斤计较；有的不善于与人交往，若遇民警批评就无端地猜疑其他罪犯，怀疑别人打了自己的小报告，有时还借题发挥，故意激怒、挑逗怀疑对象；有的特别注意观察周围人的言行，无端地认为她们在议论、讽刺自己，严重的会产生被害妄想，精神萎靡消沉，消极心态占主导地位，缺乏改造动力。

（三）思亲恋家，情感饥渴

不少女犯在服刑前都没有离开过家，而今身陷囹圄，归期遥遥，思亲想家之苦无时无刻不在缠绕着她们，对家信、家人的探望非常渴望，如果稍有推延或者其他特殊情况不能前往，她们会心神不宁，寝食难安，甚至猜测家人是否发生不测，情绪一落千丈，对改造生活产生消极影响。

（四）爱慕虚荣，贪恋享受

一些女犯精神空虚，且有着强烈的虚荣心和自我表现欲，贪图享受，好逸恶劳，为了炫耀自己与众不同，不计后果，违反监规纪律。

二、对女犯的教育

（一）强化"三课"教育，增强法制观念，培养生存技能

针对女犯法制观念淡薄的特点，重点应以刑法、监狱法、婚姻法、继承法等法律规范进行法制教育。通过讲解条文、以案说法、现身说法等方式，促使她们提高认识，加深认罪感，心悦诚服地接受改造。针对女犯因文化程度低而导致犯罪的特点，文化教育必不可少。要在她们原有的基础上提高一个层次，鼓励她们自学成才，为她们接受新事物和其他教育创造条件。职业技术教育应着眼于回归后的就业出路，对女犯的技术培养要因地制宜，应考虑投资少又适合女性特点的项目，如裁剪、美发、美容、烹调、茶道、纺织、刺绣、家禽饲养等，真正使她们掌握一种适应生存和当前社会需求的劳动技能。

(二)强化环境陶冶,运用艺术矫治,培养健康情趣

环境陶冶实现教育目的于日常生活中,渗透教育过程于休闲逸致间,以"潜移默化""润物无声"的方式对女犯的思想、观念、价值、道德、态度、情感等产生影响。艺术矫治就是这样一种收效显著的思想教育和心理健康教育形式,运用美术、音乐等的基本原理和方法,使女犯在参与绘画、管弦乐、唱歌、跳舞的过程中,受到潜移默化的艺术熏陶,学会用无害方式宣泄不良情绪、学会表达、投射自己内心美好的向往,逐步实现自我教育,自我反思,自我提高,自我超越。既可以培养女犯健康的情趣,又能帮助她们重建自信,调节情绪,净化心灵。湖南女子监狱于2007~2011年对女犯的艺术矫治项目就是一个很好的例证。

(三)强化社会帮教,整合社会资源,培养积极心态

注意发挥社会和家庭在罪犯改造中的作用,动员和利用社会力量,参与、支持罪犯改造工作。一方面,邀请社会名流、英雄模范、道德模范、特级教师、女法官、女检察官、女律师、女企业家来监狱对女犯实施帮教;定期组织罪犯亲属来监参观、恳谈、联欢、共餐,进行亲情教育,促进罪犯转化;发动社会文化、文艺、医疗机构和团体送书、送艺、送医进监;利用社会的专家优势资源,在罪犯中开展法律咨询、心理辅导等活动。组织罪犯走出高墙,回归故里,参观企业和市容市貌,让罪犯更多地了解社会,亲身感受社会巨变;组织罪犯到地方敬老院做好事、献爱心,增强其道德感和社会责任感;组织罪犯凭吊革命先烈,不断净化心灵,激发改造动力。另一方面,组织开展共建活动,利用特殊的时间、节假日开展和举办各种大型活动,以培养女犯的积极心态,释放负性情绪和压力。如高校大学生、志愿者共同举办"与爱一起飞"大型团体心理训练活动;利用母亲节,联手媒体共同举办五月母亲节"温馨黄丝带——烛光里的妈妈"等大型活动,使大墙内外的母子、母女在"母亲节"亲情会见,进一步激发罪犯的爱心、孝心、感恩之心。

(四)强化性别教育,促进自我成长,培养"四自"精神

女犯有的已经做母亲,有的将来要做母亲,对她们的教育改造便关乎着千家万户、子孙后代。为了促进女犯的自我成长,在女子监狱将"社会性别教育"列为思想教育的内容,教给女犯学会如何恋爱,如何经营婚姻家庭、夫妻关系,如何做家长,如何才能建立起良好的亲子关系。在她们中间定期开展讨论会、辩论赛——靠什么立足社会?谁能给我幸福?促使她们社会性别意识觉醒,不再依赖于他人,不再抱有"干得好不如嫁得好"或"嫁个好男人就能给我幸福"的幻想,培养女犯自尊、自信、自立、自强的"四自"精神,用自己勤劳的双手去创造美好的明天。

学习情境 53　老病残犯的教育

老年罪犯一般是指年满 55 岁的女性罪犯和年满 60 岁的男性罪犯；病残罪犯是指长期患有某种或几种疾病以及身体有残疾的罪犯。老病残犯属于罪犯中具有生理方面等问题的弱势群体。

一、老病残犯的特点

（一）敏感脆弱，情绪变化快

老病残犯由于生理原因而处于弱势，心理上也较为敏感、脆弱，尤其是家境贫困的或身体有残疾的罪犯大多存在一定的自卑心理。因此容易情绪化，常常因一点小事甚至无缘无故感到委屈、伤心、气愤进而情绪激动，行为上表现为常常无缘由地哭泣或者与人发生争执。

（二）疑心较重，缺乏安全感

疑心较重是老病残犯中较为常见的一种心理状态，他们容易对周围的人和事产生怀疑，缺乏安全感。一方面是所处的环境所引起的，处于一个相对封闭的环境，人际交往及自由受到限制，而罪犯又是一个较为复杂的群体，加上老病残犯本身的自我心理调适能力较弱，久而久之心态难免失去平衡，对周围的环境缺乏安全感。另一方面，老病残犯因害怕被家人抛弃而心理负担较重。因触犯刑律给家人带来耻辱，而自己生活自理方面较差，治病又会给家人增加更多的经济负担，所以总是担心家人会遗弃自己，缺乏安全感。

（三）精神孤独，渴望被关注

老病残犯内心通常有较强的孤独感，他们因身体状况和自身的衰老感不善于主动融入周围的环境，在人际交往方面也显得比较谨慎，加上服刑期间不能与亲人相处，因此内心有较强的孤独感。但他们又渴望与人交流，得到别人的关心和尊重，害怕被人忽视，这就使他们平时的语言和行为之间存在较大的反差，一方面总是强调自己与周围人之间不和谐，另一方面又总是用一些意想不到的甚至过激的言行来引起周围人的注意。

（四）行为偏执，改造难度大

这与他们几十年的生活经历及成长环境有关。原来的经历对他们的思想观念及个性心理特征所产生的影响，已深深植根于他们的头脑，难以动摇，加上他们年龄偏大，受教育程度偏低，接受新事物的能力比其他罪犯要差。因此，他们在思想和行为上都表现得很古板、固执。

二、对老病残犯的教育

（一）营造良好氛围，运用心理暗示

老病残犯由于自身文化素质、身体状况等原因导致自信心不足，多半缺乏主见，从众心理比其他罪犯更严重。因此营造好的改造环境和学习氛围是非常重要的，使他们在好的环境中受到好的影响，在潜移默化中培养出良好的行为习惯。

（二）强化个别教育，触动内心世界

个别教育是对老病残犯的教育中至关重要的一种方式，特别是采用拉家常式的个别教育效果较好。老病残犯的心理较脆弱，依赖性重，一般都有极强的倾诉欲，他们渴望被尊重、被重视，在这种情况下民警的个别教育就显得尤为重要，个别教育既要体现民警对他们的爱护和重视，又要纠正他们的缺点和错误，不能光讲大道理，做表面文章，要能够真正深入到罪犯的内心去。

（三）突出感化教育，彰显人文关怀

老病残犯的情感丰富且复杂，受暗示性强，对外界发生的事情容易将其影射到自己的身上并进行比较，引起情绪的波动。当他们的情绪产生变化时，民警要认真观察，及时了解其内心的思想动态，给予充分的关心和帮助，促进其改造。要关心老病残犯生活，例如，监狱的设计、建造充分考虑到了老病残犯的生理特征和生活习惯，增设无障碍通道、升降电梯、防滑垫、防撞扶手、呼叫按钮等诸多人性化设施，残疾人监区修筑盲人通道，有效防止跌跤造成的损伤；监舍卫生间安装坐便器和淋浴喷头，方便老病残犯入厕、洗浴；组织护理人员为长期卧床的重病残犯擦洗身体，防止出现褥疮；对老年犯和病犯实行不同配餐制；等等。

（四）构建维护平台，增强身心健康

老病残犯的心理健康问题已逐渐成为不可忽视的改造难题。要整合资源，构建罪犯心理健康维护平台，切实提高改造质量。在对老病残犯身体疾病进行积极的治疗的同时，也要对他们的心理障碍进行主动干预，积极开展老病残犯心理咨询和心理治疗。要使老病残犯正确认识、理性对待自身的疾病，逐渐树立战胜疾病的信心。

学习情境 54　少数民族犯的教育

少数民族犯是指我国汉族以外的其他民族的罪犯。少数民族犯是罪犯中的一类特殊群体，他们既是少数民族成员，同时也是罪犯。这一双重性使得他们在心理和行为表现上兼有少数民族特征和一般罪犯所共有的一些特征。在管理教育上就要求根据少数民族犯的特点，有针对性地进行教育改造，对少数民族犯的特殊风俗习惯与思想观念，要予以充分尊重。少数民族犯中常见的、不同于一般罪犯的心理特点主要来源于其民族性。

一、少数民族犯的特点

（一）强烈的民族倾向性

少数民族犯通常都有突出的民族归属意识、民族自尊心和民族荣誉感，十分看重本民族的利益，时常把个人利益和荣辱与本民族团体的利益和荣辱联系起来，表现出维护本民族利益和荣誉的行为，沿袭或渴望沿袭本民族风俗习惯的行为，极端的、狭隘的民族团体意识会导致刻意强调民族利益和民族风俗习惯并以此抗拒监规纪律。部分少数民族犯习惯于把非本民族成员（包括民警和其他罪犯）对自己个人的批评或不满任意扩大为对自己所属民族整体的轻视或敌意，并因此而产生强烈的抵触情绪和抗拒行为。少数民族犯普遍有较强的民族亲和心态，愿意接近本民族的罪犯，得到本民族罪犯的同情和关怀，即获得内心的安全感和归属感，他们之间感情亲近、彼此关心、互相支持。有些少数民族犯戒备心很强，故意疏远、冷淡其他民族的罪犯，当有人遇到"麻烦"时，互相袒护，一致对抗其他民族的罪犯，甚至不惜触犯监规纪律。少数民族犯对本民族民警信任程度较高，愿意接近本民族民警，服从他们的管理和教育。对汉族民警畏惧、怀疑和戒备的心理比较强烈，他们害怕汉族民警，不信任汉族民警，不愿意向他们表达自己的真实思想，心理和行为上表现为不愿意接近甚至排斥汉族民警的管理教育。

（二）以宗教信仰自由为借口，抵制思想改造

主要是指信奉伊斯兰教的回族罪犯、维吾尔族罪犯及信仰佛教的蒙、藏族罪犯。许多少数民族犯入监以前在所属民族团体宗教氛围的影响下，往往已经形成了对某种宗教的信仰。他们在入监以后，监狱封闭的改造环境往往会使其加深对原有宗教信仰的精神寄托和感情依恋。这些宗教信仰对于少数民族犯缓解和排遣在监禁环境的约束下所产生的焦虑、紧张和空虚心理是有好处的，同时，宗教中

所倡导的"慈爱、诚信、无私、弃恶从善、洗心革面"等美德和善行对罪犯的改造和更新也是极为有利的。但一些少数民族犯不顾监规纪律的要求,借口"罪犯有信仰宗教的权利",要求在狱内公开从事宗教活动,企图在宗教幌子的遮盖下,运用各种手段抗拒改造;一些少数民族犯认为宗教信仰是至高无上的,它高于法律,高于监规纪律,一遇到有悖宗教利益的言行,他们不会寻求正常的渠道解决问题,而是置法律和监规纪律于不顾,实施强烈的对抗行为。

(三) 生活习惯的特殊性

某些少数民族有着比较特殊的生活习惯,他们在服刑期间难免会因为这一特殊的生活习惯而受到别人的嘲笑或讽刺,有时还会由于种种原因不能很好地满足特殊生活习惯的要求而产生烦恼,这些情况均会增加他们的心理压力,进而影响心理健康。

(四) "线状"行为的冲动性

少数民族犯普遍思想比较单纯,对各种需要的心理欲望不高,近距离的、直观式思维突出,为人老实安分,性格粗犷豪放。但是从另一个方面来看,少数民族犯也有简单、片面的思维倾向,鲁莽固执的性格倾向,保留了一些与时代主流观念不太和谐的思想意识,行为上容易冲动,甚至一触即发,不计后果;拘谨、愚钝、刻板、缺乏积极性和主动性;随遇而安、得过且过、思想不稳定、波动无常,心理应变和控制能力弱,意志力和抑制力都比较低,行为懒散、随意,常有喝酒、打架等违反监规的行为,甚至有逃跑、行凶、自杀等突发行为;独立思考和辨别是非的能力较差,容易盲目追随或仿效。

二、对少数民族犯的教育

(一) 利用宗教的积极因素对少数民族犯教育改造

要注意选择本民族的民警承担直接管理教育的责任。本民族的民警更熟悉本民族的历史和现状,通晓本民族的语言文字,懂得本民族的生活方式和风俗习惯,易于与本民族的罪犯沟通交流,能够准确掌握本民族罪犯的特点和思想动态,有的放矢地开展针对性的教育改造。同时少数民族犯对本民族的民警容易产生认同感,他们对本民族民警和汉族民警的态度,无论在外表上还是内心感情上都是截然不同的;他们愿意将自己的心里话向本民族民警汇报。所以,选派政治文化和业务素质较高的以本民族为主的民警,加强对少数民族犯的管理是教育和改造他们的重要前提。

(二) 强化思想教育,培养国民性与民族性

根据少数民族犯的民族自尊心很强的特点,监狱要注重正面灌输,将国家法律法规、民族政策,即民族平等、民族自治、保障少数民族合法权益等内容作为

他们思想教育的重要内容,让他们了解到我国是一个多民族和睦相处、共创未来的大家庭;在维护少数民族犯的民族自尊和自豪感的基础上,培养他们的国民性;使他们懂得中国特色社会主义新型民族关系是各民族共同繁荣的基础,帮助他们学会从理性的角度来处理和应对事关民族风俗、宗教信仰和生活习惯的问题,正确处理好国家与民族的关系。

(三) 实行双语教学,加强文化技术教育

根据少数民族犯多属文盲、半文盲的情况,必须从扫盲着手,逐步普及小学、中学的文化知识,推广实行少数民族语言和普通话的双语双文教育,用文明熏陶他们的心灵,用知识启迪他们的智慧。通过学习科学文化知识,帮助他们开阔视野,提高分析问题的能力和自我教育的能力,逐渐摆脱偏见,自觉认罪服法,接受改造。同时,要对具有一定文化基础的少数民族犯,进行职业技术教育,使其学习生产技能,为他们刑释后利用一技之长尽快脱贫致富、避免重新犯罪打下良好的基础。

(四) 强化规范意识,增强纪律观念

少数民族犯中普遍具有散漫、孤僻和固执的人格,缺乏规范意识。通过规范化训练,强化罪犯身份意识和规范化意识,做到行动军事化、内容统一化、卫生经常化、学习制度化。

(五) 开展富有民族特色的监区文化活动

一方面,在监区文化建设中要考虑到各民族的需要,组织开展各具特色的民族文化活动,如侗族大歌会、苗族舞会、布依族芦笙会、傣族的泼水节、藏族的雪顿节、维吾尔族的古尔邦节、内蒙古的白节等。在各个民族节日里,组织本民族罪犯同其他民族的罪犯欢度该节日,增强民族团结、加强了解、和睦相处、增进友谊、消除民族隔阂。

(六) 适当照顾少数民族犯特殊的生活、风俗习惯

按政策规定兑现少数民族犯特殊的生活待遇,民警要动之以情、晓之以理、细心观察、精心安排,为他们创造良好的改造氛围。同时要针对他们文化程度低、语言交流困难、改造中自我封闭严重等情况,适时为他们设置阶段性改造任务,给予经常性的激励,使他们以最快的速度、最短的时间适应改造环境和要求。平等对待少数民族犯,做到管教上不歧视、不姑息。

学习情境 55　外籍犯的教育

外籍犯是指触犯中国刑事法律并经中国法院判处刑罚，由中国监狱执行刑罚的外国人，在司法实践中将无国籍罪犯也视为外籍犯。改革开放之前，外籍犯主要是一些特务、间谍，多来自当时敌视新中国政权的西方国家，以危害国家安全的罪犯较多，刑事罪犯较少，这其中也包括日本战犯；改革开放后，随着国际经济交往的增多，人员流动的频繁，传统的跨国性犯罪，如洗钱、毒品、黑社会性质组织、恐怖组织等犯罪不断侵入国内并有逐年上升的趋势。

一、外籍犯的特点

（一）政治敏锐性高，普遍存在不认罪服法问题

外籍犯普遍对我国的方针政策比较关注，关心国籍国、全球信息，对国际形势、两岸关系、港澳情况议论较多。相当一部分罪犯对我国刑罚制度有较深研究，对中国内地刑罚制度、监狱管理与西方国家和台港澳进行对比议论，特别关注刑罚执行的公平公正。热衷于向外国驻中国使领馆反映情况，普遍不认罪服法。有的外籍犯用其国籍国法律进行对比，认为中国法院量刑过重，不服判决。还有的外籍犯用西方国家或原国籍国刑罚制度进行对比，质疑我国的刑罚制度，对监狱民警的管理教育抱有抵触情绪。

（二）沟通交流有障碍，第一手资料掌握难

罪犯入监前所在国（地区）社会制度、文化背景、宗教信仰、生活方式、语言文字不同，给教育改造造成较大困难。一是有一定的语言障碍。外籍犯涉及许多国家，由于语言和文字原因，民警的管理教育困难，与犯属联系沟通不易，信件难以检查，罪犯间交流不畅。有的只会讲本国语言，连简单的英语都不会，给管理教育造成很大困难。二是存在不同程度的思想文化障碍。社会文化背景差异带来的这些罪犯在人生观、价值观等方面的不同，给监狱在开展思想、政治、形势教育，规范化教育和"三课"教育等方面造成了很大困难。大部分罪犯抱着"闯世界、捞大钱"的目的到中国犯了罪，在监狱受管束。艰苦的生活，强制性的劳动，与曾经的纸醉金迷、灯红酒绿形成强烈反差，加上刑期长、思乡心切等因素，悲观心理和消极心态较为普遍。三是罪犯背景家庭普遍情况不明。罪犯背景和家庭情况大多只能听其本人所述，难以核查。有的罪犯证件不明确，特别是偷渡犯。犯属联系沟通困难，社会帮教力量薄弱。

（三）以外籍自居，主观上优越感强

相当多的外籍犯认为所在国大使馆能为他们提供庇护，动辄以使馆照会威胁

监狱,认为监狱对外籍犯应该网开一面,特别照顾。对监狱正常的严格管理消极抵抗,藐视我国法律法规,无视监狱的规定,不认罪,不承认中国法律,服刑意识、身份意识差,甚至抱有对立的看法,从心理上不愿接受惩罚与改造,尤其是不愿意参加劳动。此外违规抗改突出,部分罪犯在遵守监管规定上阳奉阴违,民警在场时中规中矩,民警不在,什么事都敢干,往往不安心在中国监狱服刑,而将希望寄托于本国大使馆通过外交途径达到提前释放回国服刑的目的。因而表现出浮躁、不安心、有临时思想,对自己的表现好坏、奖惩等问题均持无所谓的态度。

（四）渴望亲情的沟通

亲情沟通是人的正常心理需要。由于路途远,外籍犯不能与家人、亲属及时、正常地进行亲情的沟通,甚至有些外籍犯长达数年不能与家人见面,只能通过信件往来了解家中情况。久而久之容易导致他们在心理上缺乏情感慰藉,亲情观念淡薄,常表现为焦虑不安、脾气暴躁、性格孤僻等消极心理状态。

（五）维护权利意识强,履行义务观念差

外籍犯普遍十分重视自己的权利,不但要求享有中国籍罪犯所有的权利,而且还要求享有一些不切实际的监狱根本做不到的"权利"。一旦他们提出来的不合理要求得不到满足,就采取绝食、向使馆告状、给监狱上级甚至司法部写信等方式,要挟监狱,与监狱讨价还价,以此来达到自己的目的。在强调权利的同时,外籍犯对自己作为一名罪犯应当履行的义务却闭口不谈。

二、对外籍犯的教育

（一）单独关押,规范管理

监狱应将外籍犯集中起来,单独关押。但也不宜将同一国家或同一种族的罪犯集中在一起,应分散到不同的班组,避免形成对抗管理的小团伙。根据外籍犯的实际情况,可采用记分考核办法,从抓日常生活卫生、劳动改造、外籍犯行为规范的养成等工作入手,对外籍犯的一日生活进行细化,民警通过原始材料的记录情况,对外籍犯进行日考核、周评议、月小结,并及时公布,做到"以分记奖,以奖依法减刑",调动外籍犯改造的积极性。

（二）加强法制教育和服刑意识教育

针对一部分外籍犯对我国法律、政策一无所知的特点,组织外籍犯学习我国刑法、刑事诉讼法、监狱法以及相关的外籍犯管理制度、奖惩规定。向外籍犯宣讲我国的法律、法制观念与国外法制观念的异同,使他们了解我国的法律。定期或不定期针对其思想问题召开会议,进行有针对性的教育,促其认罪,遵守监规监纪。

(三)进行文化教育

以基础中文教育为主要手段,根据实际情况可以分为初级班、中级班、高级班。初级班应以能听懂民警日常管理用语,并能基本表述基于管理而发生的自己行为的意向。监狱可根据实际情况编写日常管理用语的中英文对照教材;中级班应以能正常与监狱民警进行语言沟通,会书写汉字,熟练运用汉语表述本人思想为标准;高级班应能正常收听收看电视广播,阅读中文报纸,对中国历史、文化有一定的了解。监狱对于不同层次的中文班要进行考核,合格的应参照记分考核给予一定的奖励。

(四)开展监区文化活动

可安排绘画、书法、音乐欣赏,收听收看介绍中国历史、文化的影音资料,打篮球、打乒乓球,学下中国象棋、围棋等监区文化活动,丰富外籍犯的改造生活。活动中应以自愿为主,按照个人的兴趣爱好成立各种兴趣小组,选择有专长的教师进行教授。尤其要注重安排一些有中国特色的活动,使外籍犯了解中国,领悟中国博大精深的文化,陶冶外籍犯的情操,从而促进外籍犯整体素质的提高。

(五)尊重民族习惯,尊重保障权益

对于外籍犯的风俗、饮食习惯,监狱应予以尊重。同时要尊重外籍犯的宗教信仰和民族习惯,要重视关注他们的节日,妥善合理地安排伙食。可以引导罪犯自我管理的主动性。有意识地引导罪犯对一些罪犯业余活动自我组织和管理,在民警主导和监管下,可以成立罪犯矛盾调解小组,发挥他们自身的重要作用;实行罪犯伙食、兴趣小组、日常文体活动等自主管理;春节、感恩节、圣诞节、元宵节等监区环境布置,以罪犯积委会为主考虑方案并送民警审定等。

训练与操作

训练与操作12   湖南某监狱转化顽危犯何某

湖南某监狱五监区罪犯何某,2007年3月因贩毒罪被判有期徒刑6年6个月,在2007年4~11月的"罪犯改造考核"台账上,何某每月的考核结论均是"本月未完成改造任务",累计扣分达46分。2008年8月转入五监区,在入狱短短一年半时间,多次殴打他犯,顶撞民警,三次严管,三次禁闭,三次调换监区,民警看着他摇头,罪犯看着他就绕道走。

在何犯第二次严管期间,五监区召开了专题会议,研究对何犯的教育转化工

作,组织民警集体会诊。监区分管改造的副监区长文伟指出,何犯的教育转化工作虽然难度大、压力大、风险大,但只要大家集思广益,齐心协力,总能找到行之有效的方法。分监区长任竟主动请缨:"我认真看过了何某的档案材料,又在罪犯中进行了一些侧面的了解,对何犯有了一些新的认识。在《罪犯入监审查登记表》中,何犯入学教育期间的自我总结是这样写的:'入监以来,通过深刻反思和监狱民警的耐心教育,使我认识到了自己的罪错给他人带来的危害,自己吸毒又给了家人巨大的打击。因此,我决心悔过,用劳动的汗水洗涤我心灵的污垢,争取早日新生。'收押中心对何犯的评语是:'该犯在入监教育期间,经干部教育能认罪服法,接受教育,遵守监规纪律,学习行为规范,参加劳动改造,表现一般。'还有,何犯入监后不久,因制止他犯行凶,受到过奖励。这些情况说明,何犯一开始并没有抗拒改造的思想和行为,也是希望通过积极改造,早日新生的。至于他后来的变化,我想肯定是有原因的,只有找出原因,才能制定相应的转化方案。"经过热烈地讨论,最后决定:成立由副监区长文伟为主管,分监区长任竟为组长,何犯所在的分监区改造副分监区长为组员的"攻坚小组",对何犯进行教育转化,其他民警全力配合。

接受任务后,"攻坚小组"几次找何犯谈话,但何犯就是一言不发,这是何犯自第一次被严管后一直采取的对策。何犯紧闭心门,"攻坚小组"没有退却,他们知道,要打开其紧闭的心门,首先必须在何犯和民警之间搭建一座心灵信任之桥。为此"攻坚小组"决定暂缓"正面进攻",采取"迂回包抄"的策略,先全方位了解何犯的情况,找出问题的症结。此后的一段时间,"攻坚小组"询问了何犯的管教民警和一些对何犯比较熟悉的罪犯。分监区长任竟利用休息时间,走访了何犯的家庭和邻居,掌握了第一手资料。

何犯母亲已去世,父亲退休在家,有一个弟弟在其他监狱服刑。何犯染上毒瘾后,家里无法应付他巨大的吸毒开支,为筹集毒资,走上了贩卖毒品的犯罪道路。何犯患有高血压和心脏病,入监后家人无人探望,面对家庭困苦局面,本来性格内向的何犯,更加少言寡语,自卑感剧增。在一线劳动岗位上,何犯因完不成劳动任务,屡屡受到管教民警的批评教育和同犯的鄙视。在巨大的思想压力下,何犯认为是民警故意为难他,同犯又看不起他。由于缺乏正确的心理引导,何犯心中的积怨越来越深,对民警失去了信任,对前途毫无信心,认为活着没意思,只有死才能彻底解脱。

手中有了何某的背景资料,也就有了如何接近何犯,逐渐打开其心扉的思路。任竟又一次和何犯进行了谈话。一见面,任竟就对何犯说:"我去你家看过了,你父亲身体还好,只是你兄弟俩都在服刑,对他老人家的打击很大,他怕邻居的闲话和异样的眼光,很少出门。但他很挂念你们,希望你好好改造,早日回家。你弟弟快出监了,你父亲说等你弟弟出监后一起来看你。"听了这些话,何犯抬起了头,投来了惊讶的目光,任竟发现何犯的眼神中,往日的仇视慢慢地被希望代替。任竟趁热打铁:"望子成龙是天下父母的共同心愿,你坐牢后,你父亲遭受的痛苦比你更大。你自暴自弃,等于在你父亲的伤口上撒盐。你如果有病,监区会尽力照顾,安排你看病治病,有困难,可以向任何一位民警反映,我们会在政策许可的范围内帮你解决。"此后的谈话,何犯不再反感和抵触,相反有了一些期待。

通过"攻坚小组"一段时间的努力,何犯出现了一些可喜的变化,遵守纪律,在劳动中做一些力所能及的事。眼看着何犯平静下来,渐渐走向改造正轨,"攻坚小组"松了一口气,可不久,一件意想不到的事导致了何犯第三次被严管。2009年3月30日,根据省监狱管理局的部署,Y监狱和某监狱进行罪犯对调。何犯也在对调之列,调犯当天,何犯拒绝上车,在被强行押上囚车后,在车上连续三次袭警。鉴于何犯情绪极不稳定,为预防事故发生,经监狱研究决定,终止对何犯的调动,将其严管。

对突然的变故,"攻坚小组"顶住压力,沉着冷静,认真总结了前段时期的工作,认为前段时期对何犯的教育转化工作虽然取得了一些进展,但不够细致到位,何犯的心理比较脆弱,思想上还存在不稳定因素,一旦受到外界刺激,很容易造成不良后果。当务之急是尽快找出这次事件的真正原因,然后对症下药,制定切实可行的方案。何犯被严管期间,任竟多次前往严管队,找何犯谈心。然而,何犯又和以前一样,一言不发,眼神中充满敌意和仇视。三个月的严管期到了,何犯的情况仍未见好转。为消除隐患,监狱研究决定,对何犯继续实行禁闭反省。在此期间,任竟咨询了监狱心理咨询室的民警,并邀请其对何犯进行心理辅导、心理矫治。

精诚所至,金石为开。在多次缄默后,何犯终于开了口:"分监区长你也不要为我跑来跑去了,你随便把我调个监区算了。"短短一句话,让任竟看到了希望,坚信何犯的心扉又打开了一条缝。于是,"攻坚小组"作出了一个大胆的决定:马上将何犯接回监区,继续做其教育转化工作。针对各种可能出现的结果,制定出了相应的应对措施。

何犯回来时,在监区大门口碰到监区长王刚,他轻轻地对王监区长说了一句:"王监区长,对不起,我又给你们添麻烦了。"细微的变化,并没有逃过任竟敏锐的眼光。何犯回监区后,"攻坚小组"一方面加强和何犯谈话沟通的频率,另一方面安排改造表现好的罪犯对何犯实行全天候的监控,发现异常情况立即报告。第二天,任竟找何犯谈话:"何某,昨天进监区大门时,你向监区长表达歉意,说明你还是愿意在我们监区继续服刑的。既然这样,你就应该服从管理,积极改造。这次我们把你留下来,不是怕你闹事而迁就你,监区领导考虑你的思想情绪没有稳定下来之前,让你去一个陌生的环境,对你的改造不利,请示上级领导批准后,才决定暂停调动的,今后的道路,还是要靠你自己选择。你仔细想想吧!"短暂的沉默之后,何犯道出了自己的心声:"任民警,这段时间我也想了很多。像我这样的人,哪个监区,哪个监狱都不愿意要的,将我调走也是情理之中的事情,没想到你们没有抛弃我,而是让我回监区改造,我如果再像以前那样,就不通人性了。你放心,我再不会惹麻烦了。"

经过进一步的了解,任竟明白了这件事的真正原因:原来,突然而来的调动在何犯脆弱的内心里掀起了巨大的波澜,何犯认为自己被欺骗愚弄了,民警对他的教育只是为了骗取他暂时安定,然后借外调的机会将他踢走,甩掉"包袱"。何犯认定监区不会要他了,以后不管调到哪个地方,他都会破罐子破摔,再也不相信任何人。

此后,监区一方面给何犯安排适宜的劳动岗位,另一方面及时带他看病,并和其家人联系,送一些治病的药品,当打听到何犯的弟弟出狱的消息后,任竟及时和其家人联系,说服他们前来探望,进行亲情帮教。经过监区领导和"攻坚小组"坚持不懈的努力,何犯这块"顽石"终于被融化了,前后对比判若两人。而今他情绪稳定,心态积极,服从管理,遵守纪律,再也没向民警提不合理要求,劳动中除做好自己分内的事外,还尽可能地做些分外的事,他的表现得到了民警和罪犯的好评,他为自己确立了改造目标,用实际行动争取获得减刑的奖励。

此次挂牌招标,集体攻坚转化工作,突破了以往的传统思路,确立了能者为之、分层分级、部门联动的工作原则,因此在攻坚组的成立、顽危犯申报、实施转化等方面都有了不小的变化,使转化工作更具操作性,为成功转化提供了最大保障。

拓展训练 34   **范例习作**

罪犯李金从小在父母的溺爱下生活,但他不珍惜这种幸福的日子。17 岁那年,他因犯盗窃、抢劫、组织越狱罪被判处有期徒刑 17 年。

入狱后的李金整天摆出一副无所谓的样子。转眼间，他的生日到了。民警秦伟特意让妻子给李金包了饺子，并在其中一个饺子里包了一块儿水果糖。在李金的老家，逢年过节谁吃到包了糖块儿的饺子，就意味着今后有了福气，会一顺百顺。李金在点着生日蜡烛的蛋糕前许完愿后激动地说："今天的生日，我一辈子也不会忘记。"话音未落，他吃到了饺子里包的糖，泪水禁不住在眼眶里打起转来。

在李金不断取得改造进步时，秦伟又做通了他父母的工作。父亲给他写信说："孩子，你入狱半年多了，我和你妈一直没去看你。从小到大，我们给了你那么多的爱，可你非但没有一次回报，还一次次用无形的刀子扎我们的心，你可否想过，你的所作所为对得起谁呀？我和你妈都是知识分子，我们没打过你，没骂过你，你知道为什么吗？因为你不是我们的亲生儿子呀！那年冬天的一个深夜，爸爸在下班回家的路边捡到了你。当时，襁褓中的你还发着高烧，我们花光了所有的积蓄才治好了你的病……"看后，李金放声大哭起来。李金擦干眼泪，给父母回了一封长长的信。从此，他认真学习一技之长，安心改造，很快成为监区积极改造的标兵。

李金第一次拿到减刑裁定书时，秦伟特意把他带进了办公室。推门的一刹那，李金愣住了，爸爸、妈妈和姐姐全都站在他面前。他"扑通"一声跪在了地上……

秦伟说："罪犯是一个特殊的群体，在走上犯罪道路前，他们也是一位守法的公民，但其走上犯罪道路的原因值得每一个人深思。监狱民警要做的，就是要通过积极努力，用文化和法律对罪犯进行心灵的洗礼，让他们自觉接受教育改造，顺利回归社会……"

问题： 根据范例提供的材料，解析民警秦伟是如何成功教育转化未成年犯李金的。

思路： 训练目的是熟悉对未成年犯的教育改造工作，分析思路可从未成年犯的特点及教育改造对策着手。

拓展训练35　　　　　　　　**思考与练习题**

1. 盗窃犯有何特点？对他们的教育改造对策有哪些？
2. 女犯有何特点？对他们的教育改造对策有哪些？
3. 顽危犯的认定标准是什么？如何教育转化？
4. 外籍犯有何特点？如何教育改造？

拓展训练 36

拓展阅读书目

1. 王祖清、赵卫宽主编：《罪犯教育学》，金城出版社 2003 年版。
2. 魏荣艳主编：《罪犯教育学》，中国民主法制出版社 2008 年版。
3. 王志亮主编：《狱政管理学》，广西师范大学出版社 2009 年版。
4. 周雨臣：《罪犯教育专论》，群众出版社 2010 年版。

学习单元13 教育管理

学习目标

了解掌握罪犯教育管理的主要内容,重点是罪犯教育工作计划方案、罪犯教育工作督查考核、罪犯教育工作台账管理和罪犯教育工作研究设计等。根据罪犯教育管理的基本原理和相关要求,制定罪犯教育工作计划方案、实施罪犯教育工作督查考核、制作罪犯教育工作台账、开展罪犯教育工作调查研究等。

罪犯教育工作考核现场

 学习情境56 罪犯教育工作计划方案

教育管理是对罪犯教育活动的管理,是教育管理者在罪犯教育中,通过计划、组织、领导、控制等程序协调管教民警的行为，实现既定教育目标的管理活动。它是达成"培养身心健康，重返社会的守法公民"这一既定目标的过程，是遵循"计划、组织、领导、协调、控制"程序实施的过程，是协调人、财、物、信息等资源的过程，是管理主体罪犯教育管理部门与管理客体民警和罪犯相互影响的过程。

罪犯教育工作计划方案是指负责罪犯教育的组织机构，为了实现罪犯教育的目的和任务，而对未来某一阶段的工作目标、工作步骤以及方法、措施等预先进行谋划和安排而制定的指导性文件。它是指导罪犯教育活动的重要手段，是开展罪犯教育活动的重要依据，是使罪犯教育活动有序进行的重要保证。上级通过制订计划方案指导下级工作，下级则依计划方案开展工作。

罪犯教育工作计划方案从时限方面划分，可分为年度计划方案、半年计划方案和月计划方案等；从内容方面划分，可分为思想教育计划方案、文化教育计划方案、技术教育计划方案、心理矫正计划方案和社会教育计划方案；从教育形式方面分，可分为集体教育计划方案、分类教育计划方案、专题教育计划方案和个别教育计划方案；等等。

一、罪犯教育工作计划方案的内容

罪犯教育工作计划方案的内容主要包括任务和目标，方法和措施，步骤与时间安排三方面。

（一）任务和目标

任务和目标是关于"做什么"，以及达到怎样的程度方面的内容，是某项工作计划所要达到的预期目的，是一份计划的核心内容，任何计划都须具备。把罪犯改造成为社会主义建设的有用之材和拥护社会主义制度的守法公民，这是我们改造罪犯的总任务、总目标。但在对罪犯进行某方面的教育时，往往要明确一个具体任务和具体目标。如在入监教育中，就应确定一个通过教育使罪犯基本认罪服法的大致比例；对罪犯进行文化教育，就应确定一个罪犯某一阶段文化课程学习考试的及格率等。这些具体任务、具体目标为达到改造罪犯的总任务、总目标服务，而又受总任务和总目标的制约。在制定罪犯教育工作计划方案时，明确这些具体目标，就会使计划的实施有一个努力的方向，从而提高教育的效果。

（二）方法和措施

方法、措施是"怎样做"的问题。任务和目标即"做什么"的问题确定之后，怎样去完成这些任务，并达到某个目标就成了计划的关键。在制定罪犯教育工作计划方案时，必须把围绕任务和目标所应采取的方法和措施作为计划的重要内容。在制定对各类罪犯的分类教育计划时，应根据其犯罪和改造特点，设计所应采取的方法、措施。如针对盗窃犯罪罪犯责任感差、羞耻感淡漠、恶习深的特点，主要从引导罪犯深挖犯罪的主观根源、认识犯罪危害、树立正确的人生观、强化劳动意识等方面去预设切实可行的方法和措施。

（三）步骤与时间安排

步骤与时间安排指为达到计划目标所作的阶段性任务、目标的设想与时间安排。一个涉及时间较长的计划或一个较大目标的实现，往往都是分步骤、分阶段实施的。阶段性小目标的实现是达到所预想的大目标的基础和保障。所以在制定罪犯教育工作计划方案时，应当明确先做什么，后做什么，什么时间完成什么工作等，以使整个计划有条不紊、有步骤地实施。应根据罪犯的犯罪情况以及改造初期、中期和后期三个不同阶段的改造特点，明确各阶段教育改造的基本目标，即改造初期促其认罪、中期促其稳定改造、后期促进巩固改造成果等，并明确相应的方案和措施。

二、罪犯教育工作计划方案的制定

制定罪犯教育工作计划方案应注意以下几点：

（一）明确指导思想

制定罪犯教育工作计划方案必须以国家有关改造罪犯的法律、法规和有关政策为依据，并符合改造罪犯的总目标的要求，即必须坚持"惩罚与改造相结合，以改造人为宗旨"，围绕"将罪犯改造成为守法公民"这个总目标来确定教育目的、教育内容和方法、措施等。各级罪犯教育管理机构制订计划时都应明确这个指导思想，不容许有丝毫的偏离。

（二）科学设定目标

不同的监狱，由于不同的基础和不同的押犯结构，因此，必须实事求是地科学设定本单位的教育工作目标。制订计划既要以国家有关法律、法规和政策为依据，同时也应结合本系统、本地方或本监狱的实际情况来确定工作任务和目标。所确定的目标，既不能过高也不能过低。过高则难以实现，过低则对工作起不到应有的促进作用，二者皆不可取。

监狱制定目标的主要根据：一是监狱工作方针政策和"首要标准"工作要求；二是国家的政策法规和上级管理部门的教育改造要求，如《监狱法》和司法部《监狱教育改造工作规定》《教育改造罪犯纲要》《监狱教育改造罪犯工作目标考核办法》及其评分标准等；三是从事罪犯教育的民警或监区押犯的要求与建议。通过上下沟通，管理者与被管理者共同协商，由罪犯教育管理者作出决策。目标制定过程中，必要时可进行决策论证和可行性分析，最终形成为各方所接受的、能够引领罪犯教育发展的目标。

(三) 层层分解目标

目标确定后,需要对目标进行分解,即将罪犯教育总目标按罪犯教育内部的机构设置和组织层次依次分解。分解要求是纵向到底,横向到边,一直分解到每一个岗位和个人。罪犯教育总目标自上而下层层分解,自下而上层层保证,互相联系,上下贯通,形成一层接一层,一环套一环的目标体系。

形成目标体系后还要进一步根据每个部门、岗位和个人所担负的目标、任务,明确各自应承担的责任。也就是各自明确在实现目标的过程中自己应该干什么、怎么干、干到什么程度、达到什么要求等。只有这样才能在目标实现中进行自我控制,充分发挥各自的主观能动性。

(四) 便于操作实施

制定的罪犯教育工作计划方案必须便于操作实施,即指提出的任务和指标,以及措施、方法和步骤等一定要具体、明确、可行。同时又不能定得太死,要留有余地,以便在实施过程中根据情况的变化,对计划进行调整、修改,使之更符合实际。

学习情境57　罪犯教育工作督查考核

罪犯教育工作督查考核是指上级司法行政机关和监狱管理部门对监狱开展教育改造工作的情况定期进行督导检查,切实保证国家有关监狱工作方针、政策、法律、法规的贯彻执行以及教育改造罪犯的目标和各项工作措施的实现。督导检查结果要与考核奖惩挂钩。

一、罪犯教育工作督查考核的内容

罪犯教育工作督查考核主要包括罪犯教育组织管理的考核,罪犯教育内容的考核,罪犯教育方式、方法的考核,罪犯教育实施过程的考核,罪犯教育工作民警的考核,罪犯教育设施的考核和改造质量的考核七个部分。

(一) 罪犯教育组织管理的考核

1. 对教育管理机构即教育处(科)的考核。项目包括:处(科)室工作人员人数占在押罪犯的比例;个人基本情况;工作尽职尽责情况;工作能力与实绩状况等。

2. 对教研室的考核。项目包括:有无教研室及分科设置情况;教师数量及基本情况;开展教研活动情况等。

3. 对教学组织形式的考核。项目包括：班级类别；课程设置；参加学习的罪犯人数占罪犯比例等。

（二）罪犯教育内容的考核

罪犯教育内容是影响教育效果的重要因素之一。考核应侧重罪犯教育内容的完整性、系统性，如既要考核其思想教育内容，也要考核其文化知识和职业技术教育内容。同时还要考核其教育内容的针对性、适用性。如对不同犯罪罪犯的分类教育是否符合其犯罪与改造特点，文化技术教育是否符合罪犯文化程度实际和学习技术的需要等。

（三）罪犯教育方式、方法的考核

罪犯教育的方式方法也是影响教育效果的重要因素。考核的内容主要包括教育方法是否科学、是否行之有效，如是否把狱内教育与社会教育、灌输教育与启发教育、理性教育与感性教育相结合，等等。

（四）罪犯教育实施过程的考核

1. 罪犯教育资料的考核。项目包括：罪犯教育计划；集体教育、分类教育、社会教育实施方案及活动情况记录；教学计划；教学大纲；授课计划；课程安排表；教师业务档案；罪犯学习情况有关记载；工作总结；帮教协议；监狱小报；个别教育方案和谈话记录、谈话笔记等。

2. 罪犯教育管理制度的考核。项目包括：组织机构的管理制度；罪犯教育工作民警管理制度；罪犯学习管理制度；罪犯教育设施管理制度等。

（五）罪犯教育工作民警的考核

考核的主要内容为思想政治素质、专业素质以及罪犯教育工作实绩。罪犯教育工作实绩的考核的项目有：执行罪犯教育计划情况；组织实施有关分类教育状况；个别教育情况；"四知道"的熟悉情况；教学方面的备课、辅导、批改作业等情况。

（六）罪犯教育设施的考核

罪犯教育设施是实施教育的必备条件。考核的项目包括：教室，包括教室数量、采光情况和空气流通情况等；课桌，包括桌凳设备及完好程度；图书馆和阅览室，包括图书馆藏书量、种类及利用率，阅览室的报刊种类、数量及座位数、利用情况等；教学器具，包括可供教学的实物、标本、教具以及电化教育设备等；体育器材；文化宣传设施等。

（七）改造质量的考核

改造质量的考核包括罪犯入监评估、改造过程评估、出监评估三个部分。入监评估是对罪犯行为和心理特性所进行的预测性和检验性诊断评估，为科学地制定个别化矫治方案和分押分管提供依据，主要包括罪犯的基本信息、心理、认知、行为特性评估等。改造过程评估是一种过程质量的检验性评价，主要包括量表测试、行为考核、民警评议和罪犯互评等。出监评估既是对罪犯改造过程的质量评估的继续，也是对罪犯整个改造过程的总结，主要包括对罪犯改造现状的评判、改造绩效的评估和重新犯罪评估。此外，对教育效果的考核还可由监狱内延伸到监狱外，即对刑满释放人员进行跟踪考察调查和评议评估。

二、罪犯教育工作督查考核的方法

（一）分项量化考核法

可分为两个步骤：一是预先制定罪犯教育工作评估指标体系。制定指标体系时，应把罪犯教育工作分为几个大项目及子项目，如组织管理、教育内容、教育方式和方法、教育管理制度、教育者素质、教育设施等，然后确定每个项目的分值、子项目的分值以及子项目内不同等级的分值。二是具体考核得分阶段，即根据某监狱或某监区的实际工作情况所达到的程度，确定不同的等级分值。这种考核方法的关键在于，确定一个科学的量化标准，以使考核结论能够比较客观、公正、准确地反映教育工作现状与实绩。

（二）考试、考查法

考试、考查的对象主要为罪犯教育管理机构的工作人员和从事罪犯教育工作的人员。考试、考查的内容，前者主要是组织管理知识与处理问题的能力以及对罪犯教育工作所熟悉的程度；后者主要考查其思想政治素质、专业知识与专业能力以及科学文化水平等。考试、考查方式可笔试与口试相结合。

（三）综合分析评价法

综合分析评价法，即综合多方面因素，对事物的性状作出判断的方法。就一个监狱或一个监区的罪犯教育工作而言，综合分析评价特别重要。在考核时应注意：

1. 个别与整体相结合。不能以个别先进代表整体先进，或以个别落后代表整体落后，不能搞以点代面。

2. 过去与现在相结合。不能以过去的成绩说明现在的成绩，也不能以过去的问题否定现在的进步，要坚持现实论。

3. 问题与成绩相结合。不能以问题全面否定成绩，也不能以成绩掩饰问题，而要分析出现问题的原因、性质和程度等。

4. 工作与效果相结合。既要考查做了哪些工作，怎么做的，更要考查罪犯接受教育改造的工作效果。

总之，注重对罪犯教育工作进行综合因素的评价，才能对其工作质量作出比较科学的结论。

三、罪犯教育工作目标考核规定

司法部《监狱教育改造罪犯工作目标考核办法》对罪犯教育工作目标考核的内容、标准及方法作了明确规定。

（一）罪犯守法守规率

1. 指标要求。年度刑满释放人员中，90%以上为守法守规服刑人员。

2. 标准界定。守法守规服刑人员，是指能够认罪悔罪、遵守规范、认真学习、积极劳动，在服刑期间没有受到警告、记过、禁闭处分的服刑人员。

3. 考评方法。查阅考评期内刑满释放罪犯档案和罪犯奖惩记录等。

（二）法制教育合格率

1. 指标要求。年度刑满释放人员中，95%以上法律常识教育合格。

2. 工作要求。对罪犯开展全面的法律常识教育和认罪悔罪教育。

3. 标准界定。法律常识教育合格，是指参加规定的法律常识教育课程学习，考试成绩合格。认罪悔罪是指承认犯罪事实，认清犯罪危害，对自己的行为表示悔恨，服从法院判决，不无理缠诉。

4. 考评方法。查阅考评期内刑满释放罪犯档案、试卷；查阅教育计划、教案和教学记录；查阅教育登记台账、统计表等；询问有关人员了解情况。通过和罪犯谈话了解认罪悔罪教育开展情况。

（三）道德教育合格率

1. 指标要求。年度刑满释放人员中，95%以上道德常识教育合格。

2. 工作要求。对罪犯开展全面的道德常识教育，道德常识教育的内容包括：公民道德、中华传统美德、世界观、人生观、价值观、社会主义荣辱观、道德修养等。

3. 标准界定。道德常识教育合格，是指参加道德常识教育所包括的所有内容的学习，考试成绩及格。

4. 考评方法。查阅考评期内刑满释放罪犯档案、试卷和教育登记台账、统计表等；查阅教育计划、教案和教学记录；询问有关人员了解情况。

（四）文化教育合格率

1. 指标要求。年度刑满释放人员中，脱盲人员达到应脱盲人数95%以上；小学文化程度以上的达到应入学人数90%以上。

2. 工作要求。对新入监罪犯进行文化程度测查，针对不同文化程度，分别开展扫盲、小学、初中文化教育；对文盲罪犯，应当在两年内完成扫盲教育；对尚未完成义务教育、不满45周岁、能够坚持正常学习的罪犯，应当开展义务教育；对已完成义务教育的罪犯，有条件的可以开展高中（中专）教育，鼓励罪犯参加电大、函大、高等教育自学考试或者其他类型的学习，并为他们参加学习和考试提供必要的条件。

3. 标准界定。脱盲，是指文盲罪犯参加所有扫盲课程学习，考试成绩及格；应脱盲罪犯，是指能够坚持正常学习的文盲罪犯。小学文化教育合格，是指小学教育应入学罪犯，参加所有小学文化课程学习，考试成绩及格；小学教育应入学罪犯，是指未完成小学教育、年龄不满45周岁、能够坚持正常学习的罪犯。

4. 考评方法。查阅考评期内刑满释放罪犯档案、试卷和教育登记台账、统计表等；查阅教育计划、教案和教学记录；询问相关教育机构。

（五）职业技术教育合格率

1. 指标要求。年度刑满释放人员中，取得职业技术技能证书的达到参加培训人数的90%以上。

2. 工作要求。结合罪犯实际，开展劳动意义、劳动意识、劳动观念教育；组织罪犯开展岗位技术培训和多样性的职业技能培训。

3. 标准界定。职业技能证书，是指人力资源和社会保障部门颁发的职业技能证书；参加培训罪犯，是指年龄不满50周岁、没有一技之长、能够坚持正常学习的罪犯；岗位技术培训，是指根据罪犯在狱内劳动的岗位技能要求进行的"应知""应会"培训和必要的安全教育培训；职业技能培训，是指按照人力资源和社会保障部门制度的标准进行的技能培训。

4. 考评方法。查阅考评期内刑满释放罪犯职业技能证书和教育登记台账、统计表等；查阅教育计划、教案和教学记录；查看培训场所和设施。

（六）心理健康教育普及率

1. 指标要求。对罪犯开展心理健康教育的普及率达到应参加人数的100%。

2. 工作要求。对罪犯开展心理健康教育，并有针对性地开展心理矫治工作。

3. 标准界定。应参加心理健康教育的罪犯，是指无严重精神疾病、能够坚持正常学习的罪犯。

4. 考评方法。查阅教育登记台账、统计表等；查阅教育计划、教案和教学记录；查阅心理矫治资料；询问有关人员了解情况。

（七）新入监罪犯心理测试率

1. 指标要求。本年度新入监罪犯心理测试率达到应测试人数的100%。

2. 工作要求。运用心理测试量表等科学方法，对罪犯进行个体分析和心理测验，进行危险程度、恶性程度和改造难度评估。

3. 标准界定。应测试罪犯，是指具备小学以上（含）文化程度、能正常进行测试的罪犯,对新入监罪犯的心理测试应当在罪犯入监两周内,基本熟悉服刑生活后进行。

4. 考评方法。查阅服刑改造专档资料。

(八) 顽固犯转化率和危险犯的撤销率

1. 指标要求。对已确定的顽固犯,年转化率达到50%以上;对危险犯要努力消除危险。

2. 工作要求。建立对顽固犯和危险犯的认定和教育转化制度,严格认定和撤销程序,建立专档,指定专人负责管理教育。

3. 标准界定。顽固犯是指有拒不认罪、无理纠缠,打击先进、拉拢落后,经常散布反改造言论,屡犯监规、经常打架斗殴,抗拒管教,无正当理由经常逃避学习和劳动及其他需要认定为顽固犯情形之一的罪犯;危险犯是指有自伤、自残、自杀危险,有逃跑、行凶、破坏等犯罪倾向,有重大犯罪嫌疑,隐瞒真实姓名、身份和其他需要认定为危险犯情形之一的罪犯;顽固犯和危险犯的认定与撤销,由监区集体研究,提出意见,报监狱教育改造、狱政管理部门审核,由分管副监狱长审定。

4. 考评方法。查阅顽固犯、危险犯登记表、登记台账、教育管理记录等;查阅有关制度和工作安排资料。

(九) 出监罪犯评估率

1. 指标要求。年度刑满释放人员中,开展出监评估的罪犯达到100%。

2. 工作要求。对即将出监的罪犯,根据其原判案情、刑期、服刑改造表现、奖惩情况,运用心理学等相关知识和技术进行全面评估,并就评估结果向罪犯原户籍所在地的司法行政机关提供书面评估意见和建议。

3. 标准界定。对即将出监罪犯的评估,是指在罪犯服刑期满前,对罪犯社会适应能力、重新违法犯罪的可能性进行的评估。

4. 考评方法。查阅考评期内刑满释放罪犯档案资料;查阅评估、建议资料;询问有关机构了解情况。

(十) 教育改造罪犯工作保障

1. 指标要求。监狱主要领导主抓改造,副监狱长分工专抓教育改造;监狱长办公会每季度至少专题研究一次教育改造工作。监狱教育改造罪犯所需的硬件设施完备。教育改造经费足额到位,专款专用。成年罪犯的教育改造教学时间每年不少于500课时,未成年犯不少于1000课时;入监教育时间为2个月,考核不合格的,延长1个月,出监教育时间为3个月。

2. 标准界定。主要领导是指监狱长和政委;教育改造罪犯所需硬件设施,是指《监狱教育改造工作规定》明确规定的各项硬件设施。教育改造经费是指监狱基本支出经费标准中明确规定的教育改造费。教育改造教学时间包括课堂化教育时间和罪犯参加文艺、体育等监区文化活动的时间，未成年犯的教学时间还包括以课堂教育形式进行的习艺劳动教育指导时间。

3. 考评方法。查阅领导分工文件，查阅会议记录和会议纪要；查看监狱基本资料，对照监狱建设标准等相关要求检查；查阅经费收支台账；查阅教育统计台账、统计表；询问相关人员了解情况。

学习情境 58　罪犯教育工作台账管理

罪犯教育工作台账，作为监区在教育改造罪犯过程中，按照一定的程序和方法收集、整理、保管而形成的原始账册，既是教育改造工作的真实反映，又是民警工作质量和业务素质的体现；既是监区教育改造罪犯的原始凭证或原始资料，具有存查、利用价值，又是教育改造工作总结过去、规划未来发展的依据。因此，罪犯教育工作台账是建立教育改造档案的基本条件和基础，罪犯教育工作台账不齐全或不完整，将直接影响教育改造档案的建立和完善。

一、罪犯教育工作台账的种类

罪犯教育工作台账主要有以下几种：

1. 入监教育台账。

2. 思想教育台账。一般包括：法律常识教育台账；道德教育台账；爱国主义教育台账；人生观教育台账；时事政策教育台账；专题教育台账。

3. 文化教育台账。

4. 技术教育台账。

5. 心理健康教育台账。

6. 分类教育台账。

7. 个别教育台账。其中包括顽危犯转化教育台账。

8. 监区文化建设台账。

9. 社会帮教台账。

10. 罪犯改造评估台账。

11. 教育改造保障台账。其中包括教育改造基础设施、教育改造的师资以及经费使用等台账。

12. 出监教育台账。

二、罪犯教育工作台账的组成要素

每一种罪犯教育工作台账一般由教学计划，罪犯登记册、花名册、点名册、成绩册，课堂记录，及作业、试卷、教案或备课笔记等能反映教育改造全过程的教育要素组成。

（一）教学计划

教学计划是罪犯教育工作台账的重要组成部分。教学计划一般包括教学目的、教学时间、教学内容、教学方法和途径等。监狱制订的教学计划，在时间上要落实到分钟，如19:30～21:30，这样便于实施。

（二）登记册、花名册、点名册、成绩册

登记册、花名册是相同类型的簿册，参加入、出监和思想教育的罪犯名册为登记册，参加文化、技术教学的罪犯名册为花名册，内容包括姓名、年龄、罪错性质、文化程度、起止刑期及家庭住址等。但有的登记册，如技术教育获证人员登记册，需增加成绩、工种及其等级等。点名册是课堂教学时教师上课点名的簿册，只需写上名字，打上"√"即可。成绩册是考试后登记成绩的簿册，内容比较简单，只有姓名和成绩。

（三）课堂记录簿、教学日志

课堂记录簿是教师授课情况的真实记录，内容包括授课时间、授课人数、授课内容、课堂纪律等。教学日志是每日教学活动（包括课堂教学）情况记录簿，内容基本上与课堂记录簿相似，所不同的是：课堂记录以每节课为记录单位，教学日志以每天为记录单位。

（四）作业簿、试卷、记录簿、记事簿

作业、考试是巩固、检验教学成效的基本手段。作业、考试后留下的作业簿、考试卷也是罪犯教育工作台账的重要组成部分。思想、文化、技术三课教学的作业要求课课做、日日清，每门课程都要进行期中、期末考试。记录簿、记事簿主要用于教育改造活动记录，如社会帮教记录簿、教研活动记录簿、重大教育活动记事簿等，内容包括时间、地点、参加人数、活动内容和活动效果等。

（五）个别谈话记录簿、个别谈话记录检查登记簿

个别谈话记录簿是指每个有谈话任务的民警，对罪犯谈话后记录的簿册，内容包括：谈话目的、谈话对象主诉、民警教育、谈话对象表态、情况处置和谈话小结等。记录的方法，可以是提问式，也可以是追记式。个别谈话记录要求一线管教民警每月12人次，全年达到至少144人次。个别谈话记录检查登记簿是监区对本监区民警个别谈话记录进行检查登记的簿册，内容包括检查时间、检查对

象姓名、谈话次数、谈话记录质量、改进意见等。

（六）板报、壁报、所内小报原稿

板报、壁报、所内小报原稿是监区开展宣传报道的原始资料，同样是罪犯教育工作台账的重要组成部分。板报要求监区每月2期，每年24期，每期文章不少于3篇；壁报要求监区每个班组每月只少1期；狱内小报每月1期，全年不少于12期。

（七）社会帮教协议书

社会帮教协议书是监狱或监区与罪犯及其家属签订的帮教合同，内容包括签订的时间、各方应承担的责任和义务。社会帮教协议年签订率，要求监狱或监区达到应签订协议人数的75%以上（应签订人数的计算方法是：罪犯总数减去外省籍罪犯人数）。

三、罪犯教育工作台账的建立和管理

（一）端正认识

罪犯教育工作台账的建立和管理，是罪犯教育管理中的一项基础性工作，十分琐碎，需要高度的责任心、耐心和细心，才能做实、做细、做深、做好。首先，要站在规范执法的高度，认真抓好罪犯教育工作台账的建立和管理。"受教育权"是《宪法》赋予公民的一项基本权利，罪犯虽然被依法剥夺了自由，但其"受教育权"受《监狱法》等法律法规保护，尤其是未成年犯的"受教育权"还必须按照《义务教育法》等法律法规进一步落实。所以，"罪犯教育"不仅仅是服刑罪犯的义务，而且也是罪犯的权利。作为贯彻落实《监狱法》、司法部《监狱教育改造工作规定》《教育改造罪犯纲要》和《监狱教育改造罪犯工作目标考核办法》的具体执法行为，监狱必须提高法治思维能力，努力主动用法治方式开展罪犯教育，罪犯教育工作台账的建立和管理是其中的一个环节，务必严格规范，维护监狱法治形象。目前，全国各监狱逐步重视执法档案建设，应用信息化软件开始为罪犯100%全程全方位建立服刑改造档案，罪犯教育工作台账的建立和管理越来越受重视。其次，要站在科学改造罪犯的高度，认真抓好罪犯教育工作台账的建立和管理。罪犯教育工作台账是教育改造罪犯的原始资料和重要轨迹，务必建立好和管理好，为科学认识和科学教育改造罪犯提供翔实数据。再次，要站在创新管理的高度，认真抓好罪犯教育工作台账的建立和管理。遵循教育改造工作科学化和档案管理科学化的规律，建立"执法工作严格，廉政环节必设，记录工作客观，监狱特色突出"的台账工作新模式，精减一般台账，强化重点台账，规范台账格式，加快推行电子台账，全面提升罪犯教育工作台账的建立和管理水平。

（二）资料积累

监区一线管教民警积累原始资料，平时必须做到"五勤"，即眼勤、口勤、腿勤、脑勤、手勤。每做一件教育改造工作，就要把过程写下来或者记录下来，保存起来就是原始资料。要在工作过程中去收集、去积累，工作过后发现缺少的资料，应及时补上。要熟悉教育改造中的各种指标、数据，如思想、文化、技术三课教育的参学率、到课率、合格率、获证率等，如果不熟悉上述应达到的指标，那么，收集的资料就有可能不达标，需要重新补课和重新收集资料。

（三）资料归类

资料归类是指监区民警把教育改造过程中所积累的原始资料，按《教育改造罪犯纲要》规定的主要内容进行整理归类。例如，思想教育中的法律常识教育台账，可按以下方法整理：首先是封面，封面写上《法律常识教学资料》，下方写明单位名称、建立的时间，即：××监狱×监区×分监区，××年×月×日；第2页为目录；第3页应为年度法律常识教学成绩统计表，注明参学率、优秀率、合格率；第4页开始按以下顺序整理：法律常识教学计划，法律常识教学花名册、点名册、成绩登记册，课堂记录，作业簿、考试试卷等。这样就是一册完整的法律教育台账。

（四）台账管理

罪犯教育工作台账应有专人负责管理，一般应由监区的教育干事或者监区内勤专门负责管理。负责罪犯教育工作台账管理的民警，应尽心、尽力、尽责。搞好罪犯教育工作台账的规范化管理，一是要制定规范化管理的制度；二是要符合数据准确、内容齐全、字迹清楚的整体要求；三是格式、标题、大小统一；四是装订规范，装订部位，一般位于左侧离沿1公分处，装订要四边对齐（或内齐、下齐），用线装订；五是放置要有序；六是台账建立不跨年度；七是电子台账要备份留存；八是信息共享不能违背档案保密纪律。

学习情境59 罪犯教育工作调查研究

教育改造质量的提高，需要合规律性的教育改造活动、高素质的管教民警队伍、合理的教育改造决策，这些都离不开罪犯教育工作调查研究。运用正确的、科学的、适合的教育改造调查研究方法进行罪犯教育工作调查研究，有利于总结改进罪犯教育管理，提高罪犯教育工作水平，进一步提升改造质量。监狱要加强对改造罪犯工作的调查研究,认真调查分析研究新时期教育改造罪犯出现的新情况、新问题,寻找一般性的规律,寻求解决问题的方法和措施,不断丰富教育改造罪犯的理论与实践,创新教育改造工作管理,推进改造罪犯工作的深入发展和水平的不断提高。

一、罪犯教育工作调查研究的类别

(一) 事实研究与价值研究

"事实研究"是以罪犯教育事实为研究问题或对象,对教育改造事实进行描述的研究;"价值研究"是以罪犯教育价值为研究问题或对象,探讨罪犯教育应该是什么的研究。

(二) 基础性研究、应用性研究与开发性研究

基础性研究以抽象、一般为特征,目的是揭示、描述、解释某些罪犯教育现象和过程以及罪犯教育活动的机制和内在规律。例如,有关罪犯教育内涵、改造过程规律、基本原理和范畴等方面的研究。应用性研究以具体、特殊为特征,它是对基础性研究的成果做进一步的验证,就所关注的某一实际问题,从大量的案例中寻求概率性的必然结论。例如,有关个别化矫治模式、押犯心理健康状况、职务犯罪罪犯教育对策、限制减刑罪犯的教育改造方法等方面的研究。开发性研究以发展用于监狱的有效策略、解决实际罪犯教育问题为目的,其结果取决于是否适用以及适用的范围。在罪犯教育中,开发性研究往往是继基础性研究或应用性研究之后,对前面研究的验证和推广,以扩大研究成果的影响面和适用范围。例如,有关当前罪犯职业技能培训的实用性问题、如何充分利用社会资源加快罪犯教育信息化问题方面的研究,就属于开发性研究。在实践中,大多以罪犯教育内容创新、机制创新、方法创新为重心,罪犯教育调查研究也主要是应用性研究或开发性研究。

(三) 定性研究与定量研究

定量研究主要是模仿自然科学,对罪犯教育现象进行观察、实验,获得可量化的数据资料,研究的目的在于确定因变量和自变量的因果关系,并对此进行解释;定性研究是从人文学科中推衍出来的,它注重的是整体的、定性的信息以及解释的方法。

(四) 宏观研究、中观研究与微观研究

宏观研究是对罪犯教育系统大范围内的整体研究,包括两个方面:一是罪犯教育与外部的关系,如罪犯教育与政治、经济、科技、文化、人口等关系的研究;二是对罪犯教育内部全局性问题的研究,如罪犯教育方针、罪犯教育目标、罪犯教育结构、罪犯教育管理、罪犯教育政策、罪犯教育投资、罪犯教育评价、

罪犯教育督导等的研究。一般宏观研究的课题较大，范围广，对象多，大多由监狱以外的职能部门组织开展。微观研究是对罪犯教育改造过程中某一具体问题或因素所进行的具体研究，如对某种教学方法或改造方法的研究、对某类罪犯（如顽固犯或危险犯）的研究、对某专题教育内容（如孝道文化对罪犯的影响）的研究等，这类研究大多数是对改造罪犯具体问题的研究。中观研究是介于宏观研究和微观研究之间的研究，它是在一定范围内的综合研究，如少数民族罪犯教育改造的研究、涉黑涉毒罪犯教育改造研究、老弱病残罪犯心理健康状况调查与对策研究等。

（五）横向研究与纵向研究

横向研究是在某一时点对研究对象进行横断面的研究。"时点"是与"时期"相对而言的某一具体时间。罪犯教育研究的时点一般不作如此严格的规定。例如，对罪犯入监的心理状况调查的"时点"可能是某几天或某一段更长的时间。所谓"横断面"，是指由研究对象的各种类型在某一时点上所构成的全貌，比如，不同年龄、不同职业、不同地区、不同民族的人在某一研究时点上对某罪犯教育政策或罪犯教育问题的意见和态度。纵向研究是在长时期的不同时点收集资料，并对罪犯服刑改造中的个人或群体的某一种或某一类现象作纵深研究。例如，监狱特殊学校功能的发展研究、"就业难"背景下罪犯职业技能教育改革研究。

二、罪犯教育工作调查研究的设计

（一）提出研究问题

提出问题是罪犯教育研究的出发点，要符合一些基本准则。研究问题必须具有价值、具有新意、具有可行性。

（二）确定研究变量

变量是指在质或量上可以变化的概念或属性，即会变化的、有差异的因素。变量是相对于常量而言的。确定与研究目的直接有关的变量，如需要操纵的自变量、需要测定的因变量和需要控制的无关变量，进一步了解变量的性质，定义研究变量，在对变量进行操纵和测量的过程中做到有的放矢。例如，研究押犯规模与罪犯学习参与的关系，"押犯规模"大小影响"罪犯学习参与"情况，那么"押犯规模"就是该项研究中需要研究者操纵的自变量，"罪犯学习参与"就是因变量，除此以外监狱的教学内容、教学方法、教学风格、警囚关系等其他各种因素都是无关变量。

（三）形成研究假设

研究假设是指研究者根据经验事实和科学理论对研究问题事先作出的一种推

测性判断或设想，它是对问题的尝试性解答。研究假设需要在研究中加以证明。

（四）进行文献检索

文献根据载体形式，可分为文字类、电子类和网络类；根据内容的加工程度和可靠程度，可分为一次文献、二次文献和三次文献。文献检索常用方法有顺查法、倒查法、抽查法、追溯法和综合法。研究者要对获取的文献进行加工处理，包括对文献进行分类整理，根据来源的可靠程度和利用价值进行筛选，对重要文献做好摘要或索引卡片，列出参考文献目录，写出文献综述或评论等。

（五）拟定研究计划

研究计划在整个研究中具有重要作用，既是研究内容的细化，又是课题申报的形式；既是研究行动的指南，又是评价检查的依据。因此，要明白研究什么、为什么研究、如何研究和有何成效等。同时，进一步明确课题名称、研究目的与意义、研究内容、待答问题与研究假设、研究对象和研究变量、文献综述、研究方法与设计、研究进度、成果形式（如学术论文、研究报告、专著、教学软件等，产生的效益包括经济效益和社会效益等）、课题组成员及其分工、经费预算、参考书目与附录。

三、罪犯教育工作调查研究的方法

教育改造调查研究方法是研究教育改造现象、教育改造问题，探索教育改造规律所采用的方法。依据标准的变化会有不同的分类，如理论方法：归纳、演绎、类比、分类、比较、分析、综合、概括；实证方法：观察、问卷、访谈、测量；实验方法：前实验、准实验、真实验；历史研究方法：文献法、内容分析法等。使用较多的是问卷调查法，尤其是其中"设计封闭型回答问卷"的调查方法。

四、罪犯教育工作调查研究论文的撰写

研究论文是研究者综合运用所学的基本理论和专业知识，对某一问题进行探讨、研究后写出的具有自己独到见解的研究文章，是研究成果的书面表达形式。人们通常把表达科学研究成果的学术性文章称之为"研究论文"。根据国家标准和研究论文的性质和特点，可以把研究论文分为实证性的研究报告和理论性的学术论文。

（一）研究报告的撰写

研究报告是对研究过程和研究结果的概括和总结，是以具体的事实、数据来说明和解释问题的论文。研究报告通常与实证性论文相联系，其主要形式有实验报告、调查报告、观察报告等。

研究报告的基本结构包括题目（标题＋署名）＋正文（引言＋方法＋结果＋

讨论）+结尾（参考文献+附录）。研究报告撰写的主要步骤包括确立主题、拟定提纲、选择材料和撰写报告。

（二）学术论文的撰写

学术论文是以议论文的形式，通过理性的分析，用概念、判断、推理等逻辑方法来证明和解释问题的研究论文。学术论文侧重于理论论述，将感性的认识上升到理性的认识，从而探索规律性的东西。这类论文不像研究报告那样具有典型的写作结构，在写作表现方式上比较灵活、自由，它要求所写论文内容上有所发现、有所发明、有所创造、有所前进，逻辑上论点明确、论据确凿、论证严密，能清楚地展现理论、观点形成的过程。学术论文通常与思辨性的研究方法相联系，常见的形式有经验总结、综述、述评、理论性的论文等。

学术论文的基本结构包括题目（标题+署名）+正文（绪论+本论+结论）+结尾（参考文献）。学术论文撰写的主要步骤包括写作前的准备（题目的确定、论点的确立、论据与资料的分配、提纲的拟定）、撰写初稿和修改定稿。

训练与操作13　　　某监狱 2010 年罪犯教育工作计划

一、指导思想

2010 年，监狱罪犯教育工作要以科学发展观为指导，深入贯彻落实"首要标准"工作要求，紧紧围绕监狱工作整体目标，突出"两规范、两深化、两创新"，全面落实《教育改造罪犯纲要》，促进监管改造秩序安全稳定，努力提高罪犯改造质量。

二、工作目标

1. 入监教育。新投犯 100% 接受入监教育，入监教育合格率达到 98%。

2. 个别教育。罪犯接受个别教育面达到 100%，顽固犯的年转化率达到 60% 以上，对危险犯要努力消除危险。

3. 思想政治教育。罪犯刑满释放时，符合守法守规服刑人员条件的，达到当年释放人数的 90% 以上；罪犯刑满释放时，法律常识教育合格率达到 95% 以上；罪犯刑满释放时，道德常识合格率达到 95% 以上。

4. 文化教育。文盲罪犯应当在入监两年内脱盲，脱盲比例达到应脱盲人数的 95% 以上；罪犯刑满释放时，小学文化程度以上的达到应入学人数的 90% 以上。

5. 技术教育。罪犯刑满释放时,取得职业技能证书的达到应参加培训人数的90%以上。

6. 监区文化。进一步巩固、提升"32211"监区文化建设水平,加强教室、广播室、个别教育谈话室建设,落实季度活动,兴趣小组参与率达到100%。

7. 社会帮教。帮教覆盖面达到95%,签订帮教协议达到100%。

8. 心理矫治。新投犯心理测试面达到100%,罪犯接受心理健康教育面达到100%。

9. 出监教育。对即将出监罪犯的评估率达到100%。

10. 教育时间。确保罪犯的教育改造教学时间每年不少于500课时;入监教育时间为2个月,考核不合格的延长1个月;出监教育时间为3个月。

三、总体思路

突出"两规范、两深化、两创新",贯彻落实"首要标准",提高罪犯改造质量。

两规范,即规范教育时间和教育内容。实现教育时间、内容的进一步规范,突出抓好教育时间的保证及教育形式的统一。

两深化,即要深化入监教育及出监教育工作。实行罪犯入监教育、扫盲教育及小学教育在三监区挂牌办班,集中开展;在一监区成立专门的出监教育监区,对余刑3个月以下的罪犯统一开展出监教育,建立健全对重点刑释人员与社会的"无缝对接"机制。

两创新,即创新心理矫治工作和监区文化建设。心理矫治工作要进一步完善心理矫治工作设施,建立视频网络咨询系统,以此深化"询、谈、讲、测、线"五种常态化工作模式;监区文化建设要进一步加强阵地规范建设,对监区文化活动的开展形式、方式上要创新。

四、具体措施

1. 以"监狱内部管理规范年"活动为契机,全面开展教育改造工作规范达标活动。今年是省局统一部署开展的"监狱内部管理规范年",监区教育改造工作要认真贯彻省局有关要求,落实教育改造工作八个方面规范:一是制度规范,对现行制度强化落实,并根据工作实际予以充实、完善;二是机构队伍规范,各监区要配备教育专干及负责人,完善二级工作机构网络;三是场地设施规范,健全完善教室、图书阅览室、阅报栏、宣传栏、亲情寄语牌等设施;四是工作程序规范,按照教育改造工作流程,重点对出入监教育程序、民警承包顽危犯攻坚工程和罪犯心理矫治工作程序进行规范;五是教育内容规范,全面实行出入监教育、季度专题教育教案、课件、作业题、考试题的"四统一";六是文化环境规范，主要是名言警句的总体规范；七是教育台账规范，工作资料规范装订，轨迹资料清晰准确；八是罪犯评估规范，全面落实入监测评及出监评估。

2. 以"感恩亲人促改造"主题教育活动为主线，加强罪犯思想教育。一是知恩阶段，时间为3~6月份。要通过层层召开动员会，开展感恩亲人宣传教育活动，营造良好的主题教育读书活动氛围；组织罪犯读《感恩亲人》书籍和《中国精神颂》"中华魂"读本；看监狱电教频道播放的有关电视节目及监狱组织的感恩影片；听民警及关工委老干部的辅导讲课及监区新生广播站播放的感恩歌曲。二是思恩阶段，时间为7~9月份。要组织罪犯借助讨论会、撰写心得体会及改造周记等平台，帮助服刑人员深入思考和领悟自己的犯罪给亲人、社会、他人造成的危害；召开"思恩"主题队会，引导罪犯说感恩事，谈感恩情，唱感恩歌；组织罪犯在思考和领悟的基础上，写感恩的信，制定"感恩计划"和"改造规划"，开展"一封感恩亲人信件"和"一篇优秀感恩改造周记"评选活动。三是报恩阶段，时间为10~12月份。重点抓好罪犯的"行"，即开展"感恩行动"。要求每一名服刑人员"做一件有意义的事情向亲人献礼"和"我为亲人报平安"的"感恩行动"。同时，通过感恩征文赛、感恩歌会、感恩电影赏析、感恩文艺晚会、感恩文艺巡演等活动深化感恩主题。

3. 以认真落实文化和技术教育为手段，提高罪犯综合素质。文化教育要在进一步办好扫盲教育的基础上，认真搞好罪犯小学文化教学的试点工作。今年开办扫盲及小学两个教学班，配备必要的师资及教学设施，实现文化教育形式统一、程序规范、人员固定、内容完备的办学模式，推动监狱特殊学校创建工作。同时，积极与监狱驻地教育主管部门联系，组织符合条件的服刑人员报名参加高等教育自学考试。

技术教育要在搞好罪犯岗前培训服务和罪犯劳动改造的基础上，大力采取与社会职业院校联合办班培训与引进技术力量进行辅导教学等方式，将职业技术教育侧重于罪犯掌握一技之长，力争使所有罪犯在刑满之前都能够获得一两门实用技术，并通过全年开展两次技能鉴定，实现罪犯职业技能操作水平、获证人数、证书级别的"三个增加"，促进罪犯刑释回归社会后就业谋生。

4. 以创新形式和内容为重点，深化罪犯入、出监教育。确保罪犯入监教育时间、内容、考核到位，力求入监教育各项资料、档案更加规范、齐全。要进一步探索和完善罪犯入监教育内容，切实提高罪犯入监教育教材的针对性和实效性，促进入监教育质量。

出监教育要继续按照人员相对集中、内容相对统一、时间相对固定的模式，搞好罪犯出监教育工作。实行对余刑3个月以下的罪犯统一集中至一监区开展为期3个月的出监教育,在罪犯接受出监教育期间,要切实加强出监教育罪犯的服刑指导、改造评估、心理调适、创业辅导等方面的教育;进一步加强与周边司法行政部门的联系,着力建立健全对重点刑释人员与社会的"无缝对接"机制。

5. 以争创和打造特色品牌为根本,大力推进监区文化建设。举办棋类、书画类等特色兴趣小组培训班,按月举办大型文化活动,在重大节日及特殊时期开展监、社、服刑亲属进监举办文艺活动周,全年举行电影巡回展播,力争打造具有各个监区特色的监区文化品牌,增强文化环境的感染力、文化活动的渗透力、文化内容的吸引力,丰富罪犯改造生活。

6. 以强化重危犯矫治为突破口,进一步促进心理矫治常态发展。在常年开展"询、讲、谈、线、测"等多种形式的个体咨询、团体咨询及心理健康教育讲座的基础上,今年将重点突出对顽危犯的心理矫治,要实行顽危犯按月心理动态分析、专人分包危机干预、建立心理矫治专档并常年跟踪矫治转化模式,强化个别化矫治手段和提高矫治水平。

7. 以规范教育时间和内容为关键点,突出抓好教育改造工作规范化建设。规范教育时间及教育内容,是"监狱管理规范年"活动的重要内容,一方面进一步对监区教育时间和内容进行细化,全力推行教育时间相对统一、教育内容和形式相对统一,教育计划实行周菜单制,对教育内容做到进一步统一教材、统一进度,以此更好地实现教育时间、教育内容和教育效果的落实到位。另一方面,进一步强化对教育改造工作的检查督导和考核工作。通过督查、突查加大对教育改造日常制度及时间、内容的落实力度,并将日常考核结果与单位季度目标责任考核挂钩,与评选先进单位和优秀个人挂钩,为教育改造工作的开展提供动力支持。

拓展训练37　　　　　　**范例习作**

某监狱2012年教育改造的主要工作目标:

1. 入监教育:新投犯100%接受入监教育,心理测试率达到100%,入监教育合格率达到98%;

2. 个别教育:罪犯接受个别教育面达到100%,顽固犯的年转化率达到50%以上,对危险犯要努力消除危险;

3. 思想政治教育：年度刑满释放人员中，守法守规服刑人员法律常识教育合格率达到95%以上，道德常识教育合格率达到95%以上；

4. 文化教育：文盲罪犯应当在入监两年内脱盲，脱盲比例达到应脱盲人数的95%以上；年度刑满释放人员中，小学文化程度以上的达到应入学人数的90%以上；

5. 技术教育：年度刑满释放人员中，取得职业技能证书的达到应参加培训人数的90%以上；

6. 心理健康教育：对罪犯开展心理健康教育的普及率达到应参加人数的100%；对顽固犯、危险犯的心理矫治面达到100%；

7. 出监教育：对出监罪犯的评估率达到100%；对重点罪犯签订"无缝对接"协议书达到100%；

8. 建立帮教基地，罪犯社会帮教覆盖面达到95%，签订帮教协议书的达到90%；

9. 按照中央和司法部关于邪教类罪犯教育转化新三年工作目标要求，做到邪教类罪犯教育转化率达到70%以上；

10. 在进一步巩固、提升监区文化建设水平的基础上，重点加强教室、广播室（站）、电教室、个别教育谈话室建设。落实监区文化活动菜单制，兴趣小组参与率达到100%。

问题：根据上面的材料，起草一份监狱罪犯教育工作年度计划。

思路：训练目的是学会起草年度罪犯教育工作计划方案，思路可从罪犯教育工作计划方案的指导思想、目标意义、具体内容、主要措施、方法步骤、时间安排和注意事项等方面着手。

拓展训练38　　　　　　思考与练习题

1. 如何起草罪犯教育工作计划方案？
2. 简述罪犯教育工作督查考核的内容和方法。
3. 如何规范管理罪犯教育工作台账？
4. 如何开展罪犯教育工作调查研究？

拓展训练39　　　　　　拓展阅读书目

1. 王祖清、赵卫宽主编：《罪犯教育学》，金城出版社2003年版。
2. 吴志宏、冯大鸣、周嘉方主编：《新编教育管理学》，华东师范大学出版社2000年版。

3. 高莹主编:《矫正教育学》,教育科学出版社2007年版。
4. 陈孝彬、高洪源主编:《教育管理学》,北京师范大学出版社2009年版。
5. 袁振国主编:《教育研究方法》,高等教育出版社2009年版。